EDIÇÕES VIVA LIVROS

Autoestima

Christophe André nasceu em 1956, em Montpellier, França. É psiquiatra e trabalha no Hospital Sainte-Anne, em Paris. Dedica-se a desordens emocionais, ansiedade e depressão, atuando com medicina preventiva. François Lelord, também psiquiatra, nasceu em 1953, em Paris. Trabalhou no Hospital Necker e foi consultor de empresas, aconselhando os funcionários sobre o estresse e a satisfação pessoal no ambiente corporativo. Exerceu a psiquiatria em Hanoi e Ho Chi Minh, no Vietnã, e hoje vive na Tailândia. Os dois produziram várias obras e, além de *Autoestima*, escreveram juntos *Comment gérer les personnalités difficiles*.

Christophe André e François Lelord

AUTOESTIMA

Tradução de
LUCA ALBUQUERQUE

1ª edição

RIO DE JANEIRO – 2014

CIP-BRASIL. CATALOGAÇÃO NA PUBLICAÇÃO
SINDICATO NACIONAL DOS EDITORES DE LIVROS, RJ

A573a   André, Christophe
        Autoestima / Christophe André, François Lelord; tradução Luca
        Albuquerque. – 1ª ed. – Rio de Janeiro: Viva Livros, 2014.
        12 × 18 cm.

        Tradução de: L' estime de soi
        ISBN 978-85-8103-027-2

        1. Psicologia. 2. Autoestima. I. Lelord, François. II. Título.

                                              CDD: 158.1
13-07548   CDU: 159.947

Autoestima, de autoria de Christophe André e François Lelord.
Título número 080 da Coleção Viva Livros.
Primeira edição impressa em março de 2014.
Texto revisado conforme o Acordo Ortográfico da Língua Portuguesa.

Título original francês:
L' ESTIME DE SOI

Copyright © Éditions Odile Jacob, 1999.
Copyright da tradução © by Editora Best Seller Ltda.
Direitos de reprodução da tradução cedidos para Viva Livros, um selo da Editora
Best Seller Ltda., empresa do Grupo Editorial Record.

www.vivalivros.com.br

Capa: Simone Villas-Boas com imagem intitulada "Young woman, smiling, portrait,
close-up" (Getty Images/Nancy Brown).

Todos os direitos reservados. Proibida a reprodução, no todo ou em parte, sem
autorização prévia por escrito da editora, sejam quais forem os meios empregados.

Direitos exclusivos de publicação em língua portuguesa para o Brasil em formato
bolso adquiridos pela Editora Best Seller Ltda. Rua Argentina 171 – 20921-380 – Rio
de Janeiro, RJ – Tel.: 2585-2000.

Impresso no Brasil

ISBN 978-85-8103-027-2

Agradecimentos

Agradecemos a todos os nossos pacientes, aos quais dedicamos este livro pela confiança que depositaram em nós.

Nossos parentes também colaboraram com observações e depoimentos numerosos a respeito de boa parte do que dissemos sobre a autoestima e a vida cotidiana. Somos gratos a eles.

Muitos de nossos colegas e amigos nos ajudaram com os conselhos e as opiniões pertinentes, em particular o professor Jacques Van Rillaer. Agradecemos também ao professor Henri Lôo e ao professor Jean-Pierre Olié pela amizade e pelo apoio constante ao nosso trabalho.

Toda a nossa gratidão também para Christophe Guias, por suas importantes observações de caráter editorial, e à editora francesa Odile Jacob, cujo interesse por este livro foi para nós um estímulo e tanto.

Agradecemos, enfim, a Pauline, Faustine, Louise e Céleste, que sabem muito bem todo o empenho que dedicaram a esta obra.

Sumário

Introdução — 9

Parte I Você gosta de si mesmo(a)? Descubra

1. Os três pilares da autoestima — 13
2. Autoestima e falta de autoestima. Sua autoestima é alta ou baixa? — 27
3. Sua autoestima não é alta? Não se desespere — 53
4. Estável ou instável? Teste a constância de sua autoestima — 64

Parte II Compreendendo os mecanismos da autoestima

5. De onde vem a autoestima? O que fazer para o bebê? — 81
6. Adultos sob influência: amor, vida conjugal, trabalho e autoestima — 116
7. Autoestima ou autoimagem? Você é prisioneiro(a) das aparências? — 153
8. Teorias — 177

Parte III Como manter e reparar sua autoestima

9. As doenças da autoestima — 195
10. Pequenos ajustes na autoestima. Como protegê-la no curto prazo — 219
11. Eu me amo, logo existo. Como desenvolver a autoestima? — 243

Conclusão — 279
Anexo 1: Resultados do questionário 1 — 283
Anexo 2: Resultados do questionário 2 — 285
Notas — 287

Introdução

"Não gosto de mim...

Quando criança, sonhava frequentemente em ser outra pessoa. Não gostava do que eu era, do que eu tinha: desejava ter outro cabelo, outros pais, viver em um lugar diferente. Tinha sempre a impressão de que as outras crianças eram melhores do eu: mais bonitas, mais talentosas, mais populares, mais amadas pelos professores.

Eu sabia bem que havia situações piores. Quando – raramente – me abria com mamãe, era o que ela tentava me dizer: você não é a mais infeliz, nem a menos talentosa. Mas isso não era consolo para mim. Aliás, quando me sentia triste, o que acontecia com frequência, nem mesmo acreditava naquilo: convencia-me de ser a pessoa mais inútil do gênero humano.

Minha adolescência foi terrível. Tinha certeza de minha feiura, de minha deformidade física. Eu tinha todos os complexos da Terra.

As coisas melhoraram um pouco depois. Mas, ainda hoje, quando um homem se apaixona por mim, penso que há algo errado. Digo a mim mesma que ele está enganado a meu respeito, que se apaixonou por uma imagem, que foi por milagre que lhe passei essa boa impressão; mas que ele não pode estar apaixonado por mim, por aquilo que eu *realmente* sou. E se esse homem me agrada, sinto-me invadida por um pavoroso medo: se tivéssemos uma ligação, ele não tardaria a perceber a impostura, a descobrir todos os meus defeitos. E logo começaria a me julgar como eu própria me julgo. Ele me abandonaria. Mas eu não posso sequer me abandonar: sou prisioneira de mim mesma por me detestar. Condenada a ficar sozinha em minha triste companhia.

Nem mesmo meu trabalho me consola. No fundo, é lógico: como nunca acreditei em mim, vegeto em uma ocupação de que não gosto muito, abaixo de minha capacidade, fora dos meus interesses.

Não gosto de mim..."

Há meia hora essa jovem me faz esse desabafo. Apesar de minha inexperiência – acabo de fazer minha dissertação em psiquiatria –, sinto que não devo interrompê-la nem consolá-la. Às vezes, ela se põe a chorar. Pede desculpas, enxuga as lágrimas e retoma o depoimento. Ouvindo-a, passo em revista todos os sintomas das diferentes formas de depressão de que ela poderia estar sofrendo. Mas isso não funciona... Essa mulher não está deprimida, no sentido de uma "doença" depressiva. É menos grave então? Não estou nada certo quanto a isso. Seu mal me parece mais profundo, mais intrincado em sua história, oculto nas mais longínquas raízes do seu ser.

Minha paciente sofria de um distúrbio que só mais tarde aprendi a reconhecer. Bonita e inteligente, ela tinha, como se diz, tudo para ser feliz. Só lhe faltava um detalhe: *um pouco de autoestima*.

Parte I

Você gosta de si mesmo(a)? Descubra

1
Os três pilares da autoestima

"Tu estás repleto de segredos a que chamas de Eu."

Paul Valéry

Faça um pequeno teste com familiares, amigos e colegas: converse com eles sobre autoestima; constatará de imediato sinais de interesse neles, como se se tratasse de uma noção importante que lhes dissesse pessoalmente respeito. Mas peça-lhes uma definição de autoestima tão precisa quanto possível e verá que a maioria será incapaz de fazê-lo. E que a autoestima, apesar de ser uma das dimensões mais fundamentais de nossa personalidade, é um fenômeno discreto, impalpável, complexo, de que nem sempre temos consciência.

O conceito de autoestima ocupa um lugar importante no imaginário ocidental, especialmente nos Estados Unidos, onde a palavra *self-esteem* faz parte do vocabulário corrente. Na França, preferimos por longo tempo falar de amor-próprio, revelando assim uma visão mais afetiva, e até mesmo desconfiada. O vocábulo "autoestima" é mais objetivo. O verbo "estimar" vem do latim *restimare*, "avaliar", cuja significação é dupla: a um só tempo, "determinar o valor de" e "ter uma opinião sobre". Foi um adolescente que nos deu a melhor síntese que já encontramos sobre autoestima: "A autoestima? Ora, é como a gente se vê, e se a gente gosta ou não do que vê."

Esse olhar-juízo que lançamos sobre nós mesmos é vital para o nosso equilíbrio psicológico. Quando positivo, permite-nos agir com eficácia, sentirmo-nos seguros e enfrentar as dificuldades da existência. Quando negativo, porém, dá origem a numerosos sofrimentos e dissabores que vêm perturbar nosso cotidiano. Separar um tempo para analisar melhor sua autoestima não é, portanto, um exercício inútil: ao contrário, é um dos mais frutíferos que existem.

Autoestima:
as perguntas que devem ser feitas

Reserve alguns instantes para refletir sobre as três séries de perguntas que se seguem. Suas respostas darão boas indicações sobre sua autoestima.

- Quem sou eu? Quais são minhas qualidades e meus defeitos? Do que sou capaz? Quais são meus êxitos e meus fracassos, minhas competências e meus limites? Qual é o meu valor, aos meus olhos, aos olhos dos meus familiares, aos olhos das pessoas que me conhecem?
- Eu me vejo como uma pessoa que merece a simpatia, a afeição e o amor dos outros ou, ao contrário, duvido frequentemente de minha capacidade para ser amado(a) e apreciado(a)? Estou conduzindo minha vida como gostaria? Meus atos estão de acordo com os meus desejos e minhas opiniões ou, ao contrário, estou sofrendo por causa do abismo que existe entre o que eu gostaria de ser e o que sou? Estou em paz comigo mesmo(a) ou, em geral, insatisfeito(a)?
- Quando foi a última vez que me senti decepcionado(a) comigo mesmo(a), descontente, triste? Quando me senti orgulhoso(a) de mim, satisfeito(a), feliz?

* * *

Autoconfiança, autossegurança, autocontentamento... Os termos e as expressões empregados na linguagem corrente para designar a autoestima são vários. De fato, cada um deles se refere a um dos seus múltiplos aspectos.

Na realidade, a autoestima é composta por três "ingredientes": o amor a si mesmo(a), a visão de si mesmo(a) e a autoconfiança. A boa dosagem de cada um desses três componentes é indispensável para a obtenção de uma autoestima harmoniosa.

O AMOR A SI MESMO(A)

É o elemento mais importante. Estimar-se implica avaliar-se, mas amar-se não está sujeito a nenhuma condição: amamo-nos a despeito de nossos defeitos e limites, fracassos e reveses, simplesmente porque uma pequena voz interior nos diz que somos dignos de amor e de respeito. Esse amor a si mesmo(a) "incondicional" não depende de nossos desempenhos. Ele possibilita que consigamos resistir à adversidade e nos recompor após um fracasso. Não impede nem o sofrimento nem a dúvida em caso de dificuldades, mas protege contra o desespero.

Sabe-se hoje, e mais adiante voltaremos a falar sobre isso, que o amor a si mesmo(a) depende em grande parte do amor que nossa família nos ofertou quando éramos crianças e dos "alimentos afetivos"[1] que nos deram. "Minha maior gratidão em relação aos meus pais", diz Xavier, um artesão de 42 anos, "é que eles me deram a convicção de que eu era uma pessoa de bem. Mesmo quando os decepcionava – e foi o que aconteceu em minha adolescência, quando joguei os estudos para o alto e fiz um monte de besteira –, sempre senti que nunca deixavam de me amar, que estavam convencidos de que eu chegaria a dar um rumo à minha vida. Isso não os impediu de me repreenderem quando necessário, mas nunca tentaram me incutir a ideia de que eu não servia para nada."

TERMO	DESCRIÇÃO	INTERESSE DO CONCEITO
Autoconfiança	Acreditar na própria capacidade de agir com eficácia (antecipação da ação)	Sublinha a importância das relações entre a ação e a autoestima
Autocontentamento, autossatisfação	Ficar satisfeito com os próprios atos (avaliação da ação)	Sem autoestima, até mesmo os sucessos não são vividos como tais
Autossegurança (1)	Tomar decisões, perseverar nas escolhas	Lembra que uma boa autoestima está em geral associada a uma estabilidade de decisões
Autossegurança (2)	Não duvidar da própria competência e pontos fortes, qualquer que seja o contexto	Uma boa autoestima permite expressar o que se é em todas as circunstâncias
Amor a si mesmo(a)	Mostrar-se benevolente, estar satisfeito(a) consigo	Lembra o componente afetivo da autoestima
Amor-próprio	Ter um sentimento muito (bastante mesmo) presente de sua dignidade	A autoestima sofre acima de tudo críticas
Autoconhecimento	Poder descrever-se e analisar-se de maneira precisa	É importante saber o que se é para que haja autoestima
Autoafirmação	Defender os próprios pontos de vista e interesses diante dos outros	Às vezes, a autoestima precisa defender seu território
Autoaceitação	Integrar qualidades e defeitos para chegar a uma imagem globalmente boa (ou aceitável) de si mesmo(a)	Ter defeitos não impede uma boa autoestima
Acreditar em si mesmo(a)	Suportar as travessias do deserto, sem sucesso ou reforços para alimentar a autoestima	Às vezes, a autoestima não se alimenta de sucesso, mas de convicções e de uma visão de si mesmo(a)
Ter uma alta ideia de si mesmo(a)	Estar convencido(a) de poder alcançar objetivos elevados	Ambição e autoestima estão não raro estreitamente correlacionadas
Estar orgulhoso(a) de si mesmo(a)	Aumentar o sentimento de valor pessoal depois de um êxito	A autoestima precisa ser nutrida por vitórias

Manifestações cotidianas da autoestima

As carências de autoestima que têm sua fonte nesse nível de convivência são, sem dúvida, as mais difíceis de tratar. São encontradas nas pessoas em que os psiquiatras identificam aquilo que chamam de "distúrbios da personalidade", ou seja, pessoas cuja maneira de lidar com os outros leva-os geralmente ao conflito ou ao fracasso. É o caso, por exemplo, desta professora de 31 anos, Isabelle: "Nunca consegui encontrar alguém que compartilhasse a vida comigo. Assim que atingimos certo grau de intimidade, começo a me sentir ameaçada. Não sei do que tenho medo. Com certeza, não é de perder a liberdade, pois não faço nada de interessante com ela. Como não me amo, parece-me impossível que outra pessoa possa sentir amor por mim. Torno-me paranoica com os colegas, tenho a impressão de que alguém concorda em ficar comigo só por causa do sexo; um outro, que está desempregado, só por causa do meu apartamento; e outro ainda, enfim, simplesmente porque ele mesmo não sabe o que quer. Mas viver comigo por amor é algo em que não consigo acreditar. Entro literalmente em pânico. Na minha cabeça, eu não o mereço, nunca estarei à sua altura e acabarei lhe causando uma decepção."

Amar a si mesmo(a) é realmente a base da autoestima, seu componente mais íntimo e mais profundo. Todavia, nunca é fácil discernir dentro de uma pessoa, além de sua máscara social, o grau exato de amor que ela tem por si mesma.

A VISÃO DE SI MESMO(A)

O olhar que se lança a si mesmo(a), essa avaliação, fundamentada ou não, que se faz das próprias qualidades e dos próprios defeitos, é o segundo pilar da autoestima. Não se trata apenas de autoconhecimento; o importante não é a realidade dos fatos, mas a *convicção* que se tem de ser portador de qualidades ou de defeitos, de potencialidades ou de limitações. Nesse sentido, é um fenômeno em que a subjetividade desempenha o papel principal; sua observação é difícil, e sua compreensão, delicada. É por isso que uma pessoa complexada – cuja autoestima normalmente é baixa – com frequência deixará perplexo um grupo de colegas, por exemplo, que não percebe os defeitos de que ela se acha portadora. "Visivelmente", declara uma mãe sobre sua filha mais velha, "nós não a vemos com os mesmos olhos que ela. Minha filha não para de nos dizer que se acha feia. Eu, porém, tenho a impressão de ter uma filha de 16 anos bonita e inteligente, e é dessa maneira que os nossos amigos também a veem. Quando tentamos discutir o assunto com ela, é como se não falássemos a mesma língua."

Quando positiva, a visão de si mesmo(a) é uma força interior que nos permite esperar nossa hora apesar da adversidade. O general De Gaulle não precisou ter uma poderosa autoestima para lançar, de Londres, a conclamação de 18 de junho de 1940, quando a França desmoronara por completo diante do invasor? A visão de seu destino pessoal se superpunha com felicidade àquela que ele tinha "alguma noção da França"... Se, ao contrário, tivermos uma autoestima deficiente, uma visão de nós mesmos limitada ou medrosa nos fará perder tempo antes que encontremos o nosso "caminho". Foi o que aconteceu a Marianne: "Quando penso", relata essa estilista de 45 anos, "que perdi dois ou três anos tentando fazer medicina e farmácia, só porque meu pai havia insistido, enquanto tinha verdadeiro horror a isso! Na época, eu sabia que essas duas carreiras não me agradavam e que minha vocação eram as artes. Mas eu não estava suficientemente segura quanto ao meu êxito nessa área. Tinha medo de me sair mal."

Esse olhar que lançamos sobre nós mesmos, nós o devemos ao nosso círculo familiar e, em especial, aos projetos que nossos pais idealizam para a gente. Em certos casos, o filho é encarregado inconscientemente pelos pais de fazer aquilo que eles não puderam ou não souberam realizar na vida. É o que se costuma chamar de "filho incumbido de uma missão".[2] Uma mãe que tenha sofrido grandes privações de ordem financeira incitará suas filhas a só se relacionarem com rapazes de famílias abastadas. Um pai que tenha fracassado nos estudos fará tudo para que o filho se matricule em uma escola conceituada. Tais projetos são legítimos, desde que a pressão sobre os filhos não seja muito forte e leve em consideração seus desejos e capacidades. Do contrário, será uma tarefa impossível para a criança, que será vítima de sua incapacidade para realizar a grande visão que seus pais acariciavam para ela.

O fato de não levar em conta as dúvidas e as inquietações de um filho pode criar dentro dele, posteriormente, uma profunda vulnerabilidade da autoestima. Ouçamos Jean-Baptiste, um estudante de 21 anos: "Sempre tive medo de desapontar meus pais. Meu pai não fez curso superior, por razões que nunca compreendi muito bem, já que todos os seus irmãos e irmãs conseguiram seus diplomas. Mas ele quis que eu fosse superior em tudo. O primeiro na escola, nos esportes, tocar piano; ele sempre me tratou como se minhas capacidades fossem ilimitadas. Isso me estimulou e sustentou durante muito tempo, lembro-me de ter sido um garoto brilhante, alvo de admiração. E sentir que isso dava prazer ao meu pai também me agradava. Só que eu ficava muito ansioso, com medo de fracassar. E ainda hoje sou assombrado pelo temor de decepcionar meu pai. De tanto sentir que ele acreditava em mim, acabei me convencendo de que eu era digno do que há de melhor. Estou em uma grande universidade, só paquero garotas bonitas de boa família, penso que terei uma posição social elevada... Mas essa visão daquilo que mereço não me livra do medo excessivo de fracassar: sou extremamente suscetível e, quando não consigo o que quero, fico doente. No fundo, sou grato a meu pai por haver desenvolvido em mim essa convicção de merecer o melhor e de ser capaz de alcançá-lo. Falta-me ainda, contudo, uma força interior, uma calma para resistir à adversidade. Ainda não tenho a certeza de estar à altura de todos esses projetos que ele sonhou para mim. Será que isso virá com a idade?"

Em outros casos, uma visão de si mesmo limitada levará o indivíduo à dependência de terceiros: podem-se estabelecer relações satisfatórias, mas a pessoa se limita ao papel de seguidor, pisando em terreno já explorado por outros. Tem-se dificuldade em construir e levar a bom termo projetos pessoais. "Meus pais", conta Pierre, 50 anos, "me amaram e me deram toda a afeição de que eu precisava. Mas devem ter falhado em algum detalhe. Nunca tive coragem de ser eu mesmo. Tenho a impressão de haver passado minha vida seguindo os outros, a esperar que me fizessem um sinal e dissessem: 'O caminho está livre, não há problemas, pode vir.' Por exemplo, eu fiz os mesmos cursos que o meu melhor amigo de ginásio. Na faculdade, eu saía sempre com as garotas com quem ele tinha acabado de terminar. Se ele tivesse se divorciado, eu teria sido capaz de me casar com a ex-mulher dele... Em relação à faculdade, por exemplo, penso que poderia ter estudado engenharia se tivesse ousado. Em vez disso, contentei-me com um certificado de técnicas comerciais; não por gosto, mas por causa do medo de fracassar. Em meu ambiente de trabalho, é um pouco parecido; meus chefes me censuram por minha falta de ambição, por não enxergar longe, apesar de minhas qualidades. Por sinal, foi o que aconteceu com meus pais: meu pai penou a vida inteira em um emprego desinteressante, minha mãe sacrificou sua carreira de professora, de que gostava, para ficar em casa cuidando dos meus irmãos e de mim."

A AUTOCONFIANÇA

Terceiro componente da autoestima – com a qual, aliás, é frequentemente confundida –, a autoconfiança aplica-se sobretudo aos nossos atos. Estar confiante é pensar que se é capaz de agir de maneira adequada nas situações importantes. Quando uma mãe declara "Meu filho não tem confiança em si mesmo", ela quer dizer que ele duvida de sua capacidade para enfrentar as exigências do seu trabalho, para ir em busca dos outros a fim de fazer com que o apreciem etc. Ao contrário do amor a si mesmo(a) e, em especial, à visão de si mesmo(a), a autoconfiança não é muito difícil de identificar; basta estar próximo regularmente de uma pessoa, observar como ela se comporta em situações novas e imprevistas, quando existe algo em jogo ou quando ela se acha submetida a dificuldades na realização de algum projeto pessoal. A autoconfiança pode portanto parecer menos fundamental que o amor a si mesmo(a) ou a visão de si mesmo(a), dos quais ela seria uma consequência. Em parte, isso é verdadeiro, mas seu papel nos parece primordial na medida em que a autoestima precisa de atos para se manter ou desenvolver-se: pequenos êxitos no cotidiano são necessários ao nosso equilíbrio psicológico, da mesma forma que a alimentação e o oxigênio são necessários ao nosso equilíbrio corporal.

De onde vem a autoconfiança? Principalmente da maneira como fomos educados na família ou na escola. Os fracassos são apresentados a um filho como uma consequência possível, mas não catastrófica, dos seus atos? Ele é recompensado tanto por tentar quanto por efetivamente ser bem-sucedido? É ensinado a tirar lições de suas dificuldades, em vez de achar que, diante delas, é melhor não fazer nada? A autoconfiança é transmitida tanto pelo exemplo como pelo discurso. Encorajar um filho a aceitar o fracasso quando os pais não procedem assim não gera grandes resultados. Os filhos sabem que as verdadeiras convicções dos adultos devem ser avaliadas mais pelos seus atos do que por suas palavras...

Não temer excessivamente o desconhecido e a adversidade indica um bom nível de autoconfiança. "Para recrutar um candidato", explica um caçador de talentos, "presto mais atenção em seu grau de autoconfiança do que nos seus conhecimentos técnicos. Como faço para testá-la? Ora, interrogando-o sobre os seus pontos fracos, as lacunas do seu currículo. Procurando colocá-lo um pouco em dificuldade, desestabilizá-lo com delicadeza... Se ele assume os seus limites sem se desvalorizar, se ele joga o jogo e não busca nem se proteger nem contra-atacar para se defender, digo a mim mesmo que o candidato com certeza vai se comportar da mesma forma na empresa. E que os seus colaboradores sentirão o mesmo que estou sentindo."

Claro que uma autoconfiança insuficiente não constitui uma desvantagem insuperável. Mas as pessoas pouco autoconfiantes são frequentemente vítimas de inibição, até nas mais simples tarefas cotidianas, como escrever uma carta, dar um telefonema etc. "No fundo", diz um paciente de 30 anos, "eu me acho um cara simpático, com possibilidades. Vejo com alguma facilidade o que gostaria de fazer, pelo menos sou capaz de sonhar com isso. Sinto que é possível chegar lá, embora na hora acabe percebendo que não me preparei como deveria. Eu gostaria, por exemplo, de sair da área comercial e tornar-me professor. Mas precisaria voltar aos estudos e tenho medo de não me readaptar. Além disso, às vezes, ponho em dúvida minha escolha: e se eu não tiver jeito para essa profissão? Teria trocado o certo pelo duvidoso..."

O EQUILÍBRIO DA AUTOESTIMA

Esses três componentes da autoestima entretecem geralmente laços de interdependência: o amor a si mesmo(a) (respeitar-se diante de qualquer circunstância, ouvir as próprias necessidades e aspirações) facilita, sem dúvida alguma, uma visão positiva de si mesmo(a) (acreditar na sua própria capacidade, projetar-se no futuro), que, por sua vez, influencia favoravelmente a autoconfiança (agir sem temer de forma excessiva o fracasso e a opinião dos outros).

Mas acontece de esses ingredientes se encontrarem dissociados em algumas pessoas. Tomemos o caso de uma frágil visão de si mesmo(a): o sujeito tem uma autoconfiança apenas superficial; basta um obstáculo mais sério, ou mais demorado, para que a autoestima desmorone. Outro caso, o da falta de amor a si mesmo(a): agora o sujeito fez um percurso excepcional por estar sustentado por uma visão muito elevada de si mesmo; mas um fracasso sentimental irá suscitar dúvidas e complexos que ele acreditava sufocados para sempre... Pode haver ainda um defeito ainda maior de autoconfiança: o sujeito recebeu uma educação perfeita, seus pais o protegeram demais, amaram-no e pouparam-no para que ele não viesse a enfrentar muito cedo os problemas da vida; não obstante toda a afeição recebida, ele será vítima de dúvidas permanentes quanto à sua capacidade de ser bem-sucedido.

	AMOR A SI MESMO(A)	VISÃO DE SI MESMO(A)	AUTOCONFIANÇA
ORIGENS	Qualidade e coerência dos "alimentos afetivos" recebidos pela criança	Expectativas, projetos e projeções dos pais sobre o filho	Aprendizagem das regras da ação (ousar, perseverar, aceitar os fracassos)
BENEFÍCIOS	Estabilidade afetiva, relações alegres com os outros; resistência às críticas ou à rejeição	Ambições e projetos que se tenta realizar; resistência aos obstáculos e contratempos	Ação no cotidiano fácil e rápida
CONSEQUÊNCIAS EM CASO DE FALTA	Dúvidas quanto à capacidade de ser estimado(a) pelos outros; convicção de não se achar à altura; autoimagem medíocre, mesmo em caso de sucesso material	Falta de audácia nas escolhas existenciais; conformismo; dependência das opiniões dos outros; pouca perseverança em suas escolhas pessoais	Inibições, hesitações, abandonos, falta de perseverança

Os pilares da autoestima

AUTOESTIMA OU AUTOESTIMAS?

Alguns estudiosos julgam que a autoestima é de fato a soma de várias autoestimas, específicas em diferentes domínios, que podem funcionar de maneira relativamente independente umas das outras. Por exemplo, pode-se ter boa autoestima no domínio profissional e não tão boa em matéria de vida sentimental. De acordo com as circunstâncias e os interlocutores, o sentimento de valor pessoal pode então variar de forma considerável. "Em meu trabalho", explica um engenheiro de 40 anos, "sou um profissional reconhecido, mas minha vida particular é um pouco fracassada. Assim, quando estou em meu ambiente profissional, sinto-me bem, sei que tenho qualidades e que sou valorizado como tal. Não hesito em dar opiniões, às vezes contra as dos outros. Sei defender minhas ideias. Sinto-me à vontade para conhecer novas pessoas, clientes ou colegas. O contato é fácil e me sinto digno de interesse. Mas, fora desse contexto, tudo se torna mais duro. E percebo isso já pela minha maneira de andar, de falar, de olhar. Fico menos à vontade. Tenho a impressão de não ser inteiramente a mesma pessoa. Tenho mais necessidade de ser tranquilizado, tomo menos iniciativas, corro menos riscos. Fico inclusive sem saber se estou mesmo despertando o interesse das mulheres que me agradam. Quando falo com elas, vigio suas reações, achando em geral que elas estão mortas de tédio comigo."

Para a maioria das pessoas, entretanto, um sucesso ou um fracasso em determinado domínio terá mesmo assim consequências nos outros. Uma decepção amorosa acarretará no indivíduo rejeitado ou abandonado um sentimento de perda de valor pessoal global. Ao contrário, um êxito em um domínio dará quase sempre um empurrão positivo na autoestima. O escritor ítalo-americano John Fante descreve como um moço de 18 anos, de origem modesta e pouco aquinhoado pela natureza, chega a enaltecer particularmente seu braço esquerdo – o "Braço" –, que faz dele um excelente jogador de beisebol, aumentando sua autoestima ameaçada em outros setores: "O Braço me permitia ir para a frente, este querido braço esquerdo perto do meu coração [...], este membro santo e bendito que Deus me deu; e se o senhor tinha-me criado a partir de um pobre pedreiro [trata-se de seu pai], ele me dera um verdadeiro tesouro colando esta maravilha à minha clavícula."[3]

Em contrapartida, para outros estudiosos, é impossível compartimentar a autoestima: é difícil ter boa autoestima em um domínio sem que isso não exerça ação positiva no domínio vizinho. Inversamente, uma autoestima medíocre em um setor alterará necessariamente nosso nível global de autossatisfação. A autoestima não pode ser entendida senão como um olhar global sobre si mesmo(a). Se esse olhar é benevolente e positivo, ele nos fará minimizar nossos defeitos e permitirá que tiremos proveito de nossas qualidades. Vejamos o que Laurence, uma enfermeira de 28 anos, diz: "É verdade que eu não sou nenhuma beleza, gostaria de ser mais bonita, não vou obrigar ninguém a pensar o contrário. Mas sei que posso agradar, tenho outras qualidades: sou engraçada, não muito burra, otimista. E vejo que as pessoas me apreciam. Então, pouco me importa se na rua os homens não ficam se virando para me olhar."

Ao contrário, uma autoestima enfraquecida pode nos tornar muito severos com nós mesmos, apesar dos êxitos, e revelar-se um grave obstáculo à felicidade. "Tenho a impressão de haver corrido toda a minha vida atrás de alguma coisa inacessível", diz um médico de 48 anos. "Fui um adolescente complexado, mas achava que, tendo sucesso nos estudos, eu ganharia autoconfiança. Assim que me formei, quis ser residente e depois chefe de serviço hospitalar. Consegui, pois coloquei nisso todas as minhas energias: era um objetivo muito importante para mim, pois eu queria convencer-me de que tinha valor. Mas hoje, como ontem, continuo duvidando e não me sinto em paz comigo mesmo. Invejo sempre colegas mais à vontade do que eu durante as reuniões de médicos, ou que me parecem mais brilhantes em seus trabalhos científicos. Depois, digo a mim mesmo que essa corrida em busca do sucesso me fez negligenciar minha mulher e meus filhos. Isso me provoca remorsos, e duvido ainda mais de mim. Talvez eu não tenha feito as escolhas que me teriam tornado feliz."

*Como animar uma noitada entre amigos
conversando sobre autoestima*

Quando estiver em uma reunião entre pessoas que se gostam (importante!), peça a cada uma que se atribua uma nota de autoestima de 0 a 10. Repare que alguns convidados poderão achar a brincadeira idiota ou indiscreta. Respeitemos a opinião deles, pois ninguém é obrigado a apreciar as experiências de psicologia aplicada!

Saliente as notas globais. Quem se dá uma nota elevada? Sob que argumentos? Quem se posiciona abaixo da média? Por que isso? Algumas respostas surpreendem você? Convide os participantes a comentá-las...

Procedendo dessa maneira, você obterá a nota de autoestima que cada um deseja revelar aos outros. A qualidade dos argumentos alegados para justificá-la lhe dará indicações sobre o grau de adesão da pessoa interrogada às próprias palavras: ela deseja sobretudo passar uma boa imagem de si mesma exibindo confiança ou modéstia (o que os psicólogos chamam de um "viés de desejabilidade social") ou ela foi sincera?

Repare enfim que certo número de participantes vai modular sua resposta segundo os domínios: "Fisicamente, minha nota é 4. Intelectualmente, 7." Que qualidades eles destacam? E em que aspectos se julgam mal? Em se tratando de avaliação, essas nuanças não tornam as palavras mais críveis?

OS ALIMENTOS DA AUTOESTIMA

Uma jovem nos dizia recentemente: "Costumo duvidar de mim mesma. Há um monte de coisas em minha vida com que não estou satisfeita e que gostaria de mudar. Mas há também momentos em que me sinto *orgulhosa* de mim, ainda que eu não goste dessa palavra. Por exemplo, quando passo momentos tranquilos com meus três filhos e meu marido. Nessas horas, tenho uma impressão de plenitude, de bem-estar completo, o que acontece muito pouco em nossa vida, se refletirmos bem. Sinto-me feliz em ver que formamos uma família unida, em perceber que nos amamos. Isso é muito básico, muito emocional, quase animal. E depois há um aspecto mais 'pensado', que é a satisfação, a impressão de ter alcançado o sucesso em algo: de ter filhos simpáticos, mesmo que nos importunem de vez em quando, abertos aos outros e de bem com a vida. Tenho a impressão de que tudo isso é algo que se deve aos meus esforços, pelo menos em parte, que não me foi dado, mas que eu construí, é um êxito que não ocorre por acaso: criar três filhos sem deixar de trabalhar não é tão simples assim."

Os alimentos da autoestima

sentimento de ser amado(a)
+
sentimento de ser competente

Em todas as nossas atividades, estamos quase sempre buscando satisfazer duas grandes necessidades, igualmente indispensáveis à nossa autoestima: sentirmo-nos amados (apreciados, simpáticos, populares, desejados etc.) e sentirmo-nos competentes (com um bom desempenho, talentosos, hábeis etc.). Em todos os domínios, esperamos a satisfação conjunta dessas necessidades: os homens políticos querem exercer o poder (competência), mas querem também ser populares (amor); no trabalho, gostamos de ser bons em determinado campo de conhecimento, mas também queremos ser apreciados pelos colegas; na vida conjugal, não buscamos apenas o amor de quem vive conosco, queremos também que essa pessoa nos admire e estime. A satisfação de apenas uma das necessidades não preencherá nossas expectativas: ser amado sem ser admirado e estimado é pueril; ser estimado sem se sentir apreciado é frustrante.

Esses alimentos necessários ao nosso ego são tanto mais indispensáveis quanto mais compreendemos que a autoestima não é um dado definitivo. Ela é uma dimensão de nossa personalidade eminentemente móvel: mais ou menos alta, mais ou menos estável, ela precisa ser alimentada com regularidade.

2
Autoestima e falta de autoestima.
Sua autoestima é alta ou baixa?

"Roído de modéstia."

Jules Renard

Que ideia você faz de si mesmo(a)? Como se comporta no momento de passar à ação? Como reage aos fracassos e aos sucessos?

As respostas a essas perguntas deveriam lhe permitir saber se você se estima um pouco, muito... ou de jeito nenhum.*

FALE-ME DE VOCÊ

A arte de não se valorizar

Quando você fala de si mesmo(a), suas palavras são moderadas. Não alardeia coragem, mas nem por isso se descreve como uma pessoa covarde; não muito requintado(a), embora goste das boas coisas; não muito forte nos estudos, mas de modo algum um ignorante... Você evita as afirmações definitivas "eu adoro", "eu detesto", "eu sou assim" – ao mesmo tempo por medo do julgamento alheio ("se eu falar de minhas qualidades, vão pensar que sou orgulhoso(a); e se revelar meus defeitos, acreditarão que sou

---

*Apresentamos no final deste capítulo um pequeno questionário com o qual você poderá avaliar rapidamente seu nível de autoestima.

fraco(a)") e por desconhecimento de si mesmo(a) ("no fundo, não sei muito bem do que gosto e do que não gosto"). É provável que você não se estime muito.[1]

O problema não é que você se desvalorize como o faria uma pessoa deprimida: o problema é que você não se valoriza. Se lhe apresentarem uma lista de adjetivos positivos, neutros e negativos, você não escolherá para descrever-se, como os sujeitos com alta autoestima, os qualificativos positivos. Tampouco escolherá os adjetivos negativos. Você se sentirá inclinado(a) a escolher os neutros.[2]

Confissões e autobiografias: duas maneiras de falar de si

Na obra monumental que consagrou aos criadores,[3] o historiador Daniel Boorstin compara maliciosamente *Confissões*, de Jean-Jacques Rousseau, e *Memórias*, de Benjamin Franklin.

Parece que a autoestima do americano era bastante elevada; enquanto a do francês, pode-se dizer, baixa.

Ainda que alguns trechos transmitam uma imagem positiva de si mesmo, Rousseau se descreve não raro sem complacência alguma: "Que eles [os leitores] ouçam minhas confissões, que eles gemam com minhas indignidades, que eles enrubesçam com minhas misérias." Franklin, ao contrário, propõe a saga do seu êxito, escrevendo, por exemplo: "Quem se apaixona por si mesmo não terá rivais."

Como observa Boorstin, o objetivo de Rousseau era confessar-se e *ser* sincero, ao passo que o de Franklin era *parecer* sincero, "carregando sua imagem a tiracolo", como um moderno especialista em relações públicas...

* * *

Ter baixa autoestima é uma desvantagem em todas as circunstâncias em que se é levado a falar de si mesmo para "se vender" (entrevista de emprego) ou para agradar (sedução amorosa). Cecília, 30 anos, conselheira jurídica, faz essa experiência cotidianamente: "As pessoas me decepcionam, tenho a impressão de que elas preferem sempre os sujeitos um pouco histéricos, que gostam de aparecer. Por exemplo, uma de minhas colegas de trabalho é muito popular entre nós, embora seja cheia de defeitos. Ela não hesita em gritar alto e em bom som, dizendo: 'Eu sou faladeira, adoro o que é fútil etc.' E todos ficam logo encantados, porque não se entediam com ela, porque ela os tranquiliza e os deixa à vontade, exibindo os seus defeitos em uma vitrine. Já no meu caso, todo mundo me diz que não tenho defeitos, mas tenho a impressão de ser também mais mole, mais desagradável e tediosa."

Uma imagem imprecisa

Quando lhes fazemos perguntas sobre si mesmas, pessoas com baixa autoestima levam mais tempo que outras para responder – e, às vezes, com certo constrangimento.[4] Trata-se de uma atitude prudente, de uma forma de sabedoria que consistiria em não tomar posição de maneira muito franca? De modo algum. Pois, se lhes pedirmos que avaliem outras pessoas, serão então capazes de responder mais rápido e de modo claro – o que fazem justamente os sujeitos com alta autoestima quando estão falando de si mesmos...

Quando se descreve, a pessoa com baixa autoestima nem sempre é muito convincente. Costuma inclusive contradizer-se. A impressão que ela dá ao seu interlocutor não é das melhores. Se o contexto social exige um juízo rápido, como é cada vez mais frequente em nossas sociedades, onde os contatos se multiplicam e se estimulam, o indivíduo com baixa autoestima, menos coerente – embora mais cheio de nuances – que o seu homólogo com alta autoestima, arrisca-se muito a ser sistematicamente desfavorecido.

Como dizia um de nossos pacientes, "de acordo com a pessoa que se acha diante de mim, eu me sinto capaz ou miserável". De maneira geral, com efeito, as pessoas com baixa autoestima são suscetíveis a modificar o próprio discurso em função do seu círculo ou do seu interlocutor. Veremos que a preocupação delas com a aprovação social toma não raro a frente da necessidade de afirmar seus pontos de vista pessoais (cuja validade lhes parece, em todo caso, sujeita a caução). Dizer, por exemplo, "não, nunca fui à ópera" quando se está bem no meio de um jantar de fãs de Pavarotti, ou, "de fato, prefiro os dramalhões de Hollywood" na presença de aficionados do "cinema de autor", eis o que pode ser bastante revelador de uma boa autoestima. Mas sob uma condição: que tais revelações não sejam afirmações brutais, destinadas a chamar a atenção para si, mas sim externadas com sinceridade cordial como resposta a uma pergunta.

Um exemplo muito bom desse problema peculiar aos sujeitos com baixa autoestima (ou cuja autoestima sofra as consequências da pressão do ambiente) é Zelig, personagem vivido na tela por Woody Allen: homem sem identidade clara, Zelig identifica-se a tal ponto com os seus interlocutores que ele adota sucessivamente todas as maneiras de ser daqueles, a ponto de se parecer fisicamente com eles. Com Anne-Claire, uma professora de 40 anos, não foi diferente: "Eu me busquei por muito tempo. Só para dar um exemplo, eu não tinha confiança alguma em meu gosto para roupas. Tinha sempre a tendência a me vestir como as pessoas que eu admirava. Era uma espécie de reflexo primitivo: adotar a plumagem para tentar alcançar os ramos. Já fazia isso quando era criança: passava meu tempo imitando minhas coleguinhas em suas manias, em seus cacoetes de linguagem, em sua maneira de se pentear, para me sentir melhor comigo mesma."

PESSOAS COM BAIXA AUTOESTIMA	PESSOAS COM ALTA AUTOESTIMA
Têm a sensação de se conhecer mal	Têm ideias claras sobre si mesmas
Falam de si de uma forma sobretudo neutra	Falam de si de maneira clara
Descrevem-se de maneira mais moderada, imprecisa, incerta, mediana	Sabem falar de si de maneira positiva
Têm um discurso sobre si mesmas às vezes contraditório	Têm um discurso sobre si mesmas sobretudo coerente
Têm um julgamento sobre si mesmas pouco estável	Têm um julgamento sobre si mesmas bastante estável
Seu julgamento sobre si mesmas pode depender das circunstâncias e dos interlocutores	Seu julgamento sobre si mesmas depende relativamente pouco das circunstâncias e dos interlocutores
VANTAGENS Adaptação aos interlocutores, percepção de nuances	VANTAGENS Imagem franca e estável
INCONVENIENTES Imagem imprecisa e hesitante	INCONVENIENTES Muitas certezas e simplificações, risco de desagradar certos interlocutores

Que imagem de si você transmite aos outros?

Por que as pessoas com baixa autoestima são tão prudentes?

Várias hipóteses são possíveis. A primeira, sobre a qual voltaremos a falar mais adiante, é que elas têm péssimo conhecimento de si mesmas. Persuadidas de que as boas soluções não se encontram nelas, mas nos outros, dedicam mais tempo observando alguém para imitá-lo do que procurando descobrir a si mesmas e as próprias capacidades.

Segunda hipótese: as pessoas com baixa autoestima temem mais do que as outras o julgamento alheio. São, portanto, mais neutras e mais prudentes quando precisam falar de si. Além disso, e um pouco pela mesma razão, são mais atentas a não se enganarem ou enganarem os outros, desenvolvendo um perfeccionismo que as leva a cultivar de maneira excessiva a adaptabilidade e a dúvida.

As maneiras de se apresentar:
atenção às variantes educativas e culturais

A maneira de se apresentar não depende apenas da autoestima, mas também do "modelo" valorizado em seu meio ou em sua cultura nacional (ainda que ambos, em nossos dias, tendam a se uniformizar).

Os ingleses, de bom grado adeptos do *understatement,* por muito tempo censuraram os americanos por serem "convencidos" enquanto estes achavam os ingleses "hipócritas". Contar os seus sucessos pessoais era considerado natural em Los Angeles, enquanto em Londres isso seria julgado como atitude de "mal-educado".

Hoje, em compensação, quando comparecemos a congressos nos Estados Unidos, ficamos não raro surpresos ao ver pesquisadores americanos de reputação mundial apresentar seus resultados com bom humor e modéstia.

Na França, os modelos educativos variam de acordo com as regiões e os meios. Existe certa forma de "boa educação" segundo a qual se deve falar o menos possível de si, ainda menos de seus êxitos. O requinte aqui consiste em dar prova de (falsa?) modéstia a interlocutores que seguem as mesmas regras. Da mesma forma, "presunçosos" que chocariam em Estrasburgo fazem parte de um jogo social que todo mundo entende em certos bares de Marselha.

* * *

Mais do que o autoconhecimento, são as convicções que temos sobre nós mesmos que fazem a diferença: quanto mais alta a autoestima, maior a sensação de que nos conhecemos bem e maior o poder de contágio dessa sensação...

Em contextos específicos, a prudência e as hesitações identitárias dos sujeitos com baixa autoestima podem se revelar pontos fortes.

Inversamente, as certezas exibidas por alguns sujeitos com alta autoestima não se adaptarão a todos os interlocutores e a todos os meios. É verdade, no entanto, que o nosso mundo não favorece hesitações: uma baixa autoestima representará indiscutivelmente uma desvantagem para a obtenção de certos objetivos.

Precisa-se de tudo para se fazer um mundo...

Imagine-se na pele de um jornalista, de um profissional de recursos humanos em sua sala, ou mesmo de um psicólogo... Você marcou uma entrevista com duas pessoas. A primeira responde rapidamente às suas perguntas sobre ela, utiliza para descrever-se palavras positivas, toma posição de maneira franca sobre suas capacidades, é coerente durante toda a entrevista. A segunda leva mais tempo para responder às perguntas, descreve-se mais de maneira neutra do que positiva, emite poucas opiniões francas sobre si mesma, contradiz-se de tempos em tempos durante a entrevista. É provável que a primeira pessoa lhe pareça mais segura de si do que a segunda: você estará certo em suspeitar nesta última uma baixa autoestima. Mas é também possível que, de acordo com as suas necessidades, a maneira como a segunda se apresentou lhe convenha mais, por exemplo, se você conferir mais importância às capacidades de dúvida e de observação de vários aspectos em sua interlocutora...

Quem pode me ajudar a saber quem eu sou?

Uma de nossas pacientes, no dia em que fez sua primeira consulta conosco, explicou da seguinte maneira o fato de nos ter procurado: "Eu me busco." Com efeito, ela apresentava graves problemas de autoestima... Os sujeitos com baixa autoestima costumam ser conscientes dessa imprecisão no conhecimento que têm de si mesmos. Em geral, suas dúvidas os conduzem a buscar psicoterapia. Na França, programas de atualização e motivação para os desempregados (nos quais os problemas de autoestima são naturalmente muito importantes) desempenham às vezes esse papel de ajuda psicológica, como confirmam as confidências deste orientador: "Parte importante de nosso trabalho consiste em fazer com que as pessoas adquiram novamente confiança, pois o desemprego é, em geral, um golpe terrível na imagem que tinham de si mesmas. Ajudá-las a descobrir novas competências ou a acreditar naquelas que já possuem, incentivá-las a não perder a esperança..."

Quem sou e o que vai me acontecer?

"Você tem muita necessidade de ser amado e admirado pelos outros. Tem tendência a ser crítico consigo mesmo. Por momentos, chega a duvidar de si mesmo. Sabe que tem grandes capacidades que não está explorando como deveria..."

O que pensaria da pessoa que lhe dissesse isso? Provavelmente, que ela acertou em cheio. A maioria daqueles a quem se apresenta um pseudorretrato repleto de lugares-comuns como os do parágrafo anterior tende a pensar que ele é irretocável.[5] Uma experiência mostrou que, depois de se enviar um "balanço astral" desse tipo a 150 pessoas que o haviam solicitado (em resposta a um anúncio publicado nos jornais), 130 declararam-se bastante satisfeitas e se reconheceram no retrato que era evidentemente o mesmo para todas.[6]

Quanto mais se duvida de si, maior a dificuldade de ver as situações com clareza. Em outras palavras, quanto mais baixa a autoestima, maior a tendência a não se ter discernimento e espírito crítico com astrólogos e videntes de todo tipo. Que não deixam de aproveitar a situação...

* * *

Ou seja, dúvidas pessoais de indivíduos com baixa autoestima são também utilizadas de maneira contestável pela astrologia e práticas aparentadas: vidência, quiromancia etc. O autoquestionamento é tão velho quanto o próprio mundo, e a busca por compreender e dominar a "verdadeira personalidade" explica em grande parte o sucesso duradouro dos astrólogos através dos séculos. Pode-se supor que sua clientela se encontra sobretudo entre as pessoas inseguras, geralmente com baixa autoestima. As certezas sobre si mesmas e as referências tranquilizadoras sobre o futuro são assim espertamente distribuídas. Como as agências matrimoniais desapareceriam sem os tímidos, e os detetives particulares sem os paranoicos, os astrólogos, os parapsicólogos e outros videntes estariam condenados à falência se uma descoberta miraculosa trouxesse para a humanidade o segredo da autoestima...

DO QUE VOCÊ É CAPAZ?

Quanto mais nos estimamos, melhor agimos: tomamos decisões e as mantemos. E quanto mais nos comportamos dentro dessa regularidade, mais nos estimamos... É esse duplo movimento, tendo como eixos a escolha, a tomada de decisão e sua colocação em prática, que vamos abordar agora.

Vou ou não vou?

Em geral, pessoas com baixa autoestima têm dificuldade em tomar decisões. Elas hesitam e tergiversam. Às vezes, entregam-se mesmo à procrastinação, deixando para amanhã o que poderiam fazer hoje: "Irei ver esse cliente importante um outro dia", "Escreverei essa carta delicada no fim de semana", "Eu gostaria muito de revê-la, mas já é muito tarde para convidá-la para ir ao cinema esta noite; farei isso amanhã"... Essa atitude, que os psiquiatras conhecem bem, pode ser o sintoma de distúrbios psicológicos mais sérios, como uma tendência depressiva ou um distúrbio obsessivo compulsivo. Mas pode ser igualmente que não seja mais que um traço de caráter ligado à autoestima.

O dilema da escolha

Agir ou não agir... A pessoa com baixa autoestima encontra o mesmo tipo de dificuldade quando, confrontada com uma alternativa, precisa tomar uma decisão. "Escolher é eliminar", disse um de nossos pacientes. "E eu nunca soube eliminar: sempre tive medo de me enganar."

Com frequência, as hesitações dizem respeito aos aspectos secundários da vida cotidiana: "No começo de nossa ligação, Jean-Michel me irritava muito. No restaurante, ele levava um tempão para se decidir e finalmente escolhia o mesmo prato que os outros." Com o tempo, as incitações tornam-se maiores em consequência das muitas pressões sobre o sujeito: "Quando está estressado, meu marido leva quase toda a manhã escolhendo uma gravata. Normalmente, ele faz isso com rapidez; de fato, ele não dá muita importância para essa história de moda ou aparência. Mas quando tem uma reunião de trabalho importante é como se o seu estresse se fixasse nisso: ele tem medo de usar algo que revele falta de gosto e hesita interminavelmente."

Mas, às vezes, essas hesitações pesam também sobre decisões existenciais mais importantes. "Em certo momento de minha vida profissional", diz um paciente, "propuseram-me um novo cargo, que implicava uma mudança. Havia vantagens e inconvenientes dos dois lados: o tipo de situação que eu detesto. Assim, deixei que minha mulher decidisse por mim. Ela achou melhor continuar onde estávamos, por causa dos filhos. Hoje me arrependo um pouco; é verdade que estamos bem aqui, mas minha carreira estagnou. Não sei se era a boa escolha. Mas partir poderia ter sido pior..."

Constantemente é necessário abordar esse tipo de problema em uma psicoterapia. A principal explicação para essa dificuldade de escolher decorre do fato de que os pacientes pensam que existe *a priori* uma "boa" e uma "má" solução no embate que precisam enfrentar. E que se deve a qualquer custo escolher a boa, sob pena de consequências graves e definitivas. Na realidade, dificilmente as coisas se passam dessa forma: a maioria das escolhas que a existência nos oferece apresentam ao mesmo tempo vantagens e inconvenientes, e nada se acha determinado *a priori*. Em compensação, a maneira como nos engajamos costuma determinar *a posteriori* se a escolha foi boa ou ruim. Nada foi escrito antecipadamente, e nosso futuro depende de nós mesmos.

A influência do círculo

Como ela experimenta dificuldades para se decidir, a pessoa com baixa autoestima prefere quase sempre deixar-se influenciar pelo seu círculo (pais, parentes, amigos, boas ou más companhias), em especial quando se trata de fazer uma importante escolha na vida, seja no campo dos estudos, da vida sentimental ou profissional. O caminho do conformismo será não raro o mais tentador. Fala-se às vezes de "plasticidade psíquica" para descrever essa forte sensibilidade em relação à opinião dos outros. Frases como "É um maria vai com as outras" ou "Para ele, é sempre o último que fala que tem razão" traduzem bem a irritação que um comportamento como esse pode gerar.

Persistir em suas escolhas

Para alcançar objetivos pessoais o melhor é ter boa autoestima. A perseverança não é, com efeito, a característica dos sujeitos com baixa autoestima, que têm tendência a renunciar assim que se deparam com dificuldades ou com opiniões contrárias as deles. Uma dieta adequada, por exemplo, depende muito do nível de autoestima:[7] se ele é baixo, as boas resoluções não duram muito tempo ("isso não vai funcionar"); a autoestima não é reforçada, o que dificulta um pouco mais as chances de sucesso na próxima tentativa.

O nível de investimento pessoal em uma decisão conta muito. As pessoas com alta autoestima darão certamente prova de mais perseverança nas escolhas que são realmente as deles – querer seduzir uma pessoa que lhes agrada ou ter êxito em uma atividade que os apaixona –, mas revelarão menos perseverança nos domínios em que investiram pouco. São assim capazes de desmarcar um encontro que os deixa entediados ou de rever uma promessa feita...

Ao contrário, as pessoas com baixa autoestima persistem nas escolhas que lhes foram ditadas pelo conformismo social. Isso pode acarretar um trabalho pouco interessante, um relacionamento afetivo nada gratificante, compromissos desagradáveis (o almoço na casa da velha tia todos os primeiros domingos do mês). Uma vez presos a essas "escolhas", acham difícil parar ou romper com elas. Não existe nenhum masoquismo nisso, mas sim uma dificuldade com os processos de decisão: as pessoas com baixa autoestima se sentem mais facilmente e mais rapidamente comprometidas pelos seus atos. Sua tendência natural é, portanto, *continuar,* nas mesmas condições em que outra pessoa, cuja autoestima é alta, dirá: "Vou parar, não é isso o que eu quero."

Em certos momentos, no entanto, a boa autoestima pode levar a escolhas questionáveis. Um adolescente talentoso e bem seguro de si pode assim abandonar os estudos para ir viver sua paixão (fazendo bicos, por exemplo, como roqueiro), malgrado os obstáculos (entre outros, a reação dos pais). Um colega da mesma idade que tenha uma autoestima menor terá talvez os mesmos sonhos, mas não ousará realizá-los e prosseguirá os estudos respeitando a vontade dos pais. Anos mais tarde, é bem possível que esta última se revele a melhor escolha...

BAIXA AUTOESTIMA	ALTA AUTOESTIMA
Tomadas de decisões às vezes trabalhosas ou adiadas	Tomadas de decisões em geral mais fáceis e banalizadas
Não raro há preocupação com as possíveis consequências das escolhas	Age-se de forma tão eficaz quanto possível para fazer com que as escolhas levem a um bom resultado
Às vezes, leva-se muito em conta a opinião do círculo de convivência nas tomadas de decisões	Leva-se em conta a si mesmo nas tomadas de decisões
Renuncia-se rapidamente em caso de dificuldades nas decisões pessoais	Capacidade de perseverar nas decisões pessoais apesar das dificuldades
Suportam-se, às vezes, situações ditadas pelo ambiente	Há afastamento das situações ditadas pelo ambiente, se se percebe que são contrárias aos seus interesses
VANTAGENS Comportamentos prudentes e refletidos, paciência	VANTAGENS Há tendência à inovação
INCONVENIENTES Há tendência à hesitação e a seguir as convenções	INCONVENIENTES Às vezes, há muita sensibilidade aos interesses de curto prazo

Como você se engaja na ação?

VOCÊ É SENSÍVEL AO FRACASSO E À CRÍTICA?

Quando o fracasso deixa marcas

Todo mundo tem seus fracassos, isso não é nenhum drama. Pelo menos, se sua autoestima não é muito baixa... Neste caso, é difícil recuperar-se de um fracasso, sua recordação se mantém inalterável, uma sequela emocional dolorosa e duradoura. Veja, por exemplo, um grupo de estudantes que acaba de saber dos resultados finais na escola. O fracasso acarreta uma "reação depressiva" imediata entre todos os estudantes malsucedidos. Uma reação naturalmente passageira... salvo entre aqueles com baixa autoestima: revendo-os algum tempo mais tarde, constata-se efetivamente sua persistência.[8]

Tal fenômeno pode ser explicado de três maneiras. Do ponto de vista comportamental, as pessoas com alta autoestima lançam-se rapidamente em novas ações que as distraem do fracasso, contribuindo para o seu esquecimento. Do ponto de vista psicológico, uma alta autoestima ajuda a relativizar a situação e a não se sentir *globalmente* desvalorizado por *um único* revés. Do ponto de vista emocional, aqueles com baixa autoestima são mais frequentemente habitados por emoções negativas que a decepção devida ao fracasso, com toda a evidência, alimenta e reproduz.

Encontramos o mesmo fenômeno no caso da crítica. Ninguém gosta de críticas, mas os sujeitos com baixa autoestima são mais sensíveis a elas, em intensidade e em duração, que os outros. São inteiramente suscetíveis a qualquer mensagem negativa. "Para mim", declarou um paciente, "todas as críticas são verdadeiras." Por ser de imediato identificada com um juízo social e uma rejeição, e não com uma informação útil, a crítica ganha espaço entre os que alimentam emoções de tristeza e de confusão. Essas, às vezes, são desproporcionais em relação à mensagem – mas sempre inversamente proporcionais ao nível de autoestima.

Onde isso faz mal...

Críticas e mensagens negativas serão recebidas de maneira ainda mais perniciosa, se focalizarem setores fortemente investidos pelo sujeito com baixa autoestima. É, por exemplo, o caso de uma jovem mãe de família que duvida de si mesma e que não trabalha para poder se dedicar à educação dos filhos: ela terá todas as chances de derramar-se em lágrimas se lhe fizerem observações insistentes sobre o comportamento de sua prole. Outra, recém-empregada e desejando causar boa impressão, mas impressionada com o novo trabalho, desmorona em uma reunião por causa dos comentários de um chefe cujo habitual mau humor já não incomoda mais ninguém... exceto a ela.

Um caso de desespero

O infeliz Vatel, cozinheiro do príncipe de Condé, foi sem dúvida vítima de uma autoestima vulnerável que um fracasso, ocorrido dentro de um domínio em que apostara muito, levou a consequências funestas: em 1671, como os peixes e os mexilhões que esperava para um banquete principesco não chegaram a tempo, ele prendeu o cabo de um facão no vão de uma porta e se matou lançando-se contra a lâmina!

Ânimo inconstante

Muitos de nossos pacientes com baixa autoestima têm moral baixo e sofrem daquilo que os psiquiatras chamam de "distimia", ou seja, humor depressivo. Sem ser propriamente um estado depressivo, esse distúrbio costuma acarretar – pelo menos de dois em dois dias[9] – um ânimo triste. A "fraca autoestima" é um dos elementos exigidos para determinar o diagnóstico de distimia; e pode-se mesmo ir além disso: com efeito, é possível que em um grande número de casos o nível de autoestima esteja realmente na origem do problema, tornando as pessoas que sofrem disso muito vulneráveis aos acontecimentos que devem enfrentar no cotidiano.

Quero saber a verdade...

Mas eis um paradoxo: embora tão suscetíveis à crítica, as pessoas com baixa autoestima são justamente as que mais a procuram! "Preciso saber", dizia-nos uma moça. "Não suporto ficar na dúvida. Quando não estou contente comigo, busco sempre a confirmação disso com os outros. Se me dizem que isso não tem tanta importância, costumo não acreditar em uma só palavra, querendo ouvir exatamente o contrário. Tenho sempre a impressão de que as críticas são mais sinceras do que os cumprimentos. O chato é que em seguida fico semanas inteiras ruminando o que me disseram, a ponto de adoecer. Meu cônjuge agora já não me leva a sério: no começo de nossa vida conjugal ele entrava no meu jogo e me dizia francamente o que estava errado quando eu lhe perguntava. Mas ele logo compreendeu que isso não mudaria nada."

Trabalhos científicos demonstraram esse fenômeno. Dividiram-se, por exemplo, voluntários em três categorias: pessoas com baixa autoestima, pessoas com alta autoestima e pessoas realmente depressivas. Elas deviam receber informações positivas e negativas que dissessem respeito a cada uma delas ("a partir dos questionários a que vocês responderam, podemos dizer quais são os seus pontos fortes *ou* os seus pontos fracos"). Aquelas que pediam com mais frequência para ouvir informações negativas sobre si mesmas eram com certeza os sujeitos deprimidos (82% delas). Mas as pessoas com baixa autoestima não ficavam muito atrás, já que 64% queriam receber críticas... Apenas 25% dos indivíduos com alta autoestima desejaram as críticas.[10]

É preciso sem dúvida matizar esse resultado experimental. Assim, parece que aqueles com baixa autoestima procuram mensagens negativas apenas nos domínios que eles julgam modificáveis, talvez, aliás, porque pensam ser possível progredir dentro deles.[11]

Nos outros domínios, fazem como todo mundo: preferem receber elogios! Seu comportamento seria, portanto, completamente adaptado e funcional...

Quem ousa me criticar?

E as pessoas com alta autoestima? Ora, elas não cedem ao paradoxo: "Quando não ajo bem", explica Richard, 45 anos, "não pioro as coisas indo pedir a opinião dos outros; não dou minha mão à palmatória... Limito-me a tirar minhas próprias conclusões sobre o que fiz." O fato é que tais sujeitos não dão importância desmesurada às boas razões de uma crítica. Eles são capazes, ao receberem mensagens negativas, de se concentrar em seus pontos fortes, pois se deixam contaminar menos pelas emoções negativas. Na verdade, dão mais crédito aos interlocutores que falam bem deles do que aos que falam mal.[12] Procedem, portanto, a uma filtragem das mensagens muito desagradáveis. Ao contrário dos sujeitos com baixa autoestima, são os elogios, mais do que as críticas, que lhes permitirão modificar a imagem que têm de si mesmos.[13]

Mas atenção: isso não quer dizer que eles sejam indiferentes às críticas. Ao contrário, elas os deixam sempre de mau humor. Então, cuidado! Pois eles tendem, quando se sentem questionados, a ficar bem mais atentos aos defeitos dos outros... Já se constatou que indivíduos com alta autoestima lembravam-se três vezes mais de erros cometidos pelas pessoas do seu círculo, caso eles mesmos tivessem sido surpreendidos em erro.[14] É por isso que devemos ter cuidado com o nosso superior hierárquico se ele tiver uma autoestima alta, nos dias em que ele houver sofrido grande revés...

* * *

Em seu filme *2001, uma odisseia no espaço,* Stanley Kubrick traçava em 1968 o surpreendente retrato de um computador superdotado e superpoderoso, denominado Hal 9000.

Consciente de suas capacidades – será que aqueles que o conceberam haviam programado nele uma função "alta autoestima"? –, Hal era também muito suscetível.

Depois de haver cometido um erro (avisando sobre um problema técnico na nave que não existia), recusando-se a reconhecê-lo, Hal começa a espionar os astronautas, os quais, preocupados com a falha do computador, põem-se a discutir sobre ele e se perguntam se não deviam desconectá-lo.

Furioso com essas suspeitas, ele provoca a morte de quatro astronautas, antes de ser desprogramado *in extremis* pelo último tripulante sobrevivente.

Com ou sem público?

Poderíamos acrescentar um fator: se as tomadas de decisões pudessem acontecer na ausência de qualquer consequência social, as diferenças entre pessoas com alta e com baixa autoestima seriam bem menores. De fato, a maioria dos estudiosos confirma que um dos principais freios para a ação, sob todas as suas formas, daqueles com baixa autoestima, é o olhar e o julgamento dos outros. E suas consequências: o risco de ser criticado e rejeitado.

Um dos estudos sobre esse ponto mostrava, por exemplo, que, quando pessoas sabem que suas decisões serão julgadas por outros, elas minimizam a tomada de risco se tiverem baixa autoestima, o que não ocorrerá no caso das que têm alta autoestima. Já em caso de decisões sem julgamento social, deixam de existir diferenças entre os grupos com alta e com baixa autoestima.[15]

É por isso que em geral os sujeitos com baixa autoestima não gostam de competição. É o que explicava Justine, de 6 anos, para justificar sua recusa em participar de certos jogos com crianças de sua idade: "Não gosto dos jogos em que posso perder." Entre os adultos, a aprendizagem de novos esportes pode desempenhar o papel de um teste de autoestima: aprender a esquiar na água ou na neve diante de uma plateia de tolos será mais desagradável no caso de autoestima baixa...

Prevenção contra o fracasso

Há vários meios possíveis de se prevenir o fracasso. Eles são mais frequentemente utilizados por pessoas com baixa autoestima.

PESSOAS COM BAIXA AUTOESTIMA	PESSOAS COM ALTA AUTOESTIMA
Reagem emocionalmente ao fracasso em um primeiro momento	Reagem emocionalmente ao fracasso em um primeiro momento
O fracasso deixa um traço emocional duradouro	O fracasso deixa poucas cicatrizes emocionais duradouras
Desmoronam quando criticadas sobre pontos nos quais se julgam competentes (e, em princípio, não criticáveis)	Podem resistir a críticas sobre pontos sensíveis ou se defenderem energicamente
Buscam as informações negativas sobre si mesmos	Buscam pouco as informações negativas sobre si mesmas
Justificam-se depois de um fracasso	Não se sentem na obrigação de se justificarem depois de um fracasso
Depois de um fracasso, comparam-se com os mais fortes ("ele pelo menos teria conseguido")	Depois de um fracasso, dizem que muitos outros teriam fracassado em seu lugar
Sentem-se rejeitadas quando criticadas	Não se sentem rejeitadas quando criticadas
Forte ansiedade quanto à avaliação dos outros	Fraca ansiedade quanto à avaliação dos outros
VANTAGENS Motivação para não fracassar, capacidade de ouvir opiniões críticas	VANTAGENS Resiliência e resistência à adversidade
INCONVENIENTES Em relação à crítica, sofrimento duradouro e, às vezes, excessivo; ansiedade antecipada	INCONVENIENTES Podem não dar muita importância às críticas

Sua reação ao fracasso e à crítica

O mais simples e o mais radical é... agir o menos possível! Mas pode-se também adotar a tática do "pessimismo defensivo", que consiste em dizer ao seu círculo que não se acredita nas chances de sucesso (ou nas de seus próximos) para limitar, por exemplo, a decepção em caso de insucesso. Ouçamos Sylvie, 35 anos, que dirige uma agência de viagens: "Lembro-me de uma de minhas colegas de faculdade, que era sempre incrivelmente pessimista. Ela dizia: 'Isso vai ser difícil, não sei se vou conseguir, eles não vão facilitar este ano, acho que vão corrigir as provas com muito rigor etc. etc.' No começo, eu, que sou otimista por natureza, ficava meio apavorada. Eu achava que ela devia ser muito estressada por ver as coisas sempre dessa maneira. Eu, pelo menos, entraria em parafuso se tivesse a cabeça pensando sempre assim. Mas, de fato, era o seu caráter, o seu modo de ser. Ela não era tão estressada. Só não tinha autoconfiança. Mas nas provas se saía bem..."

COMO VOCÊ REAGE AO SUCESSO?

Estresse e êxito

Sabe-se há muito que certos acontecimentos felizes podem ser estressantes! Uma das enquetes mais conhecidas sobre o assunto[16] classifica entre os acontecimentos de vida "desestabilizantes" o casamento, as promoções profissionais e o nascimento de filhos etc. Paradoxal? Nem tanto, se nos lembrarmos da definição de estresse: aquilo que se passa dentro de um indivíduo que deve se adaptar a uma mudança ocorrida em seu ambiente.[17] A perda da sensação de controle de que não raro se ressentem as pessoas confrontadas com grandes mudanças explica as diferenças que se constatam entre os sujeitos com alta autoestima e os com baixa autoestima. Os primeiros estão mais habituados ao controle de seu ambiente.[18] Costumam achar que os acontecimentos favoráveis estão mais ou menos sob o seu controle ("se ganhei na loteria, foi porque soube escolher bem os números"). Já os segundos preferem ver nisso a intervenção do destino, que pode inclusive mostrar-se menos generoso em uma próxima vez. Diz um funcionário público de 37 anos: "Meu problema são as responsabilidades. Como sou trabalhador e meticuloso, estou sempre sendo promovido por merecimento. Mas isso costuma me deixar um pouco estressado. Penso imediatamente em todas as responsabilidades suplementares que isso representa para a carga de trabalho. E em seguida me pergunto se estarei à altura, se não vou decepcionar, revelar minhas limitações. Até o momento está tudo dando certo. Mas e se o vento mudar um dia?"

A *"felicidade ansiosa"*

Somos frequentemente surpreendidos, em alguns de nossos pacientes, por aquilo que se costuma chamar de "felicidade ansiosa",[19] ou seja, a dificuldade que eles sentem em saborear os bons momentos, em regozijar-se com os êxitos que obtêm. Em vez disso, antecipam o fim desses instantes: não vão durar muito, logo se seguirão de uma adversidade, de dificuldades etc. Essa excessiva consciência da fragilidade da felicidade revela dúvidas profundas experimentadas pelos pacientes quanto à sua capacidade de enfrentar os acasos da existência, que é percebida como uma sucessão interminável de provas. A própria pessoa se proíbe o regozijo para que depois não venha a se sentir muito infeliz. Algo parecido com esses velhos camponeses a quem o bom tempo costuma arrancar estas palavras: "É fogo de palha."

A *síndrome do impostor*

Este distúrbio com que os psiquiatras se deparam frequentemente diz respeito a pessoas que alcançaram êxito em seu campo profissional, a quem se confiaram responsabilidades e manifestaram confiança, mas que duvidam de si mesmas. Evidentemente, elas não falam sobre isso, nem o mostram. "Será que mereço mesmo ocupar este cargo?", perguntam-se sem parar. Temem cometer um erro que revelaria a todo mundo que elas não estão à altura, questionam-se sobre a possibilidade de estarem no lugar que caberia a outra pessoa... Em geral, são pessoas cujo nível de autoestima não progrediu no mesmo ritmo de suas competências: tornaram-se experientes, mas se veem como se ainda fossem iniciantes.

Esta síndrome pode afetar *transitoriamente* pessoas com alta autoestima quando, por exemplo, obtêm promoções muito rápidas, ou quando mudam de empresa, ganhando responsabilidades mais pesadas. Foi o caso de um de nossos pacientes, Jacques, que ocupa um cargo de direção no ramo editorial: quando saiu de sua empresa para trabalhar em uma concorrente, em condições financeiras mais vantajosas, percebeu que as expectativas em relação ao desempenho dele eram muito elevadas – proporcionais ao salário que lhe prometiam. Isso deslanchou nele noites de insônia e crises de ansiedade que nunca experimentara antes.

Mas a síndrome do impostor pode também ser *crônica* nas pessoas com baixa autoestima, que estão sempre pensando "Não sei o que estão vendo em mim", a despeito de todas as competências que, porventura, possuam. Esta síndrome provoca nelas sofrimentos múltiplos, dominados por uma tensão ansiosa permanente na realização de suas tarefas: trata-se da ansiedade de desempenho, que pode conduzi-las a estados depressivos paradoxais em se tratando de indivíduos aparentemente sem problemas e em pleno êxito material.

Por que tanto incômodo?

Elogie uma pessoa que não goste de si mesma: ela manifestará um certo constrangimento. É o caso, por exemplo, dos tímidos. Nos grupos de autoafirmação, onde procuram desenvolver a arte da comunicação,[20] os tímidos trabalham frequentemente sobre esse fenômeno bem conhecido dos psicoterapeutas. Percebe-se que a maioria sente-se muito constrangida na hora de responder a um elogio, a ponto de, às vezes, ficarem furiosos com as pessoas que o fazem. E pode-se observar em todos eles uma variedade de estratégias destinadas a se protegerem contra isso.

No caso das pessoas com alta autoestima, a situação é mais simples: o sucesso ou as felicitações estão de acordo com aquilo que elas pensam de si mesmas; são para elas confirmações que aceitam sem grandes desassossegos, respondendo a isso em função dos códigos sociais de sua cultura de origem. Os norte-americanos estão, por exemplo, mais à vontade nesse exercício que os europeus, entre os quais a modéstia é considerada uma qualidade social maior. Quanto aos asiáticos, fazer-lhes um elogio pode chegar a ser uma incorreção! Um amigo nosso nos contou certa vez como, quando em uma viagem à China comunista, ele tentara paquerar a moça que servia de intérprete ao seu grupo de turistas. Assim que ele começou a elogiá-la por sua beleza, ela ficou extremamente confusa e, em seguida, furiosa, pondo-se a repetir a cada uma das frases dele: "Exagero! Exagero!"

ESTRATÉGIA	FRASE TÍPICA
Limitar seu papel no desempenho	"Mas não, eu não tenho mérito algum..."
Generalizar o desempenho	"Qualquer outra pessoa teria feito o que fiz."
Responder com outro elogio	"Você também se saiu muito bem..."
Desvalorizar seu desempenho	"Isso não é nada..."

A arte das pessoas com baixa autoestima de se proteger contra elogios

Por que tanto constrangimento? Se as pessoas com baixa autoestima ficam pouco à vontade com o sucesso e suas consequências sociais, é que o sucesso as mergulha em um dilema denominado "dissonância cognitiva", ou seja, contradição interna entre a ideia que fazem de si mesmas, limitada ou negativa, e os fatos que vivenciam, sucesso ou elogios. É também porque as pessoas com baixa autoestima antecipam imediatamente o desdobramento de seus êxitos: o sucesso significa que terão de perseverar nesse caminho e manter suas promessas... Em outros termos, elas gostam do êxito no plano emocional, pois ele lhes faz bem, mas o temem psicologicamente, pois ele contradiz a visão que têm de si mesmas e as coloca em uma situação em que *terão* de estar à altura...

PESSOAS COM BAIXA AUTOESTIMA	PESSOAS COM ALTA AUTOESTIMA
Gostam de vencer	Gostam de vencer
O sucesso altera a visão de si mesmas	O sucesso confirma a visão de si mesmas
Emoções mitigadas	Emoções positivas
Medo de não estarem à altura no futuro, de que isso não seja duradouro	Não se questionam muito a esse respeito
VANTAGENS Humildade, modéstia	VANTAGENS Motivação aumentada, benefícios dos sucessos sobre a autoestima
INCONVENIENTES Prazer diluído (felicidade ansiosa), poucos benefícios dos sucessos sobre a autoestima	INCONVENIENTES Dependência de recompensa

Como você reage ao sucesso?

DINÂMICAS DE VIDA E AUTOESTIMA

Examinamos algumas das múltiplas consequências sobre os indivíduos dos níveis de autoestima. É claro que as situações são normalmente mais multifacetadas na vida cotidiana do que nos quadros que temos apresentado até aqui, inspirados nos trabalhos da psicologia experimental, em que a separação entre sujeitos com baixa e alta autoestima é nítida.

Sabe-se, por exemplo, que a autoestima pode variar em uma mesma pessoa, que adotará os comportamentos característicos dos sujeitos com alta autoestima em certos momentos favoráveis e que voltará a atitudes de baixa autoestima depois de um fracasso. É o que traduz a expressão "o sucesso lhe subiu à cabeça": em período de sucesso, certas pessoas ganham confiança e mudam de tal maneira que nem seus parentes as reconhecem.

Sabe-se também que a autoestima pode ser relativamente compartimentada: uma pessoa que apresenta autoestima global limitada pode ter uma atividade na qual, ao contrário, sua autoestima é bastante alta; suas reações dependerão portanto do setor em jogo.

PESSOAS COM BAIXA AUTOESTIMA	PESSOAS COM ALTA AUTOESTIMA
Medo de fracassar	Vontade de vencer
Olham para quem está abaixo delas para ganhar confiança	Comparam-se com quem está acima delas a fim de ajudarem a si mesmas a progredir
Não se arriscam	Arriscam-se
Alcançado o objetivo, acomodam-se com ele	Procuram ampliar seus limites
Sentem-se protegidas pelos hábitos	Sentem-se estimuladas pelas novas experiências
Preferem ser comedidas em tudo, não ter lacunas	Preferem mostrar-se excelentes em seus domínios de competências e não se incomodam senão brilharem em outros
INCONVENIENTES Autolimitações, progressos lentos; raciocinam a partir de seus fracassos	VANTAGENS Autodesenvolvimento, progressos rápidos; raciocinam a partir de seus sucessos
VANTAGENS Prudência, domínio	INCONVENIENTES Exposição a riscos; dispersão

Autoestima e escolha de vida

Mas as diferenças que estudamos tendem mesmo assim a pesar duradouramente sobre a vida de todos os dias. O nível global de autoestima de uma determinada pessoa influencia de forma considerável suas escolhas de vida e seu estilo existencial. Assim, pretendemos mostrar que a alta autoestima está associada a estratégias de busca de desenvolvimento pessoal e de aceitação dos riscos, ao passo que a baixa autoestima provoca sobretudo estratégias de proteção e de não exposição a riscos.[21] Em outras palavras, a pessoa com alta autoestima tem vontade de vencer, ali onde aquela com baixa autoestima tem medo de fracassar.

É claro que ambas as estratégias terão a longo prazo consequências específicas. Uma autoestima elevada vai levar o indivíduo a explorar ambientes mais variados, com mais convicção, permitindo-lhe por isso mesmo encontrar o seu "caminho" ao preço de alguns fracassos e vicissitudes. Já uma autoestima baixa vai incitá-lo a limitar-se a perímetros onde ele se sente seguro, com um risco mínimo de fracasso. A pessoa com autoestima alta procurará, por exemplo, superar os próprios objetivos alcançados enquanto aquela com baixa autoestima se acomodará com o que já conseguiu. Uma pensa "Quem não arrisca não petisca"; a outra diz a si mesma "Mais vale um pássaro na mão do que dois voando".

A menos que você pertença a uma categoria extrema, procure não dizer: "Eu me comporto assim porque minha autoestima *é* alta ou baixa." Diga: "Eu me comporto assim porque o que vivi *elevou ou diminuiu* minha autoestima..."

QUESTIONÁRIO 1: "SEU NÍVEL DE AUTOESTIMA"

O questionário a seguir propõe-se a dar uma indicação sobre o seu nível de autoestima. Leia atentamente cada enunciado e responda sem pensar muito, preenchendo com uma cruz a coluna que se aproxima mais do seu ponto de vista *atual*. Veja nossos comentários na página 283.

Avalie sua autoestima

	Concordo na íntegra	Concordo	Discordo	Discordo na íntegra
1) No geral, estou satisfeito(a) comigo				
2) Às vezes, penso que não valho nada				
3) Acho que tenho certo número de boas qualidades				
4) Sou capaz de fazer as coisas tão bem quanto a maioria das pessoas				
5) Sinto que não existe muita coisa em mim de que possa me orgulhar				
6) Às vezes, sinto-me realmente inútil				
7) Acho que sou alguém de valor, pelo menos tanto quanto os outros				
8) Gostaria de poder ter mais respeito por mim mesmo(a)				
9) Se considerar bem, tenho a tendência de me achar uma pessoa fracassada				
10) Tenho uma opinião positiva sobre mim mesmo(a)				

3
Sua autoestima não é alta?
Não se desespere

*"O amor a si mesmo, sem ser sempre culpável,
é a fonte de todo mal."*

Immanuel Kant

É possível que o leitor tenha tido a impressão de que exaltamos os méritos da alta autoestima e que, a nossos olhos, a baixa autoestima é fonte inesgotável de inconvenientes na existência. Bem, somos psicoterapeutas e vemos, em nossas consultas, pessoas que sofrem pelas alterações de autoestima. Temos, portanto, a tendência de associar baixa autoestima e dificuldade de enfrentar a vida. Existem certamente pessoas bem adaptadas apesar da fraca estima que alimentam por si mesmas, mas essas não procuram terapia. Além disso, cada sociedade produz o seu "ser ideal". Na nossa, que é urbana, competitiva e bastante materialista, este ser ideal – homem ou mulher – exaltado pelos meios de comunicação tem não raro o perfil do empreendedor ou do líder. Em outros termos, reúne as características referentes à alta autoestima: ambição elevada, obstinação apesar dos obstáculos, assunção de riscos, poder de persuasão. Isso, no entanto, não constitui uma razão para pensar que uma *boa* autoestima é forçosamente alta. Ao contrário. Muitos e muitos exemplos provam que a baixa autoestima não se acha desprovida de vantagens e que a alta autoestima, às vezes, comporta graves inconvenientes. É o que veremos a seguir.

OS BENEFÍCIOS DA BAIXA AUTOESTIMA

Ser aceito(a) pelos outros

É um dos objetivos prioritários das pessoas com baixa autoestima. Para consegui-lo elas utilizam diferentes meios.

Primeiro, estão dispostas a várias concessões e renúncias para serem apreciadas, evitando assim chocar-se com muita frequência contra os interesses dos outros. Além do mais, em vários meios, sua maneira modesta de se apresentar é mais apreciada que as "bravatas" de um sujeito com alta autoestima. Enfim, a atenção que elas prestam às críticas lhes permite apreender melhor as expectativas dos outros: elas ficam à escuta.

A menos que você queira ser bem-sucedido em ambientes competitivos, onde o importante é vencer, a baixa autoestima pode ajudá-lo(a) a ser aceito(a), apreciado(a) e apoiado(a) pelas pessoas de seu círculo.

Levar em conta conselhos e pontos de vista diferentes do seu

As pessoas com baixa autoestima levam mais em conta conselhos que lhes são dados. Com isso, melhoram seu desempenho.[1] A baixa autoestima pode assim ser o motor de uma forma de sucesso: graças à modéstia que favorece a aceitação pelos outros, à escuta dos pontos de vista diferentes do seu que melhora a compreensão de uma situação ou de um problema, a um trabalho destinado para compensar a falta de confiança em suas capacidades.

A humildade, virtude religiosa

De maneira geral, a maioria das religiões encoraja seus adeptos a dar prova de humildade, que é uma forma de diminuição voluntária da autoestima. Para os crentes, a humildade é de saída uma das condições necessárias para se aproximar de Deus. Ela permite também que se respeite mais os outros, não permitindo que a pessoa se considere superior aos semelhantes.

Os doze passos da humildade segundo São Bento[2]

Esses passos, no início destinadas à vida no seio de uma comunidade religiosa, tiveram alcance bem mais amplo e grande impacto sobre a concepção ocidental da autoestima. Eis os seus princípios centrais:

1. "Colocar-se constantemente diante dos olhos o temor a Deus."
2. "Não amar a própria vontade e não se comprazer na realização de seus desejos."
3. "Submeter-se com toda a obediência, pelo amor a Deus, ao [padre] superior."
4. "Obedecer a ordens duras e desagradáveis, e até mesmo sofrer todos os tipos de vexames, e saber então guardar paciência em silêncio."
5. "Não esconder, antes confessar humildemente ao seu abade, todos os pensamentos maus que surgem no coração e as faltas cometidas em segredo."
6. "Que o monge fique contente em todo rebaixamento e desnudamento."
7. "Não apenas dizer com os lábios que é inferior a todos e o mais miserável, mas ainda acreditar nisso no fundo do próprio coração."
8. "Que o monge não faça nada que não seja recomendado pela regra comum do mosteiro e pelo exemplo dos antigos."
9. "Que o monge saiba guardar sua língua dentro da boca e fique em silêncio sem nada dizer, a menos que seja interrogado."
10. "Não ser inclinado nem disposto ao riso."
11. "Que o monge, ao falar, faça-o com suavidade e sem rir, humilde e seriamente, em poucas palavras, de forma razoável e sem explosões de voz."

12. "Que o monge manifeste sempre a humildade de seu coração até em seu corpo ao olhar de outrem, isto é, no ofício divino, no oratório e por toda a parte no mosteiro, no jardim, em caminho, nos campos e não importa onde, sentado, andando ou de pé, que ele traga sempre a cabeça inclinada e os olhos baixos."

* * *

Um exemplo dessa importância dada à humildade encontra-se nas famosas regras de São Bento, que, embora escritas no século IV, continuam sendo aplicadas nos mosteiros beneditinos. As regras determinam doze passos da humildade que todo monge deve aceitar e respeitar.

As relações entre humildade, autoestima e religião ultrapassam o escopo deste livro. Podemos apenas observar que as religiões que mais valorizam a humildade são aquelas que, ao mesmo tempo, desvalorizam o sucesso social e material, provando que seus fundadores compreendiam o antagonismo entre a humildade e o êxito neste baixo mundo...

A *modéstia, virtude cívica*

A modéstia é a prima laica da humildade. Etimologicamente, "modéstia" vem do latim *modestus,* derivado de *modus* ("que observa a medida, moderado, temperado"). Isso nos remete aos estudos destinados a medir o nível de autoestima nas populações em geral: os indivíduos que se agrupam sob a denominação "baixa autoestima" são na verdade pessoas com autoestima mediana, pois os índices mais baixos correspondem de fato aos estados depressivos verificados.[3]

Em nossas sociedades, a modéstia sempre foi considerada uma virtude. É que ela desempenha papel social de primeiro plano, levando à reserva e ao altruísmo, ao serviço da coletividade em vez dos interesses próprios. Os romanos da Antiguidade tinham compreendido isso muito bem: quando um general obtinha grande vitória, ele podia desfilar triunfantemente dentro de Roma, mas, enquanto ele gozava as delícias da celebridade sob as aclamações da multidão, um escravo era encarregado de murmurar ao seu ouvido: *"Memento mori"* ("Lembra-te de que és mortal"). Sabia-se já que a autoestima de um general que se embriagasse com o sucesso podia representar perigo para a república...

Um exemplo de sucesso na baixa autoestima: Darwin

A modéstia e o medo de chocar os outros podem ser observados ao longo de toda a vida de Darwin: ele obedeceu docilmente ao pai ao seguir os estudos de medicina, mesmo não suportando ver sangue, e seus contemporâneos o descreveram como "um homem extraordinariamente modesto e afável, preocupado em não incomodar ninguém".[4]

Ao regressar de sua expedição às ilhas Galápagos, durante a qual reuniu centenas de observações fundamentais, Darwin não buscou uma carreira honorífica; ao contrário, retirou-se com a esposa para o campo. Embora já houvesse imaginado os fundamentos de sua teoria explicativa da evolução das espécies, ele não os publicou, procurando primeiramente confirmá-los durante mais de dez anos de observações meticulosas e classificações naturalistas. Foi apenas quando soube que um naturalista mais jovem do que ele, Wallace, ia publicar uma teoria próxima da sua em um jornal científico foi que ele ousou se afirmar (após ter pedido conselhos a amigos), publicando em 1859 seu artigo sobre a origem das espécies. Depois, atacado violentamente por numerosos contraditores, deixou que amigos mais ilustres e mais combativos assegurassem sua defesa.

E foi um homem modesto, com visível baixa autoestima, que provocou uma das grandes revoluções da história das ciências, semelhante às de Galileu, Newton e Einstein.

OS INCONVENIENTES DA ALTA AUTOESTIMA

Da confiança à suficiência

Azincourt, 25 de outubro de 1415. Obrigados a combater os invasores, os nobres do exército do rei da França, Carlos VI, lançam sua cavalaria contra os arqueiros ingleses nas piores condições possíveis: o sol batendo na cara, terreno estreito e lamacento... Os ingleses não conseguem acreditar no que estão vendo: "Os franceses estavam afundados na lama até as coxas, o que lhes dava um grande trabalho pois só com imensas dificuldades conseguiam se mexer (...). Quando vieram a agrupar-se, já pareciam sem fôlego (...). Os arqueiros da Inglaterra, levemente armados, golpeavam e abatiam os franceses aos montes, que pareciam bigornas castigadas pelos golpes."[5] Os mais aguerridos representantes da nobreza francesa, que compunham a cavalaria do exército real, tinham sem dúvida alta autoestima. Isso não os impediu de conduzirem a si mesmos e ao próprio país ao desastre, sem levar em conta o precedente de Crécy, setenta anos antes, quando o mesmo tipo de ataque mal-organizado levara ao mesmo fracasso. Tal cenário, aliás, reproduziu-se várias vezes na história da França, até essa exagerada doutrina do "ataque a qualquer preço" defendida pela Escola de Guerra, que fez toda uma geração de jovens franceses ser aniquilada pelas metralhadoras alemãs nos campos de batalha no outono de 1914.

Projetos muito pretensiosos

O mundo econômico dá boas lições sobre essa questão de "projetos pretensiosos".[6] Vítimas de um "elitismo cego", de sua "segurança como líderes" ou de sua "suficiência tecnológica", grandes empresas, como Coca-Cola, no fim dos anos 1960, IBM e Jaguar, nos anos 1970, quase desapareceram. Um excesso de alta autoestima conduzira essas empresas a não levar mais em conta as necessidades dos seus clientes e a facilitar na vigilância em face do dinamismo de concorrentes menores.

* * *

Uma autoestima muito acentuada pode diminuir de maneira perigosa a vigilância de indivíduos colocados em situação competitiva – e a guerra é uma dessas situações. Porque desprezam o adversário, ou porque não levam em conta conselhos advindos de pessoas com autoestima mais baixa, porém com maior realismo, eles acabam por conhecer o fracasso. É a mensagem da fábula de La Fontaine, "A lebre e a tartaruga", em que uma lebre com alta autoestima é vencida por uma tartaruga evidentemente mais lenta, mas mais constante em seu esforço... Tais fenômenos podem ocorrer no esporte. Todos se lembram das palavras de Romário em julho de 1998, antes da final da Copa do Mundo. Ele tinha declarado ao *L'Équipe* que "os franceses poderiam levar uns três [gols]".[7] Sabe-se muito bem o que aconteceu: três a zero, marcados por uma seleção francesa sem estrelas com o ego hipertrofiado.

De maneira geral, a autoestima elevada pode tornar a pessoa impermeável a informações importantes: as pessoas com alta autoestima suportam mais os fracassos, em parte porque têm a tendência a "exteriorizá-los", ou seja, atribuírem o que os motiva a causas externas. Mas, procedendo sistematicamente assim, evitam questionamentos às vezes bastante saudáveis. Sabe-se que os homens de poder gostam de cercar-se de cortesãos e bajuladores, o que os leva não raro a perder o contato com a realidade.

Da perseverança à obstinação: não perder a linha

Mostrar-nos que as pessoas com alta autoestima persistem às vezes em seus esforços, mesmo quando não são produtivos, e a despeito dos conselhos que lhes são dispensados.[8] Duas condições favorecem isso: basta que estejam pessoalmente investidas na obtenção do objetivo (elas não se empenharão em uma meta na qual não hajam colocado sua autoestima) e que estejam *a priori* convencidas de que existe uma solução.[9]

Ainda aqui a história militar é rica desse tipo de comportamento. Durante a Primeira Guerra Mundial o general francês Nivelle estabeleceu na primavera de 1917 o plano de uma ofensiva contra as linhas alemãs que ele esperava ser decisivo (o alto-comando temia, ao mesmo tempo, a chegada iminente de reforços americanos, que "roubaria" a vitória à França, e a interrupção dos combates por parte dos russos, o que aliviaria o exército alemão). Infelizmente, pouco antes da data fixada, o general prussiano Ludendorff reforçou consideravelmente suas posições defensivas no setor previsto. Nivelle, no entanto, manteve seus planos. Na primeira noite, os franceses não progrediram mais do que quinhentos metros, em lugar dos dez quilômetros previstos. Milhares de homens morreram. Desde os primeiros dias, os carros Schneider, que deviam "assegurar a vitória", revelaram-se muito pesados, muito lentos, muito vulneráveis. Surdo às advertências de alguns de seus oficiais superiores e seguro de si mesmo malgrado as preocupações dos políticos, o general Nivelle obstinou-se em sua ofensiva. Em duas semanas, os franceses perderam 147 mil homens. Nivelle foi enfim afastado de suas funções enquanto motins estouravam em 68 das 112 divisões do exército francês.[10]

Esse mecanismo que liga alta autoestima e obstinação pode ser observado também no dia a dia, quando uma pessoa muito confiante em suas capacidades se envereda imprudentemente em um caminho demasiado arriscado, como foi o caso de Bruno, 32 anos:

"Sempre tive a impressão de que a vida era fácil para mim. Meus pais eram simpáticos, me deixavam bastante livre, eu tinha o que se costuma chamar de 'boa índole', minhas irmãs me admiravam. Na escola tinha vários colegas, era em geral o líder da turma e, ainda que meus resultados escolares se situassem na faixa do sofrível, fazia o suficiente para 'passar de ano' e isso não me tirava o sono. Guardo ótimas lembranças da adolescência, eu agradava às garotas, não fiz outra coisa senão me divertir e praticar os esportes de que gostava. Ganhava minha vida auxiliando mestres de barcos a vela, dando lições de esqui no inverno, revendendo carros que eu comprava a baixos preços e, também é preciso confessar, pedindo de tempos em tempos um dinheirinho a meus pais, que faziam tudo por mim. Eu não chegava a ter ambição profissional, dizia a mim mesmo que era preciso aproveitar a juventude e que depois a gente poderia ver isso. De qualquer maneira, eu tinha a impressão de que seria capaz de vencer em vários domínios.

No fim das contas, foi a garota com quem me casei que me levou a 'situar-me', como se diz. Tive então a ideia de abrir uma loja de surfe e de barcos a vela em um balneário. Eu conhecia muito bem o ramo e, além disso, poderia continuar ligado ao estilo de vida de que gostava. Meu pai, que é comerciante, tentou me dissuadir da ideia: esse tipo de mercado lhe parecia muito saturado naquele local, ele achava que eu deveria primeiro me formar, fazer um estágio, aprender um pouco de contabilidade e me associar a alguém experiente... Mas não lhe dei ouvidos: como sempre fora mais ou menos bem-sucedido em tudo em que metia a cara, como, por exemplo, fazer um bom negócio ou seduzir uma garota, tinha grande confiança em mim. E depois estava certo de que minha lábia e meus conhecimentos técnicos me levariam ao sucesso. Não foi o que aconteceu. E, para piorar, em vez de me retirar a tempo, consegui mais dinheiro emprestado, convencendo meus amigos e o gerente de meu banco das vantagens do negócio. Comprei material mais sofisticado, e não resolveu nada. Ainda passei dois anos me atolando até jogar a toalha. Agora estou penando para pagar minhas dívidas.

Foi o primeiro fracasso de minha vida, amarguei poucas e boas, mas em certo sentido me serviu como lição. Acho que eu tinha a tendência de me considerar o Super-Homem, uma atitude bastante arriscada a longo prazo."

Autoestima e aceitação do risco

Os indivíduos com autoestima alta têm mais chances que os outros de viver uma existência feliz, mas ela pode ser também mais curta. As condutas de risco parecem mais associadas a esse traço de caráter: vários estudos[11] mostraram que certas pessoas com alta autoestima possuíam mais motos e que dirigiam quase sempre sob a influência do álcool, sendo não raro multadas por excesso de velocidade. Faltam-nos dados sobre os aficionados por esportes perigosos, mas pode-se imaginar que, considerando o risco que eles implicam, é também a expressão de uma alta autoestima.

Quando a alta autoestima se torna um pecado

Do mesmo modo que a modéstia – rebaixamento voluntário da autoestima – é valorizada por um sem-número de religiões, o orgulho – uma forma de alta autoestima – é denunciado como um pecado que afasta de Deus e dos semelhantes. Na religião cristã, o orgulho é o primeiro dos pecados capitais, e pode se relacionar com todos os outros.

O orgulho (outrora, "glória vã")	"Eu valho mais que os outros"
A inveja	"Eu mereço mais do que aquilo que eles possuem."
A ira	"Eu mereço atenção e aprovação em todas as circunstâncias."
A preguiça	"Não preciso me esforçar."
A avareza	"Os outros não merecem minha generosidade."
A gula	"Eu mereço o que se faz de melhor."
A luxúria	"Tenho o direito de usar os outros para o meu prazer pessoal."

Os sete pecados capitais e suas relações com a alta autoestima

Mas essa crítica ao orgulho não está reservada aos religiosos, ela se encontra entre vários moralistas e filósofos. Um deles consagrou páginas de uma lucidez devastadora ao estudo do "amor-próprio": La Rochefoucauld.

Depois de haver lutado em várias guerras – entre elas, Fronda – e conhecido o fausto da corte de Luís XIV, esse grande senhor retirou-se da vida política para escrever máximas que desde a sua publicação em 1665 conheceram imenso sucesso. No entanto, La Rochefoucauld não tem uma visão muito risonha da natureza humana: para ele, todas as nossas ações, mesmo as aparentemente mais nobres, são comandadas pelo nosso "amor-próprio" – no sentido do amor que se tem a si mesmo. Quase três séculos antes de Freud, La Rochefoucauld ressalta a importância de nossos desejos inconscientes e nossa tendência a mascará-los para nós mesmos.

A corte do Rei-Sol, que ele frequentou bastante, forneceu sem dúvida à observação desse grande moralista um viveiro inesgotável de personalidades com alta autoestima.

Em suas *Mémoires*, Saint-Simon conta que o duque de Chevreuse e ele mesmo ficaram sem voz ao chegar um dia à casa de La Rochefoucauld: surpresa, vergonha, horror, o dono da casa estava jogando xadrez com um *criado*!

La Rochefoucauld, precursor da psicologia da autoestima

Eis algumas reflexões que representam máximas morais:
"A virtude não iria tão longe se a vaidade não lhe fizesse companhia."
"O bem que dizem de nós não nos parece novidade alguma."
"Não experimentamos nossos bens e nossos males senão na proporção de nosso amor-próprio."
"Se não tivéssemos orgulho, não nos queixaríamos do dos outros."
"Não haveria prazer se não houvesse autolisonja."
"Se a vaidade não desmorona inteiramente todas as virtudes, pelo menos balança todas."

* * *

Nosso papel, como terapeutas, é o de ajudar nossos pacientes a aumentar uma autoestima não raro insuficiente. Porém, nem sempre é evidente, como se vê, a separação das vantagens intrínsecas da alta e da baixa autoestima. De fato, o papel que o *meio* desempenha parece determinante: seria realmente importante ter uma autoestima em acordo com os valores das pessoas que nos cercam? Se você pensa em tornar-se um patrão ou um praticante de esportes radicais, é melhor ter autoestima alta; mas, se o seu ideal é ser um dos membros apreciados de uma equipe, a serviço de uma obra comum, uma autoestima modesta poderá ser a melhor opção.

4
Estável ou instável?
Teste a constância de sua autoestima

"As pessoas do meu tipo, com excesso de autoestima, sofrem na mesma medida quando ela é ameaçada."

William Boyd

O nível de autoestima (ela é alta ou baixa?) não é suficiente para explicar o conjunto das reações de um indivíduo. É necessário levar igualmente em conta seu grau de resistência aos acontecimentos do cotidiano, pois a autoestima é objeto de *flutuações*.

É certo que algumas pessoas dão a impressão de não estarem assim tão seguras de si mesmas como gostariam de fazer acreditar. Elas fazem questão de exibir seu valor, evocando as próprias qualidades e os êxitos que costumam alcançar; mas basta um simples acontecimento que venha ameaçar todo esse belo edifício para que, subitamente, o comportamento delas mude: querem ter a última palavra em todas as circunstâncias, mostram-se excessivamente suscetíveis e são tomadas de raiva diante de qualquer crítica que lhes façam. Elas, que pareciam tão fortes, revelam em tais momentos toda a sua fragilidade. Vemos então que os esforços que faziam para nos convencer de seu valor destinavam-se apenas a convencer a si mesmas... Uma garota de 17 anos, Faustine, fala-nos de sua experiência:

"Meus pais tinham convidado seus amigos para passar uma semana conosco em nossa casa de veraneio. O marido havia-me impressionado muito no começo. Era bonitão, bem-vestido, mesmo usando roupas de ficar em casa: tinha-se a impressão de que estava sempre de roupa nova, recém-passada. Era bem falante e, sobretudo, não parava de dar conselhos a todo mundo, com uma espécie de gentileza condescendente que me deixava aborrecida. Para mim, todo aquele andar tranquilo, seu permanente sorriso, tudo era construído e calculado; em minha opinião, ele ficava observando o efeito que causava em todo mundo. Falava sempre do que fizera de bom: seu trabalho, suas viagens. Como quem não queria nada, não parava de esfregar em nossa cara o seu sucesso.

Uma noite, todos na casa participavam de um jogo de salão em que se devia adivinhar palavras a partir de desenhos feitos por cada um dos parceiros. Ele não parava de falar e de bancar o esperto, quando na realidade era um fracassado. Eu e meu irmão mais novo começamos a encurralá-lo, e pouco a pouco todo mundo riu dele com a gente. Ele passou a mostrar-se aborrecido e, no fim, ficou com raiva, dizendo que estávamos trapaceando; abandonou a mesa de jogo batendo a porta atrás de si.

As pessoas ficaram boquiabertas. Tinha-se a impressão de que ele se transformara em outra pessoa. Como disse minha mãe depois da partida desses amigos, no fundo ele não era assim tão seguro de si, para se aborrecer de forma tão violenta por causa dos comentários de dois adolescentes."

Então, estável ou instável essa autoestima? É o que examinaremos a partir de agora.

OS QUATRO GRANDES TIPOS DE AUTOESTIMA

Correlacionando o nível e a estabilidade da autoestima, chegamos a uma classificação em quatro categorias que permitem compreender bem todo um conjunto de reações.*

---

*Propomos no fim deste capítulo um pequeno guia para ajudá-lo(a) a fazer o diagnóstico dos perfis de autoestima.

Os dois perfis da alta autoestima

➤ Alta e estável

As circunstâncias "exteriores" e os acontecimentos "normais" da vida têm pouca influência sobre a autoestima das pessoas com este perfil. Elas, portanto, não gastam muito tempo e energia na defesa ou na promoção de sua imagem. Por exemplo, em uma reunião profissional durante a qual se peça aos participantes que expliquem sua atividade e que sugiram ideias que facilitem o trabalho em comum, o funcionário cuja autoestima é alta e estável dará prova de convicção exprimindo o seu ponto de vista. Se um interlocutor o contradisser, ele o escutará sem se mostrar tenso e procurará antes convencê-lo do que desestabilizá-lo.

NÍVEL DE AUTOESTIMA	ALTA	BAIXA
ESTABILIDADE DA AUTOESTIMA		
ESTÁVEL	AUTOESTIMA ALTA E ESTÁVEL (autoestimas altas e resistentes)	AUTOESTIMA BAIXA E ESTÁVEL (autoestimas baixas e resignadas)
INSTÁVEL	AUTOESTIMA ALTA E INSTÁVEL (autoestimas altas e vulneráveis)	AUTOESTIMA BAIXA E INSTÁVEL (autoestimas baixas e motivadas para mudar)

Os quatro grandes tipos de autoestima

➤ Alta e instável

Embora elevada, as pessoas com este perfil de autoestima podem sofrer golpes importantes, sobretudo quando colocadas em contextos competitivos ou desestabilizadores. Reagem então com vigor à crítica e ao fracasso, ambos percebidos como ameaças, e praticam a autopromoção ressaltando seus êxitos ou suas qualidades de maneira excessiva. Se utilizarmos novamente o exemplo da reunião de trabalho, o funcionário cuja autoestima é alta e instável tentará apresentar-se sob uma luz favorável, mas tenderá a monopolizar a palavra. Em caso de confrontos, a irritação tomará imediatamente conta dele, que buscará "dobrar" o interlocutor com críticas ou brincadeiras agressivas.

➤ Diferenças que se revelam diante da adversidade

Nossa nova classificação põe em realce dois perfis bem diferentes. De um lado, indivíduos emocionalmente estáveis, que não perdem com facilidade o aprumo em momentos de adversidade e que mantêm certa coerência em suas palavras e em sua conduta, seja o contexto favorável ou não. De outro lado, indivíduos mais vulneráveis, que se sentem facilmente agredidos e questionados quando se encontram em contextos hostis ou simplesmente críticos. Em "repouso", esses dois perfis quase não se diferenciam. Mas o distanciamento ocorre e se aprofunda quando o ambiente muda: a competição, o questionamento, o fracasso são verdadeiros testes para a estabilidade da autoestima.

AUTOESTIMA ALTA E ESTÁVEL	AUTOESTIMA ALTA E INSTÁVEL
Poucas flutuações da autoestima no cotidiano	Flutuações importantes da autoestima em resposta a situações cotidianas
Pouca energia gasta em autopromoção	Muita energia gasta na autopromoção
Pouca energia gasta para se defender ou para se justificar em relação às críticas ou ao fracasso, quando este é menor	Muita energia gasta para se defender ou para se justificar em relação às críticas ou ao fracasso, quando este é menor
Escuta racional das críticas	Escuta emocional das críticas

O perfil da alta autoestima no cotidiano

➤ Uma tonalidade emocional diferente

Os estados de alma da pessoa cuja autoestima é alta e estável são muito mais temperados e positivos que os de seu homólogo instável. A impressão que se tem, em geral, é de um temperamento mais pacífico:

ele não se acha em estado de hipervigilância com o seu meio social. Já não é esse o caso da pessoa com autoestima instável, que teme a ocorrência de uma ameaça, de um desafio ou de uma injustiça (não reconhecimento de seu mérito). Em uma pessoa que tenha uma ideia elevada de si mesma, a frequência excessiva de emoções negativas ou hostis (tensão, inquietude, ressentimento, ciúme, cólera, aflição etc.) indica quase sempre uma autoestima instável.[1] "Eu não consigo acreditar que o meu patrão seja tão contente consigo mesmo quanto ele gosta de nos fazer acreditar", explica uma secretária. "Ele passa a metade do tempo com raiva, está sempre estressado, não para de falar mal de todo mundo sempre que encontra uma ocasião. É uma pena, porque há momentos em que ele é encantador."

➤ A alta autoestima pode ser frágil?

A autoestima alta e estável é sólida, resistente. O sujeito não fica a todo momento questionando o próprio valor. Ele pode, portanto, aceitar o fato de não ser capaz de controlar uma situação sem nem por isso sentir-se inferior ou diminuído. Ao contrário, uma pessoa com autoestima instável, embora alta, funciona como se todos os desafios que encontra, do menor ao maior, representassem entrevistas importantes com sua imagem pública, tornando-a muito mais vulnerável.

* * *

No fim de sua vida, o excelente pianista russo Sviatoslav Richter deu uma entrevista à rede de televisão Arte. Eis alguns trechos dessa entrevista:[2]

"Encontramos o velho homem sentado à sua mesa. Ele nos diz tudo o que pensa sobre a irônica vaidade do maestro Karajan.

Richter diz que nunca encontrou a chave de Mozart, que realmente nunca soube tocá-lo.

Em seguida, ele lê uma última frase em seu velho caderno: 'Eu não me amo.' Ele levanta a cabeça. Olha direto à sua frente. Depois cobre a cabeça com as mãos, em um grande silêncio."

* * *

Finalmente, pode-se perguntar se as pessoas com autoestima alta e instável não são no fundo indivíduos com baixa autoestima que procuram enganar a si mesmos e ao seu círculo. Eles estariam lutando contra uma imagem de si mesmos mais frágil do que gostariam de admitir.

➤ Por que essas diferenças?

É possível que a resposta a essa questão resida em certas atitudes parentais. Com efeito, encontramos com alguma frequência nas pessoas com autoestima alta e instável:

– Uma distância muito grande entre a valorização do filho pelos pais ("você é o mais forte, meu querido") e as reais competências dele (ele tem na cabeça justamente a ideia de que não é o mais forte), visível nos resultados que obtém em situação de competição social (não ter as melhores notas na escola ou não ser o mais popular entre os colegas).

– Pais idealizados e distantes, que se ocupam mais de si mesmos do que de sua prole, de onde a necessidade para a criança de chamar a atenção, colocar-se em evidência, mostrar-lhes seus méritos para ser enfim digna do interesse deles.

– Pais que revelam em si mesmos autoestima alta e instável. Trata-se então de uma transmissão direta do modelo parental, por imitação.

– Pais que não se interessam pelo filho senão em função das competências deste.

Quanto às pessoas cuja autoestima é alta e estável, observa-se com frequência:

– Modelos parentais que apresentam as características de autoestima alta e estável, oferecendo, portanto, ao filho ocasiões regulares de ver como responder com calma a uma crítica ou como ser estimado pelos outros sem precisar colocar-se constantemente em evidência.

– Pais preocupados com uma valorização realista do filho ajustada às suas competências ou às suas possibilidades reais.

– Pais próximos e disponíveis que não obriguem o filho a ficar arranjando maneiras de lhes chamar a atenção.

Introvertidos e extrovertidos

Os psicólogos falam com frequência de introversão e extroversão. Essas duas dimensões de nossa personalidade permitem também revelar algumas diferenças entre as pessoas com autoestima alta e estável e aquelas com autoestima alta e instável.

Se você é extrovertido, é sensível às reações do seu ambiente exterior, aos elogios e às críticas dos outros e à admiração de um público. Expressa de bom grado seu ponto de vista ou suas emoções (protótipos: o político, o comerciante).

Ao contrário, se você é introvertido, acha-se mais preocupado com o seu mundo interior, menos sensível às variações do seu ambiente e às atitudes de seu círculo. Não costuma expressar suas emoções (protótipos: o pesquisador, o profissional de informática).

Assim, duas pessoas com autoestima alta se comportarão diferentemente em sociedade.

O indivíduo com alta autoestima extrovertido exprime-se de bom grado, aprecia os elogios, reage abertamente à crítica, pode parecer "fanfarrão" às pessoas menos à vontade do que ele para colocar-se em evidência.

O indivíduo com alta autoestima introvertido é mais silencioso, parece menos sensível aos elogios. Se o contradizem, não dá a impressão de incomodar-se imediatamente, mas pode depois defender-se com vigor, o que surpreenderá seus interlocutores que o imaginavam indiferente.

Os dois perfis da baixa autoestima

➤ Baixa e instável

A autoestima dessas pessoas é de forma global sensível e reativa aos acontecimentos exteriores, sejam estes positivos ou negativos. Ela chega a se tornar mais regular após sucessos e satisfações, fases em que ela se eleva além do habitual. No entanto, tais progressos são sempre transitórios, e seu nível volta a descer pouco depois, quando surgem novas dificuldades. As pessoas desta categoria se esforçam para oferecer a si mesmas e aos outros uma imagem melhor. Em nosso exemplo da reunião de trabalho, seria um indivíduo que as pessoas não escutam muito, que se apresenta com modéstia. Quando ele expõe ideias faz com prudência, espreitando as reações dos outros. Se o contradizem, sente-se logo desestabilizado e tem a tendência de não se opor com firmeza à opinião adversa. Todavia, se sentir que o aceitam, poderá ficar mais relaxado e explicar-se melhor.

➤ Baixa e estável

Aqui a autoestima é pouco mobilizada pelos acontecimentos exteriores, mesmo os favoráveis. O sujeito parece consagrar poucos esforços à promoção de sua imagem e de sua autoestima, cujo baixo nível ele de alguma forma aceita e suporta. Em nosso exemplo, esse personagem pode passar despercebido. É preciso solicitá-lo para que ele fale e, nesse caso, ele prefere endossar as opiniões emitidas antes dele. Se insistem para que se explique melhor, tem-se a impressão de que ele se vê em uma roda de suplícios. Nesses momentos, pode emitir pontos de vista bastante negativos.

Diário, *de Jules Renard*

Escrito entre 1887 e 1910, o *Diário*, de Jules Renard, é uma obra-prima de inteligência e de fineza de observação. Percebe-se em sua leitura que seu autor dispunha de uma autoestima sobretudo baixa e instável. Várias passagens mostram suas reflexões sobre a psicologia da autoestima:

"Gosto muito das felicitações. Não as provoco, mas sofro quando não me felicitam; quando isso acontece, porém, paro imediatamente: não deixo a pessoa estender-se como eu gostaria."

"De experiência em experiência, chego à certeza de que sou feito para nada."

"Invejoso por instantes, nunca tive paciência para ser ambicioso."

"Quero fazer bem as coisas, e desejo que alguém, seja quem for, perceba isso."

"A felicidade é ser feliz de fato e não fazer com que os outros achem que somos felizes."

"Tomo-me um pouco mais modesto, mas um pouco mais orgulhoso de minha modéstia."

"Uma resignação à força."

➤ A vontade de progredir

As pessoas cuja autoestima é baixa e instável desejam melhorar sua condição e seus estados de alma. E agem nesse sentido. Aquelas cuja autoestima é baixa e estável parecem, quanto a si mesmas, "resignadas". Fazem poucos esforços para se valorizarem aos próprios olhos e aos olhos dos outros. Ainda aqui, é a presença de um ambiente social que permitirá estabelecer mais claramente as diferenças: as primeiras preocupam-se em não correr o risco de um fracasso ou em não serem rejeitadas, ao passo que as segundas decidem fazer isso por antecipação.

➤ O desejo de ser aceito(a)

As pessoas com autoestima baixa e instável são muito mais sensíveis do que parecem ao olhar que a sociedade lhes dirige. Elas têm o triunfo modesto e o sofrimento discreto. "Há crianças de que gosto acima de tudo", disse-nos um dia uma professora. "São as modestas, com aquele sorriso meio envergonhado, preocupadas em fazer bem as tarefas. Precisa ver como ficam felizes quando obtêm uma boa nota. Fica tudo dentro delas, mas ficam radiantes, sente-se que estão sobre uma pequena nuvem. Suas decepções também são discretas; não exibem o dissabor, mas ele se acha ali, é emocionante. Essas crianças me tocam, pois vejo a mim mesma nelas. Eu era exatamente assim na idade delas. Sempre em dúvida quanto a mim, sempre preocupada em fazer as coisas direito. Muito confiante quando tudo ia bem, um pouquinho triste quando não conseguia o que esperava. Aliás, ainda sou assim hoje em dia..."

➤ As origens da baixa autoestima

Como vimos antes, os pais parecem desempenhar um papel não negligenciável. Assim, encontramos nas pessoas com autoestima baixa e instável:

– Déficit de reforço e de encorajamento por parte dos pais, malgrado uma afeição real. "Meus pais me amavam, mas nunca me encorajaram nem me deram segurança quanto ao meu valor."

– Competências limitadas do filho (por exemplo, na escola) ou impopularidade com as outras crianças. "Eu era um mau aluno na escola", diz um. "Isso me complexou de forma duradoura e muito profunda, mesmo nunca tendo confessado." "Nunca consegui ser apreciada pelas outras crianças", conta-nos uma outra. "Eu tinha no máximo duas colegas, tão à parte quanto eu. Não sei muito bem a que devia isso: minha timidez, meus óculos, meus cabelos ruivos... Mas ainda hoje duvido de minha capacidade de agradar aos outros."

AUTOESTIMA BAIXA E ESTÁVEL	AUTOESTIMA BAIXA E INSTÁVEL
Poucas flutuações de autoestima no cotidiano	Flutuações para o alto possíveis
Estados emocionais regularmente negativos	Estados emocionais mistos: negativos mas com momentos positivos
Nenhum esforço para aumentar a autoestima	Esforços para aumentar a autoestima
Impacto emocional do feedback, mas poucas consequências comportamentais	Impacto emocional do feedback, e consequências comportamentais de ajustamento
Convicção da inutilidade em buscar objetivos pessoais	Desejabilidade social desviando dos interesses pessoais

O perfil de baixa autoestima no cotidiano

– Superproteção parental com pouca valorização do filho.[3] "Minha mãe me protegia muito, repetindo sempre que eu era o seu bebezão, que sem ela eu só encontraria problemas. Como podem querer que hoje eu esteja seguro de mim?"

Nas pessoas com autoestima baixa e estável encontram-se os mesmos tipos de causas, em geral mais acentuadas. Mas devemos assinalar algumas diferenças específicas:
 – Acontecimentos que tenham provocado na criança uma sensação de ausência de controle sobre o seu ambiente, por exemplo, o luto ou um estado depressivo real de um dos pais.
 – Carências afetivas importantes. Os distúrbios da autoestima fazem-se acompanhar de outras manifestações patológicas, como veremos mais adiante.

Cioran, autoestima baixa e estável?

Ensaísta e moralista francês de origem romena, Emil Michel Cioran (1911-1995) deixou uma obra que alcança os cumes do niilismo. A leitura de seus aforismos[4] representa, sem dúvida, uma das melhores introduções possíveis à psicologia das pessoas com baixa autoestima estável:

"Para o ansioso, não existe diferença entre o sucesso e o fracasso. Sua reação a um e a outro é a mesma. Ambos o incomodam igualmente."

"Só uma coisa importa: aprender a ser perdedor."

"É uma grande força, e uma grande sorte, poder viver sem ambição alguma. Restrinjo-me a isso. Mas o fato de me restringir a isso participa ainda da ambição."

"Meu mérito não está em que eu seja totalmente ineficaz, mas sim no fato de haver desejado exatamente isso."

"O prazer de autocaluniar-se vale muito mais que o de ser caluniado."

"Todo sucesso é infamante: nunca mais nos recuperamos disso aos nossos próprios olhos."

"A única maneira de suportar revés após revés é amar a própria ideia do revés. Se o conseguirmos, acabam-se as surpresas: tornamo-nos superiores a tudo o que acontecer, tornamo-nos uma vítima invencível."

"Condição indispensável para a realização espiritual: ter sido sempre malsucedido."

"Andar em uma floresta entre duas aleias de forragens transfiguradas pelo outono, aí está o *triunfo*. Que são, ao lado disso, sufrágios e ovações?"

* * *

Idealizar os sujeitos com autoestima alta e estável e desvalorizar os outros seria um erro. Nem tudo pode se resumir à autoestima em uma pessoa. Existem indivíduos com autoestima alta e estável cujos outros traços de caráter os tornam desagradáveis. Afinal, se a alta autoestima é não raro um dos ingredientes do sucesso, de modo algum ela é garantia de elevação moral: Al Capone, Hitler, Tamerlan e a maioria dos grandes ditadores da história foram quase sempre personagens com alta autoestima. Seria imprudente, no entanto, tomá-los como modelos...

A estabilidade da autoestima pode também variar de acordo com os domínios. Colbert, o primeiro-ministro de Luís XIV, apresentava uma alta autoestima com dupla face. Em suas funções como ministro, ele tinha todas as características da autoestima alta e estável: tenacidade para realizar reformas indispensáveis ao Estado, capacidade de trabalhar na sombra do seu rei, sem procurar brilhar (o que não era fácil nem recomendável ao lado de um tal soberano). No âmbito pessoal, entretanto, esse grande burguês enobrecido nunca soube fazer-se aceitar pela Corte, onde sempre se mostrou frio e glacial (Madame de Sévigné apelidou-o de "O Norte") e deu prova de aspereza e de pão-durismo para consolidar sua fortuna, valendo-se de suas funções.

Como no capítulo anterior, é preciso, portanto, relativizar. Segundo as circunstâncias, a maioria de nós adota comportamentos variáveis. Às vezes, nos sentimos autoconfiantes, e nossa autoestima se mostra estável. Em outras ocasiões, porque estamos cansados ou porque já não nos sentimos em segurança, adotamos reflexos que indicam uma autoestima instável...

COMO DIAGNOSTICAR OS DIFERENTES PERFIS DA AUTOESTIMA?

Experimente testar a autoestima das pessoas que o(a) cercam, e a sua também, observando reações a quatro situações-chave: sucesso, elogios, fracassos e críticas.

Analise, em um número suficiente de situações, as respostas nesses momentos reveladores da estabilidade da autoestima:

TIPO DE AUTOESTIMA	REAÇÃO TÍPICA EM RESPOSTA A UM SUCESSO	REAÇÃO TÍPICA EM RESPOSTA A UM ELOGIO
AUTOESTIMA ALTA E ESTÁVEL	"Estou contente, causa-me prazer o fato de ter conseguido isso."	"Muito obrigado(a)."
AUTOESTIMA ALTA E INSTÁVEL	"Eu bem que tinha dito a você, e, espere, você ainda não viu nada, os que não acreditavam estão hoje com um ar mais malicioso."	"Mais, mais!"
AUTOESTIMA BAIXA E INSTÁVEL	"Será que agora vou estar à altura?"	"Ah, você sabe, não tenho mérito algum."
AUTOESTIMA BAIXA E ESTÁVEL	"Caí gravemente doente oito dias depois."	"Pare, isso não me interessa."

Reações aos sucessos e aos elogios

TIPO DE AUTOESTIMA	REAÇÃO TÍPICA EM RESPOSTA A UM FRACASSO	REAÇÃO TÍPICA EM RESPOSTA A UMA CRÍTICA
AUTOESTIMA ALTA E ESTÁVEL	"Não consegui desta vez."	"Ah, bom... e por que está me dizendo isso?"
AUTOESTIMA ALTA E INSTÁVEL	"E o que é que você sabe sobre isso?"	"E você, já se olhou no espelho?"
AUTOESTIMA BAIXA E INSTÁVEL	"Tive problemas para me preparar, não fui bem."	"Você acredita nisso?"
AUTOESTIMA BAIXA E ESTÁVEL	"Sim, sou uma nulidade, você ainda não tinha notado?"	"Sim, e mais ainda do que você pensa."

Reações aos fracassos e às críticas

Parte II

Compreendendo os mecanismos da autoestima

5
De onde vem a autoestima?
O que fazer para o bebê?

"E ela estava sinceramente curiosa em descobrir como Yvette conservava o seu autocontentamento, essa qualidade sólida que lhe fora conferida, parece, no nascimento."

Anita Brookner

"Lembro-me de ter crescido na indiferença." A moça que fala assim tem o olhar triste e calmo. Quando conta sua infância, ela o faz sem ressentimento particular, em um tom neutro.

"Meus pais", prossegue ela, "não eram gentis nem ruins. Simplesmente eu não lhes interessava. Eles quase não eram sensíveis aos meus sofrimentos, nem às minhas alegrias. E, aliás, logo peguei o hábito de não lhes mostrar o que se passava comigo, e de não ficar ressentida com isso. Eu me sentia sem interesse, mas passivamente, sem me revoltar, e quase sem sofrer com isso. Pelo menos, não era uma coisa clara em minha consciência. Quando me tornei adulta, eu tinha esse sentimento tenaz de ser alguém sem importância. Criança sem interesse e adulto sem importância. Garotinha ainda, lembro-me de ter ouvido meus pais falando dessas histórias atrozes de pessoas que morriam em seus apartamentos sem que ninguém se desse conta. Isso me perturbava em um grau anormal: nenhuma garota de minha idade se atormentava com isso, mas eu, sim. E hoje ainda me sinto implicada nesse tipo de ocorrência. É um traço de minha infância: o medo de ser esquecida morta assim como o fui enquanto viva."

Nos relatos de nossos pacientes, ouvimos sempre a história de uma autoestima mal conduzida e mal construída já a partir da infância. Às vezes também, mas geralmente fora de nosso consultório, encontramos, ao contrário, adultos que, apesar de um "começo insatisfatório", conseguiram construir uma autoestima bastante forte, mostraram-se muito resistentes diante da adversidade, desde a infância, ou mais tarde, reconstruindo uma sólida autoestima. Em todos os casos, para compreender a autoestima de um adulto, é sempre necessário examinar a autoestima da criança que ele foi.

OS PRIMEIROS PASSOS DA AUTOESTIMA

A partir de que idade se pode falar de autoestima em uma criança? Um recém-nascido mais esperado que outro já tem autoestima superior à deste menos cercado de carinhos? Sem dúvida, o aparecimento regular de rostos familiares sorridentes e atenciosos desempenha grande papel na constituição da autoestima futura. Mas os estudiosos de hoje não ousam falar de autoestima nesse estágio precoce da consciência.

Os primórdios da autoestima estão de fato simplesmente correlacionados aos da consciência de si, e esta, como já vimos, é um de seus componentes importantes. Parece que é por volta dos 8 anos que as crianças alcançam uma representação psicológica global de si mesmas[1] passível de mensuração e de avaliação científica. Elas são então capazes de dizer quem são por meio de diferentes características – aspecto físico, traços de caráter – e de descrever seus estados emocionais. Percebem o que não varia nelas, compreendem que através dos diferentes momentos de suas vidas permanecem as mesmas. O olhar que começam a lançar sobre essa pessoa de que pouco a pouco tomam consciência constitui a base de sua futura autoestima.

Mas a observação das crianças mostra que os elementos que constituem a autoestima se organizam antes dos 8 anos, ainda que seja difícil avaliá-los cientificamente. Ainda mal-estudada pelos pesquisadores, a autoestima das crianças novas é uma realidade bem conhecida dos pais, o que tentaremos demonstrar nas observações que se seguem.

Dar prazer a mamãe

Celeste, 9 meses, descobriu como pode fazer barulho batendo com um brinquedo que ganhou no Natal. Vendo que a mãe se diverte com isso, ela repete a operação várias vezes, observando-a, e sempre cai na gargalhada. "Ela está orgulhosa de si mesma", diz a mãe.

Esse orgulho já é autoestima? Com quase toda a certeza, Celeste ainda não tem consciência de si. E essa mesma mãe, quando a interrogamos sobre o fenômeno, responde-nos: "A autoestima dos meus filhos? Creio que ainda são muito pequenos para terem autoestima! Realmente, não é o caso dela. Ela depende muito da estima que eu mesma lhe dedico."

De fato, para falar de autoestima, é necessária certa autonomia em relação aos pais.

Êxitos da primeira fase da infância

Louise, 3 anos, acaba de, ela primeira vez em sua vida, subir sozinha no cavalinho do carrossel. Até então, ela só via os mais velhos fazendo isso. No começo, não quis participar daquela competição. Depois começou a tentar, mas sem sucesso. Hoje, realizando sua proeza, ela olha com orgulho para os pais, a irmã mais velha e os espectadores eventuais. Quando recebe um segundo bilhete como recompensa, não quer se servir dele e o guarda como um troféu. Descendo do cavalinho, ela é objeto da atenção de sua irmã e de seus colegas, como um jogador de futebol que acaba de marcar um gol. De uma hora para a outra, sua autoestima acaba de ser ampliada. Seu comportamento vai ser outro pelo resto da tarde: Louise ficará mais calma, mais autônoma em relação aos pais, com mais iniciativa com as outras crianças.

Os êxitos infantis têm o seu peso na questão da autoestima e podem, inclusive, ser hierarquizados: ter sucesso em alguma atividade dentro de casa, como, por exemplo, em um quebra-cabeça, será gratificante, mas menos do que fora de casa, como, por exemplo, lançar-se de um tobogã bem alto. E, claro, nada se comparará a uma vitória em um jogo competitivo (ganhar em uma "corrida" ou em um jogo de salão).

Conquistar um lugar

Desde a idade de 3 ou 4 anos, a criança começa a se preocupar com sua aceitação social. O elo entre essa preocupação e a autoestima é muito estreito, como pode mostrar a pequena Marion. Entre 2 e 3 anos, ela se pergunta se é bonita com os seus cabelos cacheados (ela é a única na creche que tem os cabelos assim) e quase sempre interroga seus pais sobre isso. Aos 3 anos, ela chora em certas noites porque acha que os seus colegas não gostam muito dela. Entre 3 e 4 anos, enquanto seus pais e sua irmã caçula se mostram bastante indiferentes à maneira de se vestir, ela começa a ficar um tempo enorme diante do guarda-roupa pela manhã, explicando: "Vanina disse que hoje colocaria o seu melhor vestido. Então, também preciso ficar bonita."

Valorizar-se

As tentativas das crianças para se valorizarem aos olhos dos outros também começam muito cedo. Assim, entre 6 e 8 anos, elas comparam seus respectivos pais: "Minha mãe é mais bonita que a sua!" "Meu pai é bombeiro!" Mais tarde, entre 8 e 12 anos, os devaneios sobre a filiação são bastante frequentes: "Meus pais não são realmente meus pais. Eu sou a filha de..." e se segue o nome de um personagem de valor, famoso ou prestigiado.

Mas elas podem também estar às voltas com dificuldades de autoestima. Sabe-se, por exemplo, que certas crianças sentem-se "complexadas" pelos pais que possuem. Trata-se em geral de uma questão secundária. Uma mãe de família numerosa nos contava assim que, para ela, o primeiro sinal de entrada na adolescência era o momento em que os seus filhos começavam a ter "vergonha" dela. Eles lhe pediam que não andasse muito perto deles, que não os levasse mais até a porta do colégio, que não os beijasse mais na frente dos colegas. Mas nesse caso a rejeição tem mais a ver com a função parental do que com a própria figura do pai ou da mãe. A situação é infelizmente mais dolorosa quando os pais são de fato portadores de características depreciáveis. Foi o caso de uma de nossas pacientes que nos falou sobre toda a sua culpa por ter tido vergonha de sua mãe, a quem um problema nos quadris fazia mancar. Com a morte da mãe, ela entrou em uma grande depressão, durante a qual vivia se censurando por ter maltratado uma pessoa cuja doença já a tornava certamente bastante infeliz.

Ter vergonha de suas raízes

Muitos escritores contaram em suas recordações de infância como sentiram tolamente vergonha em relação ao seu meio de origem. Eis um trecho de O *vinho da juventude,* de John Fante:

"No escuro, procuro tateando alcançar o quarto de minha mãe. Meu pai dorme ao lado dela, e eu a toco suavemente para não acordá-lo. Sussurro:

– A senhora tem certeza que papai não nasceu na Argentina?

– Não, teu pai nasceu na Itália.

Volto a me deitar, inconsolável e desgostoso [...].

Começo a acreditar que minha avó é uma incorrigível macarrônica. É uma pequena camponesa gordinha que anda com as mãos cruzadas na barriga, uma velha senhora simples que adora os menininhos. Ela entra em meu quarto e tenta discutir com meus amigos. Fala inglês com um sotaque deplorável, alonga as vogais como arcos de brinquedo rolando. Com toda a simplicidade, ela aborda um dos meus colegas e, com um sorriso em seu velho olhar, pergunta-lhe:

– Você gosta de ir à escola das freiras?

Então, ranjo os dentes. *Mannagia!* Estragou tudo! Agora eles vão saber que eu sou italiano."[2]

* * *

Certas crianças desenvolvem a mitomania. Contam histórias imaginárias nas quais dão a si mesmas papéis de importância ou dizem conhecer segredos "muito especiais" para se valorizarem aos olhos dos seus ouvintes. Embora as crianças mitômanas não sejam propriamente umas mentirosas, acabam mais cedo ou mais tarde acreditando no que contam e, assim, mentindo para si mesmas. Pascal, arquiteto, falando de seu afilhado de 16 anos, relatou um bom exemplo disso:

"Gosto muito desse rapaz, mas ele também me dá pena. É preciso sempre chamá-lo à realidade. Seus pais e eu tememos as férias de verão na casa da família, onde todos os primos se encontram. Ele deve se sentir pouco à vontade ali, talvez por não ter passado de ano, como os outros. Em todo caso, está sempre querendo ser o maior: conta que pegou o avião ao lado da modelo e atriz Carole Bouquet, com quem bateu um grande papo; diz que é faixa preta no judô; fala de seus contatos já adiantados para abrir uma empresa de informática...

Todo mundo fica incomodado, pois a mentira é totalmente evidente. Por gentileza, ninguém o contraria. Um dia tentei ter uma conversa séria com ele, pois na tarde anterior mentira mais do que o habitual. Mas compreendi que ele já não podia voltar atrás: para não ficar mal e também porque já começara a acreditar em pelo menos na metade do que tinha contado... No fundo, é um pobre rapaz, nada consegue emendá-lo. Tem no entanto qualidades em que se poderia apoiar. Mas é como se ele não as visse nem acreditasse nelas."

RECREIO, UNIVERSO IMPIEDOSO...

Os adultos têm a memória curta... Diferente do que muitos deles pensam, os pátios de recreio têm mais a ver com os seriados *Dallas* e *Dinastia* do que com *A pequena casa na praia*. Conflitos, alianças, ciúmes, exclusões, expulsões, humilhações representam com efeito parte do cotidiano de cada menino ou menina na escola.[3] E o mesmo se pode dizer quanto à competição e à comparação social.

O impacto desses acontecimentos sobre a autoestima são mais importantes do que os pais tendem geralmente a crer. Em todo caso, quando nossos pacientes com autoestima frágil nos falam sobre isso durante a terapia, eles não têm nenhuma dificuldade em reviver, certamente *a posteriori,* recordações desse tipo às vezes muito violentas e humilhantes. Vejamos o que diz Marie-Claire, uma assistente social de 40 anos:

"Já fiz terapia com um psicólogo quando eu tinha 7 ou 8 anos, por causa dos meus problemas na escola. Não gostava muito desse universo. Lembro-me com bastante clareza das voltas às aulas. Eu ficava aterrorizada vendo aquela massa de alunos e os classificava em duas categorias: os que eram mais fortes e maiores do que eu, e os que eram mais espertos e mais populares. Depois de alguns dias, eu acabava descobrindo uma terceira categoria, à qual sentia pertencer, sem alegria: os que se isolavam e estavam sujeitos ao martírio.

Nem mesmo o meu bom desempenho escolar (era preciso ter pelo menos os professores do meu lado) me tranquilizava: na qualidade de boa aluna frágil, eu era catalogada como 'quatro olhos e CDF' e perseguida por isso. Tinha complexos terríveis, achava-me sem valor e sem interesse algum. Parecia, inclusive, que os outros ainda não tinham se dado inteiramente conta de como eu era inútil. Tinha pesadelos em que via todo mundo me seguindo para me bater ou para cuspir em mim. Somatizava, sentia-me sempre mal, sobretudo nos domingos à noite, quando se aproximava o retorno à escola no dia seguinte.

Mas claro que não ousava falar sobre isso com meus pais: tinha medo de que eles não me compreendessem. E depois eles não me pareciam tão talentosos assim, eles me causavam um pouco de vergonha, eu os sentia frágeis."

As crianças em idade escolar se entregam, sem que em geral tenham consciência disso, a comparações sociais muito meticulosas.[4] Se interrogados sobre o assunto, a maioria é capaz de classificar os colegas em diferentes domínios: beleza, popularidade, desempenho escolar etc., de posicionar a si mesmos nessa classificação e de tirar conclusões definitivas: "Alexandra é mais bonita do que eu, é por isso que a professora gosta mais dela" (Luce, 5 anos); "Adrien roubou meu brinquedo, eu chorei, mas, como ele é mais forte, não me devolveu" (César, 3 anos).

A partir de observações de campo rigorosas, estudiosos puderam estabelecer perfis de comportamentos sociais bastante nítidos entre crianças de 24 a 36 meses:[5]

- Os "líderes" adotam numerosos comportamentos de "afiliação" que consistem em presentes a outras crianças ou em solicitações para que elas participem de suas brincadeiras. Eles podem intervir como mediadores nos conflitos dos seus colegas, mas também mostrar-se dominadora para recuperar um objeto.
- Os "dominadores agressivos" têm comportamentos de afiliação menos numerosos, recorrendo bastante à agressividade.
- Os "dominados temerosos" evitam as competições ou os conflitos. Eles têm não raro condutas de retraimento social, mas adotam também comportamentos de afiliação.
- Os "dominados agressivos" entram nas competições, nas quais não obtêm bons resultados e, por isso, recorrem às condutas agressivas.

Esses perfis comportamentais e, em especial, as condutas de dominação ou de submissão tornam-se cada vez mais estáveis a partir de 18 meses.

Podem-se imaginar sem dificuldade (embora, até onde saibamos, esse tipo de trabalho ainda não tenha sido feito) as correlações entre esses comportamentos e o nível de autoestima. As crianças "líderes" beneficiam-se de várias ocasiões de valorização; elas são menos vulneráveis emocionalmente e poderiam corresponder a perfis de autoestima alta e estável. As crianças "dominadoras agressivas" assemelham-se mais com os perfis de autoestima alta e instável, com uma percepção mais rápida das ameaças à sua liderança e reações mais vigorosas para defendê-la, tudo acompanhado por uma habilidade de relacionamento global menos eficaz.

CONSELHOS AOS PAIS

Os cinco domínios mais importantes na constituição da autoestima das crianças e dos adolescentes[6] são: a aparência física ("será que agrado aos outros?"); as habilidades atléticas ("será que me saio bem nos esportes?, corro bem?, sei me defender?"); a popularidade com os colegas ("será que gostam de mim em minha turma?, em minha escola, tenho muitos amigos?"); a conformidade social ("será que sou considerado(a) pelos adultos?, respeito as regras sociais: polidez, disciplina etc.?"); o êxito escolar ("tenho bons resultados?").

Mas não basta que a criança se saia bem, no seu ponto de vista ou no dos outros, nesses domínios. Ser o primeiro da turma nunca protegeu ninguém das aflições... De fato, todos os estudos mostram que as crianças com alta autoestima se consideram competentes nos domínios em que julgam importante sê-lo; e se contentam com desempenhos medíocres nos outros. Observemos, por exemplo, Jacques e Jean. Esses dois garotos têm mais ou menos o mesmo perfil: eles não são muito inclinados para os estudos, nem possuem músculos desenvolvidos ou fortes habilidades, mas são populares, pois integraram as regras de seu grupo social e estão possivelmente satisfeitos com a própria aparência. No entanto, suas pontuações de autoestima são muito diferentes (veja página 90). Jacques considera que os domínios em que não se sobressai não são de primeira importância. Por isso, ele se sente melhor consigo mesmo do que Jean, aos olhos de quem os sucessos escolar e atlético são indispensáveis a uma boa autoestima.

Portanto, um conselho aos pais: levem sempre a sério as dúvidas e as queixas de seu filho quando ele faz um julgamento sobre si mesmo. O esforço vale a pena.

Antes de tudo, ao iniciarem o diálogo com ele sobre o assunto, mostrando-se interessados em ouvir suas dúvidas, vocês o acostumarão a usar mais tarde, quando ele for adulto, aquilo que chamamos de "apoio social": falar com os próximos de suas dificuldades para obter como retorno informações ou emoções positivas. Veremos mais à frente como esse apoio desempenha importante papel na autoestima.

Graças aos conselhos e às experiências de vocês, ele poderá relativizar suas inquietações. Entretanto, certas regras, apresentadas no quadro da página 91, devem ser respeitadas. Lembrem-se igualmente de que se esses diálogos não acontecerem desde a infância, é inútil esperar que venham a ocorrer na adolescência: nesse momento da vida, embora se veja confrontado com dificuldades tão sérias quanto as que teve quando era mais novo, a capacidade de seu filho para fazer confidências e mostrar-se para vocês é muito mais frágil...

JACQUES

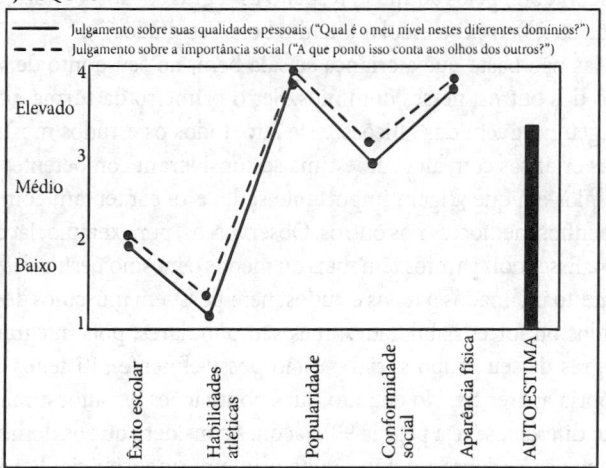

— Julgamento sobre suas qualidades pessoais ("Qual é o meu nível nestes diferentes domínios?")
--- Julgamento sobre a importância social ("A que ponto isso conta aos olhos dos outros?")

- Êxito escolar
- Habilidades atléticas
- Popularidade
- Conformidade social
- Aparência física
- AUTOESTIMA

JEAN

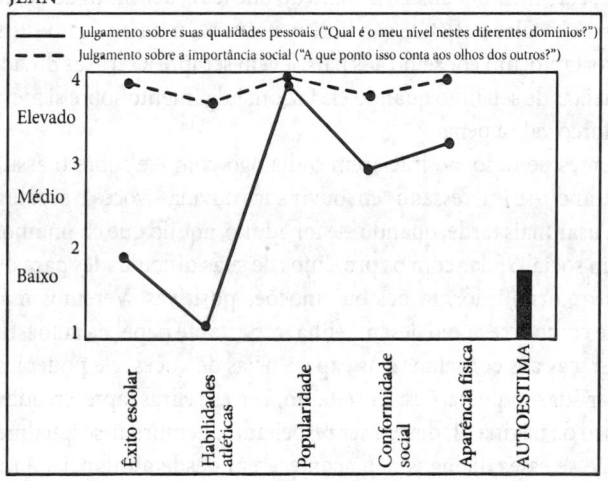

— Julgamento sobre suas qualidades pessoais ("Qual é o meu nível nestes diferentes domínios?")
--- Julgamento sobre a importância social ("A que ponto isso conta aos olhos dos outros?")

- Êxito escolar
- Habilidades atléticas
- Popularidade
- Conformidade social
- Aparência física
- AUTOESTIMA

Autoestima e expectativas de desempenhos
(segundo S. Harter em R. F. Baumeister, op. cit.)

CONSELHO AOS PAIS	O QUE OS PAIS PODEM DIZER AOS FILHOS
Estejam disponíveis para ouvir atentamente o seu filho, tentem fazer com que ele apresente com clareza o pensamento e as preocupações, antes de começarem a tranquilizá-lo.	"Você está com medo de não ser bonita, é isso? Vou lhe dizer o que penso a respeito, mas primeiro me diga por que isso a atormenta tanto. Há quanto tempo vem pensando nisso?"
Evitem minimizar a importância dos seus cuidados: "Ah, ouça bem, há coisas bem mais graves na vida: as crianças africanas que morrem de fome não costumam fazer perguntas como essa."	"Estou vendo que você ficou muito chateada por ter brigado com a Fanny. Sinto que isso a deixou realmente triste. Compreendo, não é nada agradável zangar-se com os amigos, é uma coisa que acontece até com os adultos..."
Procurem mostrar a seu filho que as dúvidas dele são provavelmente compartilhadas por outras crianças.	"Você acha que sua professora gosta mais dos outros do que de você? Já chegou a pensar que cada um desses outros tem essa mesma impressão?"
Não procurem passar-lhe segurança muito rápido, assim que tomarem conhecimento do problema: "Ah, era isso que o estava atormentando desde segunda-feira? Mas isso não é nada, meu querido, isso não tem a menor importância."	"Ah, era isso que o estava atormentando desde segunda-feira? Você deveria ter falado comigo, eu não sabia o que estava acontecendo. Não gostaria de conversar mais sobre o assunto?
Antes de oferecerem respostas ao seu filho, tentem primeiro fazê-lo refletir sobre as próprias soluções.	"Como fazer para que sua professora dê mais atenção a você?"

A escuta dos pais

Se vocês decidirem ajudar seu filho a consolidar a autoestima, tentem igualmente evitar o excesso.

Não se mostrem muito invasivos, procurando estar presentes em cada um de seus problemas. É normal que ele enfrente sozinho certo número de dificuldades. Cuidem apenas para que elas estejam ao alcance dele. Só intervenham se o seu filho se mostrar realmente incapaz de resolvê-las ou se manifestar angústia.

Não banquem o "psicólogo", querendo saber tudo sobre os estados de alma de seu filho quando este for reticente a isso. É inútil lançar-se cotidianamente em interpretações selvagens do tipo: "Sei muito bem que se você é mau conosco é porque se acha infeliz." Expor as dúvidas sobre a autoestima dessa forma pode aumentar a vontade de seu filho não dizer nada. E pode até diminuir a autoestima que ele já tem, seu sentimento de integridade e de autonomia psicológica.

Exercício para os pais

Entrando em casa, uma garotinha diz a sua mãe: "Mamãe, na escola, Angèle e as outras nunca me chamam para brincar."

Segundo vocês, qual é a resposta que melhor poderia ajudar essa garotinha que duvida de si mesma?

Resposta A:
"Angèle é uma idiota e as colegas dela também, não se incomode com elas. Fique brincando no seu canto sozinha. E, se elas não se mostrarem gentis com você, vou falar com a professora."

Resposta B:
"Ora, ora, e você está triste por causa disso? Bem, conte-me como foi. O que elas lhe dizem exatamente? E você faz o quê?"

Resposta C:
"Ah, elas nunca chamam você para brincar? Sei, sei... Isso faz lembrar quando você era pequenininha e os mais velhos não queriam brincar com você, não é mesmo? E foi por isso que este ano suas notas pioraram... Está com medo de não ser interessante, que mais ninguém a ame..."

Vocês responderam A:
Um pouco intervencionista, não? Arrisca-se a que a filhinha chegue à conclusão de que 1) as pessoas que a rejeitam ou a criticam não têm valor, o que é uma maneira artificial de proteger a autoestima; 2) sem mãe nem defensor, ela não pode ser socialmente reconhecida, o que também não é bom para a autoestima.

Vocês responderam B:
Boa resposta! Antes de tomar posição, vocês procuram entender como a criança vê a realidade. É uma atitude benéfica para a autoestima: sentindo-se importante e respeitada, a criança participará da busca de soluções.

Vocês responderam C:
Vocês são antes instrutivos e interpretativos. É arriscado para a autoestima. Se as interpretações são verdadeiras, a criança vai pensar que ela é transparente ao olhar dos outros, que seus pais são todo-poderosos e que compreendem bem melhor do que ela o que está se passando e o que é preciso ser feito; e em algumas, essa sensação dura pelo resto da vida... Se, ao contrário, as interpretações são falsas, a criança se sentirá só e incompreendida: nem os próprios pais, pensará, podem se aproximar dela...

A PRESSÃO DOS PAIS... E A DOS COLEGAS

O julgamento dos outros

A importância que um filho dá aos diferentes domínios da autoestima que descrevemos antes não depende apenas do julgamento que ele faz, mas especialmente do julgamento que pessoas significativas são suscetíveis de alimentar a respeito das competências dele.

Existem para um filho quatro fontes principais de julgamentos significativos, portanto, quatro fontes de autoestima: seus pais, seus professores, seus iguais (os colegas de turma e, mais amplamente, de escola), seus amigos. Quando todas "funcionam", essas quatro fontes de provisão propiciam plenitude e solidez da autoestima. Se uma ou outra está ausente, as outras podem suplementá-la: suporta-se melhor um desentendimento com um professor, se sabemos que somos apreciados pelos pais e pelos amigos.

Todavia, quatro fontes de julgamento implicam também quatro fontes de pressão em torno de quatro papéis sociais que uma criança deve desempenhar, se ela deseja o seu bocado de autoestima: ser um bom filho, um bom aluno, um bom colega de turma, um bom amigo. Em outras palavras, a criança deve fazer quatro vezes mais esforços para preservar sua boa imagem social!

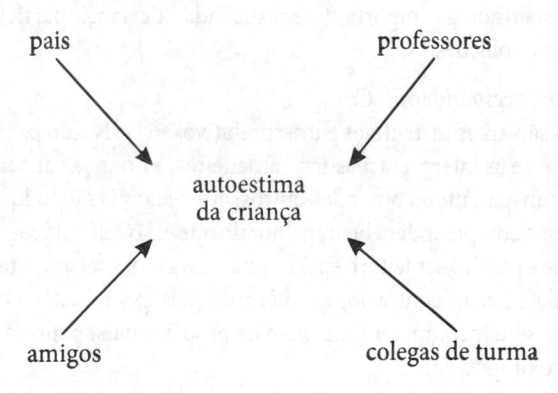

```
      pais                    professores
            ↘              ↙
              autoestima
              da criança
            ↗              ↖
      amigos                  colegas de turma
```

Quatro fontes de pressão sobre a autoestima

A importância de cada uma dessas fontes de reforço da autoestima varia com a idade.

– Entre as crianças muito novas, a opinião que tem mais peso é a dos pais. Depois, à medida que ela se desenvolve, é a importância dos seus iguais que se afirma. Assim, Maria, de 2 anos e meio, responde à sua mãe que quer que ela vista calças compridas: "Lucie me disse que eu hoje podia ir com o uniforme de ginástica... e ela sabe mais... ela vai na escola, você não..."

– Entre 3 e 6 anos constata-se, em quantidade e em complexidade, uma verdadeira explosão da rede relacional da criança.[7] Essa tendência é, aliás, mais nítida entre os garotos do que entre as garotas: estas preferem as interações em duplas enquanto os seus congêneres costumam evoluir no seio dos grupos. Este período, comparado por alguns a uma "pequena adolescência" (condutas de oposições, papel importante dos colegas, primeiras escapadas à autoridade dos pais etc.), é de fato um período-chave para a construção da autoestima, sobretudo em sua dimensão social, já que a criança se mostra muito preocupada com a sua popularidade.

Mas os pais não chegam a ficar inteiramente à parte. Além de continuarem sendo os mais importantes provedores de amor, são ainda suas opiniões que contam nos domínios da conformidade social e do êxito escolar. Já a opinião dos seus pares é de suma importância no que diz respeito ao aspecto físico, às habilidades atléticas e à popularidade. Daí a dificuldade dos pais em dar segurança aos filhos nesses três domínios: "Ah, mamãe, nisso você está por fora!" Ou ainda: "Papai, você não está entendendo nada!"

– Na adolescência, o movimento que provoca o recuo dos pais como principais provedores da autoestima acentua-se progressivamente em favor de pessoas estranhas ao círculo familiar. No entanto, o impacto da aprovação dos pais continua muito forte e só começa realmente a diminuir quando o jovem deixa a família. Um levantamento do Comitê Francês de Educação para a Saúde, realizado com 4 mil adolescentes, mostrou, como se pode ver no quadro adiante, que os pais não são interlocutores tão desdenhados assim para a discussão.[8]

Interlocutor	Porcentagem de jovens (12-19 anos) que consideram ser fácil falar de suas preocupações com o interlocutor em questão
Amigos do mesmo sexo	83%
Mãe	78%
Amigos do sexo oposto	58%
Pai	51%
Irmã	42%
Profissional de saúde	38%
Irmão	37%
Empregador ou colega (para os que não estudam)	27%
Professores (para os que estudam)	24%
Psiquiatra ou psicólogo	6%
Outros	36%

A quem os adolescentes fazem confidências?

Suicídio entre adolescentes

Fenômeno em constante crescimento, o suicídio é hoje na França a segunda causa de falecimento entre os jovens: aproximadamente mil mortes por ano.[9] O número de tentativas é ainda mais elevado. Por que essa frequência? E por que na adolescência? Alguns psicólogos explicam em parte esse fenômeno invocando o problema da autoestima.[10]

Sabemos que muitos adolescentes correm o risco de apresentar um episódio depressivo. Mas a depressão não explica todas as tentativas de suicídio. Alguns trabalhos mostraram que existia no adolescente uma correlação entre risco de suicídio e baixa autoestima.[11] Como veremos mais adiante, as mudanças corporais vividas pelo adolescente não são estranhas aos seus problemas de autoestima. E assim também o fracasso escolar ou as dificuldades de inserção profissional, pontos comuns a um sem-número de adolescentes que escolhem o caminho do suicídio.[12]

Já comentamos o papel desempenhado pelo conformismo social. Como por contágio, as tentativas de suicídio parecem aumentar na população depois da notícia de um suicídio consumado.[13] O fenômeno não data de hoje. Já em 1774, quando da publicação de *Os sofrimentos do jovem Werther,* famoso romance de Goethe, a Europa conheceu uma verdadeira epidemia de suicídios, porque os jovens leitores imitavam o gesto do herói, que se mata no fim do livro. Ora, tal conformismo, como vimos, ameaça mais os indivíduos cuja autoestima é frágil.

O adolescente continua muito ligado emocionalmente aos pais, e sua autoestima tem relação direta com a qualidade desse vínculo.[14] Todavia, como em tudo em seu comportamento, ele tenta demonstrar o contrário, expondo-se a críticas crescentes por parte dos genitores, o que acarreta uma perda importante do apoio social, que nem sempre é compensado pelo apoio dos colegas. Resultado: sua autoestima desmorona em um momento em que sua capacidade de revalorização por outras experiências sociais não está ainda inteiramente solidificada. Os mais fracos sofrem...

Isso explica o porquê de quase sempre as tentativas de suicídio por parte dos adolescentes representarem um grito de socorro. Elas podem também, em certos casos, ser uma tentativa patética e desesperada de se atribuir um pouco de importância, de se revalorizar: os psiquiatras que trabalham nos serviços de emergência de reanimação sabem muito bem que, em geral, no momento da tentativa de suicídio de um filho, os pais costumam expressar-lhe abertamente o apego e a afeição que sentem por ele.

"Aos 16 anos", conta Yasmina, hoje com 23 anos, "fiz três tentativas de suicídio. Eu me achava muito infeliz na época e, sobretudo, completamente perdida. Estava sem quaisquer referências. Meu pai não parava em casa, mamãe trabalhava feito uma doida para nos sustentar, meus irmãozinhos me enchiam o saco, meus professores estavam sempre me chamando a atenção. Eu tinha a impressão de que ninguém me compreendia, de que ninguém me amava. Lembro-me da primeira vez em que engoli os comprimidos de minha mãe, eu tinha feito um verdadeiro filme imaginando meu enterro: via as pessoas chorando, lamentando, dizendo que eu era uma boa filha, e todas essas coisas. Tudo, em suma, que não ouvia na realidade. Quase chegava a me fazer bem pensar nisso, essa ideia quase me dava coragem de engolir as pílulas..."

As orações fúnebres são não raro o momento de nossa existência em que recebemos mais cumprimentos, em que o nosso círculo, em vez de ficar nos lembrando de nossos defeitos, concentra-se finalmente em nossas qualidades. Enquanto nossa sociedade celebrar dessa forma os desaparecidos, em lugar de ocupar-se deles quando ainda estão vivos, quem poderá condenar certos adolescentes por fazerem tentativas de suicídio para "chamar a atenção sobre si" e aumentar com isso a autoestima?

DO INCONVENIENTE DE SER O MAIS VELHO...
OU O CAÇULA

Após o nascimento de uma irmãzinha, os terrores de Évangéline, de 3 anos, deixaram seus pais preocupados. Eles a encontraram uma tarde sentada sozinha na escada, murmurando: "Mamãe, mamãe, você gosta de mim?" Desde o nascimento do bebê ela se punha também a fazer coisas de recém-nascido, a falar como um bebezinho, a urinar na cama... "Ela se desvaloriza, admitindo um fracasso", dizia a mãe. "Ela machuca a si mesma", dizia o pai. A autoestima de Évangéline não ia nada bem...

É duro compartilhar os pais

O nascimento de um irmão sempre representa um golpe na autoestima do mais velho, o qual não raro fica preocupado e sofre por ter perdido seu status de objeto único de amor. De acordo com o perfil psicológico, esse sofrimento ganha diferentes aspectos: oposição aberta, condutas regressivas, busca de atenção etc. Em todos os casos, esse sofrimento revela dúvidas profundas da criança quanto ao amor de seus pais por ela: "Não vão preferir o outro?" "Será que serão capazes de realmente compartilhar?" E, consequentemente, dúvidas que tem sobre si mesma: "O que foi que eu fiz para que eles pusessem esse intruso na minha vida? Será que eu já não lhes bastava, para que se vissem obrigados a trazer uma outra criança para a família?"

E se vier um terceiro filho, será a vez do caçula mudar, às vezes de maneira bastante dolorosa, de status: ele se torna "o filho do meio". O mais velho já está escaldado, e a chegada do terceiro irmão ou irmã pode mesmo ser vivida por ele como um benefício, pois em certos casos é o seu prestígio de mais velho que acaba ganhando com isso.

Determinar seu território

➤ Autoestima e a ordem de nascimento

Parece que os filhos mais velhos e os filhos únicos se saem melhor do que os outros nos estudos: alcançariam resultados ligeiramente mais elevados na escola ou quando submetidos a testes de inteligência e teriam mais chances de serem admitidos nas melhores universidades.[15] Seria porque eles têm maior autoestima? Parece ao mesmo tempo muito simples... e muito injusto. De fato, nem tudo são rosas para os mais velhos, que seriam mais tensos em sociedade e menos populares que os caçulas![16] Portanto, estes se beneficiariam de um outro tipo de autoestima, mais centrado nas relações sociais do que no desempenho. Como explicar isso? Pela noção de território. Para corresponder às expectativas dos pais, o mais velho investiria sua autoestima no êxito e no desempenho, ao passo que o caçula, vendo que o lugar do bom aluno já está preenchido, privilegiaria o aspecto dos relacionamentos.

➤ A arte da dissuasão

Clémence (5 anos) e Aude (3 anos) estão à mesa da sala de visitas fazendo desenhos. Aude consegue esboçar um homenzinho um pouco desfigurado mas convincente, equivalente aos que sua irmã mais velha fazia na mesma idade. Assim que percebe o desenho de sua irmãzinha, Clémence exclama: "Esse homenzinho está horrível, muito mal desenhado!" Pouco depois, Aude abandona a mesa para ir brincar de outra coisa. Durante o resto da manhã, ela não vai querer desenhar.

O mesmo acontece quando Aude está escrevendo: suas tentativas são quase sempre "parasitadas" pelas intervenções da mais velha, que se esmera em desencorajá-la em seus esforços. Resultado inevitável: Aude é menos propensa para as matérias escolares que a mais velha. Sente que fracassa mais rapidamente. E, por isso, tem a tendência de investir menos nelas. Mas será que era menos propensa no início?

Observa-se com frequência nos irmãos mais velhos tentativas mais ou menos discretas para dissuadir o caçula de vir a pôr em perigo sua liderança nos domínios em que eles se saem bem. Clémence, que possui facilidade nas matérias escolares, tem sistematicamente criticado a irmã nesse domínio a fim de manter a própria liderança. Em compensação, ela lhe concedeu com facilidade o domínio das competências físicas. Entre os pequenos vizinhos de porta, Octave e Charles, sucede o contrário: o mais velho, disléxico, cedeu ao irmão mais novo competências escolares, mas procura ciumentamente afirmar sua supremacia atlética. Nos dois casos, um pouco como a *pole position* em uma corrida automobilística, que pelo retrovisor observa os corredores sem descansar, os mais velhos se veem forçados a uma vigilância regular dos esforços de seus irmãos mais novos, o que os torna mais ansiosos que estes últimos.

➤ O estresse do irmão mais velho

Essa ansiedade é o sinal de que a posição de nascimento não influi apenas sobre o nível de autoestima, mas também sobre a estabilidade desta. Para o filho mais velho, a autoestima é inicialmente "alimentada" pelos pais, que lhe consagram mais tempo, tiram mais fotografias dele do que virão a fazer com os que vierem depois etc. Depois, esses alimentos devem ser compartilhados: não obstante o que dizem os genitores, se o amor não tem limites, o tempo dos pais tem. Daí uma sensação de ameaça, uma consciência mais aguda de que é possível perder aquilo de que já se foi beneficiário. E uma autoestima menos estável.

Para um caçula, ao contrário, a afeição recebida dos pais é compartilhada desde o nascimento. A ameaça de uma possível perda acha-se portanto menos presente no espírito da criança (salvo no caso da chegada de um novo caçula). Em consequência, ele se voltará de forma mais espontânea para o outro alimento da autoestima advindo de relacionamentos: a aprovação e a estima dos iguais, atitudes de que o mais velho tem menos necessidade, pois conta com a atenção dos pais. Menos sensação de ameaça e maior diversificação das fontes de valorização vão assim desembocar em uma autoestima mais estável.

MAIS VELHOS	CAÇULAS
Autoestima ligeiramente mais elevada	Autoestima ligeiramente menos elevada
Autoestima menos estável	Autoestima mais estável
Autoestima mais alimentada pelos pais e pelas figuras de autoridade	Autoestima mais diversificada (pares e relações fora de casa)
Desempenhos ligeiramente superiores	Bem-estar emocional ligeiramente superior
Autoestima investida nos domínios próximos dos desejos dos pais	Autoestima investida nos domínios diferentes dos desejos dos pais
Mais conservadores	Mais revolucionários

Ordem de nascimento e autoestima

O espírito de rebeldia

Clémence e Aude, nossas duas garotinhas de há pouco, estão passando as férias na casa dos avós. Lá encontram todos os brinquedos que eles compraram quando Clémence nasceu. Logo se instala um conflito: sempre que Aude se aproxima de um brinquedo, Clémence se atira sobre ela para tomá-lo de suas mãos. "Este aqui", diz ela à irmã, "vovô e vovó compraram para mim, não para você. Então, ele é meu, não quero que você brinque com ele." De fato, em virtude de ser mais velha que a outra, Clémence ganhou mais presentes: simples efeito cronológico. Mas o que Aude pode pensar da situação? Vai aceitar uma ordem estabelecida que a deixa em franca e vergonhosa desvantagem? Ou vai revoltar-se contra a sua condição? Isso seria de seu interesse. E foi, aliás, o que fez imediatamente, atacando a irmã e provocando a intervenção dos avós, que procederam a uma divisão equitativa dos brinquedos.

Durante vários anos, um estudioso americano, Franck J. Sulloway, comparou os destinos pessoais em função da ordem de nascimento.[17] Essas pesquisas retrospectivas tendem a mostrar que os filhos mais velhos são em geral mais conservadores, ao passo que os caçulas se revelam mais revolucionários. Isso é particularmente verdadeiro na ciência: nas 28 grandes revoluções científicas de nossa história, 23 foram lideradas por caçulas. De maneira geral, os mais velhos têm antes defendido teorias já consagradas. Para explicar, por exemplo, que a França foi um dos últimos bastiões a resistir às ideias revolucionárias de Darwin sobre a evolução das espécies, Sulloway lembra que o declínio da natalidade foi ali mais precoce que nos outros países europeus no século XIX. Por isso, os estudiosos franceses que ele recenseou tinham em média 1,1 irmão ou irmã enquanto essa média era de 2,8 nos outros países ocidentais... Na política, os grandes revolucionários (Danton, Lenin, Trotski, Fidel Castro etc.) foram 18 vezes mais numerosos entre os caçulas do que entre os mais velhos. Há algumas exceções, como Che Guevara. Mas Sulloway explica que Che, na verdade, era um "falso mais velho", um caçula funcional: manifestando uma asma aguda desde a infância, ele foi mimado por sua mãe, e seus quatro irmãos se aliavam para atormentá-lo.

Podemos deduzir desses dados que, em virtude da maneira como foram valorizados, os mais velhos investem mais sua autoestima na defesa das tradições (porque são os primeiros que podem se beneficiar delas), não deixando para os caçulas que querem aumentar sua autoestima senão uma alternativa: em vez de lutarem no terreno dos mais velhos, onde estes se encontram em posição de força, optam por modificar esse terreno. Vários relatos apontam para isso, como o de Marie-Françoise, 65 anos, que nos fala de suas duas filhas:

"Tivemos três filhos, duas meninas e um menino, o caçula. As duas meninas estavam sempre juntas e brigavam bastante. Mas elas tiveram comportamentos muito diferentes. A mais velha ficou morando conosco até os 24 anos; tive que mandá-la sair, porque estava se estiolando completamente. A mais nova, ao contrário, saiu de casa aos 18 e teria feito isso ainda mais cedo se tivéssemos deixado. A primeira escolheu uma profissão que eu mesma gostaria de ter seguido (ela é psicóloga), pois sempre fui apaixonada por psicologia. A mais nova quis seguir a carreira da música, uma profissão artística, nunca praticada em nossa família, o que deixou seu pai bastante preocupado no início: como engenheiro, tinha dificuldade em aceitar que alguém pudesse viver de música. A mais velha sempre viveu na mesma cidade que nós. Já a outra deu no pé assim que pôde. Eu teria ainda muitos exemplos como esses. As escolhas de nossa primeira filha sempre foram mais conformistas do que as de sua irmã. O mais importante, porém, é que tanto uma quanto outra souberam construir uma vida agradável."

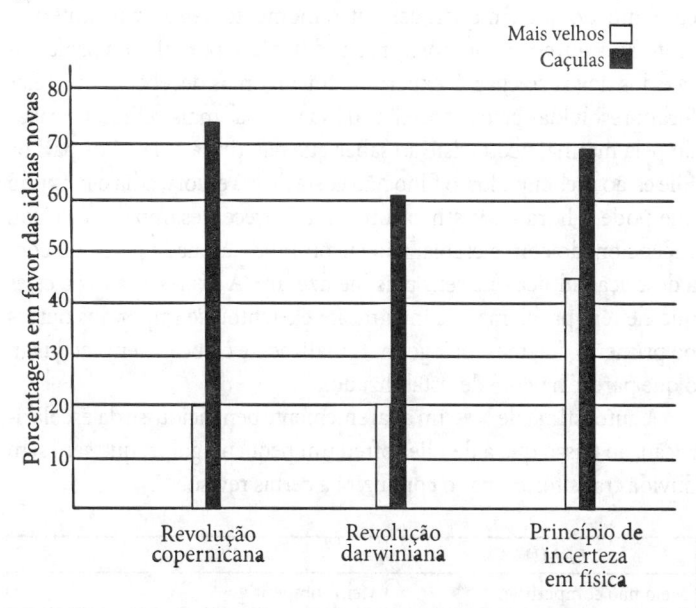

Ordem de nascimento dos estudiosos e aceitação das ideias novas na história da ciência (segundo F. J. Sulloway, op. cit.)

SUCESSO NA ESCOLA

O choque da escolarização

Nessim e Élie, três anos, entram para a escola maternal. Nessim tem duas irmãs mais velhas que ele frequentemente acompanhava com sua mãe até o portão da escola e que falavam das vantagens desta na frente dele. Como caçula, com vários primos e primas, está habituado às relações de grupo e dispõe de boas competências sociais. Quanto a Élie, é filho único, mimado e valorizado pelos pais de maneira excessiva. Ele quase não foi socializado até esse momento de começar sua vida escolar, pois era cuidado por uma babá que o adorava e lhe satisfazia os caprichos.

Depois de uma semana de escola, Nessim se mostra mais autoconfiante do que em qualquer outro momento de sua vida anterior; sente-se orgulhoso por mostrar seus desenhos, por falar da professora e dos novos colegas. E experimentou algumas decepções, mas elas foram resolvidas pelos conselhos de suas irmãs mais velhas; no sábado pela manhã, ficou triste ao saber que não tinha aula. Já os pais de Élie estão preocupados: o filho não gosta de ir à escola, adia o máximo que pode a hora de vestir o uniforme, parece desamparado. Ficou decepcionado com a escola, não encontrando ali nada parecido com a descrição idílica que seus pais lhe fizeram. A professora diz a estes que ele tem problemas de integração: ele tentou se impor aos outros no primeiro dia, mas foi logo marginalizado e colocado em seu lugar, o que parece havê-lo desestabilizado.

A autoestima de Nessim aparentemente beneficiou-se da escolarização, ao passo que a de Élie sofreu um pequeno golpe, que será sem dúvida transitório, mas o conduzirá a certas revisões...

FAMÍLIA	ESCOLA
Meio não competitivo	Meio competitivo
Interlocutores conhecidos	Interlocutores desconhecidos (no começo)
Centrada na criança	Centrada no grupo
Conselhos à criança altamente personalizados	Conselhos à criança fracamente personalizados (no começo)
Possibilidades de regressões (reparação da autoestima pela presença materna)	Poucas possibilidades de regressões (mesmo se o papel da escola *maternal* seja em princípio este)

Impacto da escolarização sobre a autoestima

Entre a vida em casa e a escola, a mudança pode, com efeito, ser brutal para um filho e ter repercussões sobre sua autoestima. Preparando-o, passando-lhe informações adequadas sobre o seu novo meio, os pais podem amortecer esse choque. Mas cuidado: deve-se evitar promover demais a escola, como o fizeram os pais de um garoto que lhe repetiam várias vezes quando ele ainda estava no maternal: "Na alfabetização você vai aprender a ler." Evidentemente, na noite do seu primeiro dia na alfabetização, ele ainda não sabia ler, o que deslanchou dentro dele um forte sentimento de decepção e de desvalorização.

Uma boa autoestima produz um bom aluno?

Quanto mais elevada é a autoestima de uma criança, melhores serão as notas que ela obterá na escola.[18] Essa constatação, feita pela maioria dos especialistas, não guarda nenhuma originalidade. Sabe-se bem que crianças com bom nível de autoestima saíram com frequência de um contexto familiar favorável, no qual as pessoas se preocuparam com elas e com os seus estudos. Mas outras constatações também apresentam elementos interessantes. Por exemplo, mostrou-se que o nível de autoestima prediz muito bem o valor das estratégias que serão postas em ação pela criança diante das dificuldades escolares:[19] uma autoestima elevada está associada a comportamentos mais adaptados, como a busca de apoio social, uma relativa confiança no futuro, capacidade de questionamento, confronto ativo com a realidade etc. "O ano passado", conta o jovem Cédric, 15 anos, "foi duro, eu boiava completamente em matemática. Falei sobre isso com os meus colegas e logo percebi que não era o único a ter dificuldades com essa disciplina. Meu pai me disse que ele também não havia sido um bom aluno em matemática. E olhe que ele é engenheiro! Então, isso me tranquilizou, não entrei em parafuso. Tentei me dedicar um pouco mais à disciplina, dizendo-me que as coisas acabariam melhorando. Depois de um trimestre, comecei a conseguir bons resultados."

A baixa autoestima, em contrapartida, está mais facilmente correlacionada com atitudes pouco produtivas e que correm o risco de agravar a situação: fatalismo, tentar fugir dos problemas, antecipações negativas etc. Ouçamos Inês, 18 anos: "Empaquei nos meus estudos já no início do ensino médio. Assim que começou o ano letivo, senti dificuldade em acompanhar o ritmo um pouco mais acelerado que nos impunham os professores. Depois de dois ou três resultados ruins, comecei a duvidar de mim mesma e a não querer ir mais à escola. À noite, quando chegava em casa, jogava minha pasta para um canto e, se meus pais não me dissessem nada, só voltava a abri-la no dia seguinte. No ensino médio, essa não é uma boa atitude. Depois ficava repetindo para mim mesma que eu não tinha sido feita para os estudos, pois estes sempre me estressaram e exigiram muito de mim." Se, como mostram certas pesquisas, os "maus" alunos apresentam pontuações de autoestima mais baixos que os "bons", isso não passa de um mito.[20] A escola já é um lugar onde a competição e a comparação social existem, onde o fracasso acarreta sofrimento e altera insidiosamente a autoestima.

A influência do meio escolar

De forma geral, os sistemas escolares competitivos melhoram a autoestima daqueles em que ela já é alta e altera a dos outros. Ao contrário, os sistemas não competitivos valorizam relativamente menos a autoestima dos bons alunos, mas melhoram a dos maus.[21] É bastante lógico, pois nos sistemas não competitivos os êxitos não são excessivamente valorizados, nem os fracassos duramente punidos ou muito ressaltados. Assim, as pessoas com baixa autoestima se sentem menos ameaçadas por um ambiente de emulação, que, como vimos, cai como uma luva nos sujeitos com alta autoestima, e no qual estes últimos podem viver com calma ou com tensão.

O fato, para um aluno, de repetir o ano influi no valor que ele atribui a si mesmo? Provavelmente, sim. Mas os estudos que já se fizeram sobre o assunto parecem indicar que não, talvez porque repetindo o ano esses alunos encontrem menos dificuldades.[22]

Sob a mesma ótica, os alunos colocados em turmas de recuperação, com uma pedagogia especial e adaptada, apresentavam, segundo os mesmos trabalhos, níveis médios de autoestima superiores aos alunos que ficaram nas turmas normais! Foram encontrados os mesmos resultados entre os alunos intelectualmente em desvantagem, mostrando que estes se superavaliam nas turmas especialmente adaptadas, mas se subavaliam quando estão seguindo um curso normal.[23]

São possíveis várias explicações: efeitos de uma pedagogia mais valorizadora e que insiste mais nas vitórias do que nos fracassos, ou ausência de comparações sociais desfavoráveis? Os problemas se colocam talvez à saída dessas turmas, na reintegração: o que acontece aos alunos habituados a um microambiente pouco competitivo quando são recolocados em um circuito social altamente competitivo?

Por uma melhor conscientização da autoestima na escola

As "escolas novas" (La Source, La Prairie, Decroly etc.) floresceram na França na década de 1970 em decorrência do movimento de maio de 1968 e do exemplo de Summerhill, na Inglaterra.[24] Elas insistiam na ausência de sistemas que encorajassem a competição (notas, prêmios etc.), na multiplicação das atividades que oferecessem a cada criança a possibilidade de brilhar pelo menos em um determinado domínio, na ausência de relações de repressão e de hierarquização.

Eis o depoimento de uma antiga aluna de La Prairie, em Toulouse: "Guardo boas recordações daquele período. Não sentíamos pressão por parte dos professores, os adultos eram muito próximos de nós, nos respeitavam em nossas diferenças, nos encorajavam à livre expressão do pensamento, não nos repreendiam nem nos excluíam. Esse período me deu muita autoconfiança. Por outro lado, quando tive que entrar para o ensino médio, passei por maus momentos. Achava as aulas enjoadas, os professores distantes e pouco interessados em nós. Isso influiu negativamente em mim quando pensei em entrar para a faculdade."

No fundo, o principal mérito dessas escolas com propostas diferentes não é o de procurar desenvolver a autoestima das crianças que as frequentam? É lamentável que tal objetivo já não se encontre no centro das preocupações da escola pública, pois ele não parece incompatível com a aquisição de conhecimentos e de métodos de trabalho.

Como ajudar meus filhos a entrar para um grande colégio?

O êxito escolar das crianças é uma preocupação legítima de muitos pais. Eles sabem que podem desempenhar um papel ativo nesse domínio. No entanto, a maioria dos estudos mostra que esse papel não reside exatamente na ajuda escolar direta (verificar os trabalhos de casa, por exemplo, ou ver se ele(a) sabe mesmo o que aprendeu na escola), mas antes em atitudes educativas globais que tendem a responsabilizar a criança além da esfera escolar: ouvi-la, encorajá-la a expressar suas opiniões, perguntar sua opinião (e levá-la em conta!) sobre decisões familiares que lhe dizem respeito (como o lugar das férias ou a decoração do quarto dela), confiar-lhe pequenas somas de dinheiro para que se acostume com ele.[25]

Parece realmente que a ajuda direta isolada exerce impacto bastante fraco sobre os resultados escolares das crianças no longo prazo. Ela até pode funcionar nas primeiras séries, mas a partir da adolescência os resultados correm o risco de desmoronar. Muitos alunos de um nível até então satisfatório encontram sérias dificuldades quando chegam ao segundo segmento (antigo ginásio), ao ensino médio, à universidade. Isso não quer dizer que se tornaram menos inteligentes; acontece que não conseguem trabalhar "por si mesmos", nem contar tanto com a ajuda dos pais (seja pela própria recusa dos filhos, seja porque os pais já não acompanham o seu progresso escolar).

É sobretudo a qualidade da educação global, que atua na elevação da autoestima, o melhor indicador de êxito escolar. Para vencer nos estudos no longo prazo, não são apenas as competências intelectuais e a quantidade de trabalho que contam, mas também a estabilidade emocional, a resistência aos fracassos etc., e tudo isso está ligado à autoestima.

Para que a criança tenha sucesso na escola, é preciso que os pais estabeleçam um bom equilíbrio entre a "segurança" (mostrar ao filho que o amam) e a "lei" (lembrar-lhe das normas a seguir).[26] A partir dessa constatação, foi possível esboçar quatro perfis educativos:

– O tipo "rígido" (muita lei e pouca segurança): "Cale-se e estude."

– O tipo "mimado" (nenhuma lei e muita segurança): "Meu querido, eu te amo, não quer fazer um dever para mim?"

– O tipo "deixa-andar" (sem lei nem segurança): "Procure desligar a televisão antes de ir dormir." Este tipo comporta duas subcategorias: o tipo "por princípio" (os pais decidiram que a não diretividade era um bom método educativo) e o tipo "superado" (os pais simplesmente renunciaram a impor e a propor o que quer que seja aos seus filhos).

– O tipo "estimulante" (lei e segurança): "Meu querido, como anda o seu trabalho?"

As coisas são portanto claras: para que a criança trabalhe bem na escola, os pais precisam cuidar de sua autoestima. E para isso deve-se levar em conta não apenas suas competências como estudante, mas também como pessoa global. Jean-Marc, pai de família de 45 anos, resumia assim sua posição: "Durante toda a minha vida, nunca tive como objetivo principal deixar riquezas materiais para os meus filhos. Se isso tiver de acontecer, ótimo, mas virá como acréscimo. Não quero sacrificar a esses cuidados materiais meu bem-estar ou o deles. Meu próprio pai deixou de fazer muita coisa para poder trabalhar como um doido, sob o pretexto de nos proporcionar uma vida privilegiada: o resultado foi que nunca o curtimos, nem ele a nós, antes de sua morte aos 50 anos. O que me importa em relação aos meus filhos é estar disponível para eles, dar-lhes amor e atenção; que eles possam realizar os estudos de sua escolha sem ansiedade no tocante às despesas e à duração do aprendizado; e que tenham autoconfiança. O resto é acessório."

O APOIO DOS PAIS

Em recente pesquisa entre pais e professores sobre as qualidades que uma criança deve ter, a autoconfiança aparece em segundo lugar, logo depois do respeito pelos outros.[27] Entre crianças e adolescentes na faixa dos 6 aos 14 anos que também foram interrogados, a autoconfiança só aparece em sexto lugar, atrás do senso de reparte e do senso de justiça. O espírito de competição chegava bem depois dos valores citados, e isso tanto entre os adultos quanto entre as crianças. Teria sido interessante comparar tais resultados com estudos anteriores. Feita nos anos 1960 ou nos anos 1980, essa pesquisa teria revelado os mesmos dados? A força do eu sucedeu a força do diploma para a construção de uma vida feliz?

Quais são os seus valores prioritários?

Qualidade	Posição global nos três grupos	Posição entre os pais	Posição entre os professores	Posição entre as crianças
O respeito pelos outros	1	1	1	2
A autoconfiança	2	2	3	6
O senso de reparte	3	3 empatados	10	1
O senso de justiça	4	7	6	5
A autonomia	5	3 empatados	2	12

Quais foram as perguntas feitas?
Aos pais (527) e aos professores (312): "Eu vou citar qualidades ou valores que uma criança pode desenvolver. Para cada uma, você deve me indicar se ela lhe parece prioritária."
Às crianças (257): "Quando você pensa em amigos e em colegas de ambos os sexos, quais são as qualidades que mais aprecia neles?"

Alimentos afetivos e alimentos educativos

"Sei que meus pais me amavam", conta Stéphane, 30 anos, "mas eles não pareciam ter tempo para me mostrar isso. Eram ambos pessoas muito brilhantes e muito envolvidas com suas carreiras. Meu pai era diretor comercial; minha mãe, publicitária. Éramos criados pelas babás. Nos fins de semana, nossos pais traziam muito trabalho para casa, faziam as suas corridas, visitavam ou recebiam amigos. Passávamos muito pouco tempo com eles.

Quando meu irmão começou a usar drogas, eles se culparam muito, mas nem por isso mudaram sua maneira de viver. Quase ao contrário, refugiaram-se ainda mais nesses trabalhos que lhes traziam mais satisfação que a vida em família. Guardei de minha infância esse sentimento desagradável de não ter tido muita importância aos olhos deles. E achava que isso se devia mais ao fato de eu ser desinteressante do que à neurose profissional deles. Por causa disso, levei muito tempo para me construir, para me convencer de que tinha valor."

A criança alimenta-se literalmente do amor que recebe de seus pais. A *intenção de amor* não é o bastante. A criança percebe essa intenção, que evita sofrimento maior, danos irreparáveis à autoestima, mas, se não for acompanhada de atos e gestos concretos, seu(sua) filho(a) tirará por si mesmo(a) a seguinte conclusão: sou amado(a), mas não sou digno(a) de estar na frente das outras preocupações de meus pais. Sua autoestima será, portanto, medíocre, para o grande espanto dos pais, que intimamente não duvidam do amor que sentem.

Esses "alimentos afetivos", ainda que expressos e propiciados, são suficientes? Conhecemos o velho provérbio chinês: "Se quer alimentar um homem, não lhe dê um peixe. Antes ensine-o a pescar." Esse provérbio se aplica à autoestima: se se deseja que a criança seja mais tarde capaz de suscitar da parte dos outros atitudes que possam alimentar sua autoestima, será preciso ensinar-lhe isso. É o papel da educação, que pode ser concebido como a aprendizagem de estratégias destinadas a aumentar a autoestima: vencendo nas tarefas esperadas pela sociedade e mostrando-se desejável para os outros (receber estima, aprovação, simpatia, admiração etc., equivalentes adultos do amor recebido pelos pais). Ensinar o filho a ser socialmente competente, ou seja, a se sentir à vontade nos grupos e a, ali, encontrar um lugar sem agressividade nem arrogância, é sem dúvida uma das maiores tarefas educativas de qualquer pai.

Esses dois níveis de relação com a criança foram objeto de um sem-número de teorizações, entre as quais a da "condicionalidade do apoio manifesto". Há o apoio propiciado *sem condições* (qualquer que seja o comportamento da criança, ela receberá apoio: amor) e o apoio *com condições* (o apoio depende do comportamento da criança). As consequências para a autoestima são diferentes. No primeiro caso, a criança internaliza que possui um certo valor, já que os seus pais a amam independentemente do que ela venha a fazer. A base de sua autoestima é, portanto, estabelecida de maneira sólida. Mas esse amor incondicional não a prepara forçosamente para saber suscitar amor da parte dos outros: é o caso do filho "mimado". No segundo caso, a criança sabe que o apoio recebido depende dos seus atos, o que é tranquilizador, mas também menos garantido: é o filho "exemplar". Ambos os apoios, é claro, são necessários à autoestima da criança, que gera o filho "expansivo". A dupla ausência causa um dano importante à autoestima: é o filho "abandonado".

	Apoio incondicional à pessoa ("eu o amo, aconteça o que acontecer")	Nenhum apoio incondicional à pessoa ("você me é indiferente")
Apoio condicionado ao comportamento ("eu o aprecio quando você faz o que desejo")	Autoestima alta e estável (criança "expansiva")	Autoestima baixa e instável (criança "exemplar")
Nenhum apoio condicionado ao comportamento ("o que você pode fazer é indiferente para mim")	Autoestima alta e instável (criança "mimada")	Autoestima baixa e estável (criança "abandonada")

Autoestima e apoio dos pais

Dois relatos de pais ilustram os aspectos que acabamos de desenvolver. O primeiro pinta o retrato de uma criança "mimada". Trata-se de um pai referindo-se à sua filha única de 34 anos. Ouçamo-lo:

"Eu lhe dei muito amor, mas ela não está se dando bem na vida: acha-se regularmente em conflito com os colegas de trabalho e tem fracassado na vida sentimental... No começo, eu compartilhava sempre o seu ponto de vista e pensava que ela não tinha sorte, que não se adaptava muito bem, que a culpa era dos outros... Mas pouco a pouco cheguei à conclusão de que o problema vinha dela mesma.

Não adianta saber que não se deve mimar excessivamente os filhos únicos, a gente acaba sempre fazendo isso. No meu caso, sobretudo porque era uma garotinha encantadora, esperta, inteligente. Tínhamos tendência a admirá-la demais, perdoando-lhe tudo. Não lhe prestamos um bom serviço: ela pegou o hábito de não dar importância à opinião dos outros. E as suas contrariedades de hoje são decorrentes disso.

Acho que ela duvida muito de si mesma. Acabou por compreender que, não obstante suas qualidades, não podia estar com a razão em tudo. E, por isso, como é uma moça muito íntegra, ela tenderia a adotar um julgamento ao oposto e a pensar que não é capaz de nada."

Ouçamos agora outro pai. Ele fala de um filho "exemplar", Guillaume, 25 anos, o terceiro de um grupo de cinco irmãos:

"Fiz dele um homem, e ele me acusa de havê-lo prejudicado. Ele nunca foi uma criança fácil. Obriguei-o a frequentar os escoteiros, onde aprendeu um monte de valores que hoje lhe são úteis. Dei a ele a mesma educação que propiciei aos outros: mostrando-me severo, porém, justo. Nenhum dos outros me fez qualquer acusação. É o único dos meus cinco filhos que brigou comigo. Não quer mais me ver, só admite ver a mãe. Ainda me agradecerá um dia, mas hoje se comporta como um ingrato."

É a vez da mãe de Guillaume dizer o que pensa:

"Meu marido nunca compreendeu Guillaume. Era uma criança que duvidava terrivelmente de si, que precisava de muito aconchego e afeição. E só recebia educação de seu pai. Os argumentos de meu marido para se defender é que seus irmãos e irmãs foram educados da mesma maneira, o que é verdade. E que ele o educou com severidade para o seu próprio bem, o que é verdade quanto à intenção, mas não quanto aos resultados. Guillaume precisava mais de amor do que de correção."

| AMOR
(APOIO INCONDICIONAL) | EDUCAÇÃO
(APOIO CONDICIONAL) |
|---|---|
| O comportamento dos pais não depende do comportamento do filho | O comportamento dos pais depende do comportamento do filho |
| Não se questiona se o filho tem comportamentos inadequados | Críticas se o filho tem comportamentos inadequados |
| Alimenta diretamente a autoestima, mas não ensina necessariamente a como receber a estima dos outros | Alimenta menos a autoestima, mas ensina a ser estimado pelos outros |
| Influencia o NÍVEL de autoestima (quanto mais amado o filho, maior sua autoestima) | Influencia a ESTABILIDADE da autoestima (se o filho é amado, quanto mais ele for educado, mais a autoestima será estável) |

Dois alimentos da autoestima

Conselhos para um apoio eficaz aos filhos

Antes de se preocuparem com a autoestima dos seus filhos, ocupem-se... com a sua! Se vocês tiverem problemas nesse âmbito e se determinarem a melhorar a autoestima dos seus filhos, correm o risco de exercer sobre eles uma pressão importante e pouco convincente. Não esqueçam que a melhor das pedagogias é o exemplo: as crianças vão interiorizar a maneira como vocês administram e enfrentam as próprias dificuldades.

Expressem *com clareza* o seu apoio, procurando não usar exclusivamente mensagens indiretas (como os presentes).

Expressem *com regularidade* – o que não quer dizer permanentemente – afeição.

Não tenham procedimentos confusos, recorrendo, por exemplo, a chantagens afetivas como: ameaçar o filho com uma manifestação menor de amor por causa de um comportamento que lhes pareça inadequado (em vez de dizer "Você está me causando sofrimento" ou "Você está me decepcionando", em geral é preferível dizer "Não estou contente com o que você fez"; ou negar os problemas do filho em nome do amor que ele recebe: "Seus problemas não são assim tão graves, pois nós o amamos.").

FAÇAM	NÃO FAÇAM
Conversar regularmente com o filho	Dirigir-se ao filho como se estivesse englobando todos os seus irmãos ou falando em nome do casal de pais
Ouvir atentamente o filho quando ele fala do universo dele	Só se preocupar com ele quando não está bem
Mostrar interesse por suas atividades e pelo o que é importante para ele	Contentar-se com vagos sinais de interesse: "Ah, você fez um desenho bonito? Muito bem, continue..."
Compartilhar atividades com o filho	Deixá-lo entregue ao universo dele
Passar-lhe a sensação de que ele é único	Compará-lo regularmente com outras crianças (irmãos e irmãs, primos, colegas...)
Ser um modelo para o filho (aceitar as críticas, não desmoronar diante dos fracassos...)	Ter, como pessoa, comportamentos opostos às mensagens educativas advindas da condição de mãe ou pai
Ensinar-lhe a estar de bem consigo mesmo (pelo exemplo)	Zombar dele em público

Conselhos aos pais

A autoestima tem uma história que às vezes é útil conhecer. Entretanto, como temos tendência a recalcar nossas feridas, essa história nem sempre é fácil de ler. Porém, como mostraremos no próximo capítulo, nossas necessidades continuam as mesmas depois que nos tornamos adultos – tanto é verdade que nossas dúvidas em criança constituem nossas dúvidas na idade adulta...

6
Adultos sob influência: amor, vida conjugal, trabalho e autoestima

"Felicitações: a polidez da inveja."

Ambrose Bierce

Embora suas bases sejam construídas durante a infância, a autoestima não fica irretocável quando alcançamos a idade adulta. Ao contrário, ela continua a evoluir, a ser objeto de flutuações. Quais são os acontecimentos que vão modificá-la? E em busca de quais objetivos vamos agora correr para melhorá-la?

OS RISCOS DA SEDUÇÃO

"Na vida amorosa, não ser amado rebaixa o sentimento de autoestima, ser amado o eleva", dizia Freud.[1] Do flerte à ligação duradoura, do conflito conjugal ao rompimento, todos os aspectos de nossa vida sentimental guardam laços muito fortes com a autoestima. Não é uma relação em sentido único. Se nossos êxitos e nossas mancadas sentimentais têm grande peso sobre a autoestima, esta por sua vez permite prever muitos de nossos comportamentos e de nossas escolhas amorosas: ousaremos expressar nosso poder atrativo? Como nos conduziremos em relação a isso? Quem iremos escolher?

A insustentável necessidade de agradar

Todos os comportamentos de sedução têm como função melhorar a autoestima. Mas da mesma forma como certas pessoas fazem compras compulsivas, que vão muito além de suas necessidades reais, assim também acontece com pessoas que se esmeram em seduzir. O mais débil contato social é para elas ocasião de verificar se são capazes de agradar, e isso mesmo que esse contato não dure mais do que alguns minutos, tão grande é a necessidade de comprovar o fato de ser estimado ou amado por outros.

"Sou filho adotivo", dizia um de nossos pacientes. "Soube disso muito cedo, o que me marcou para o resto da vida. Tive pais adotivos muito calorosos, que me deram muito amor e que nunca me esconderam a verdade, falando-me sobre o assunto assim que tive noção das coisas. Mas eles eram muito idosos, meu pai adotivo era um pouco hipocondríaco, tinha sempre medo de estar com uma doença mortal, e minha mãe era muito ansiosa em relação à possibilidade de perdê-lo. Lembro-me de minhas angústias ainda garotinho, também temeroso de que eles morressem, pois sabia que nesse caso ficaria completamente sozinho no mundo, sem nada que se parecesse com uma família à minha volta. Acho que vem daí minha necessidade crônica de seduzir. Onde quer que esteja, tenho necessidade de sentir que estou agradando o meu interlocutor, que ele me aceita e que poderia ficar um pouco mais comigo sem aborrecimento. Pouco importa quem seja, um comerciante, um vizinho, um cliente, um colega ou, claro, uma mulher bonita. Mas isso não se limita às mulheres: tenho realmente vontade de que *todo mundo* pense que eu sou uma pessoa simpática e que lamente minha ausência nos lugares. A vantagem é que eu sou muito popular: isso funciona, essa preocupação de sempre agradar aos outros os lisonjeia. Mas, em contrapartida, sou muito sensível a críticas e a rejeições; fico perdido e desamparado junto a pessoas frias e pouco sensíveis ao meu 'encanto'. Ponho-me a duvidar novamente de mim mesmo, a imaginar que exagero no aspecto afetivo. No fundo, isso não é uma solução, querer sempre seduzir, pois esconde todas as dúvidas que tenho sobre mim, todos os meus medos. Não sou autônomo, sou completamente dependente do sorriso e da aprovação."

A necessidade de seduzir é uma doença?

Os primeiros psicanalistas popularizaram bastante o conceito de histeria, associando-o estreitamente, para o grande público, à noção de sedução inconsequente. No espírito da maioria das pessoas, a "histérica" é uma "mariposa", uma mulher que dirige aos outros sinais de sedução, mas que promete mais do que deseja ou pode proporcionar em termos de compromisso sexual ou sentimental: "O que ela mostra de modo algum corresponde a uma doação ou a uma promessa."[2]

A personalidade histriônica, termo utilizado atualmente pelas classificações internacionais de psiquiatria, caracteriza-se por uma necessidade imperiosa de atrair a atenção dos outros, de aparecer sob uma luz favorável, de agradar – e por uma grande dificuldade em assumir relacionamentos afetivos estáveis e gratificantes. Talvez esse comportamento possa explicar-se por uma autoestima muito alterada.[3] Homem ou mulher, a personalidade histriônica conseguiria uma soma maior de gratificações entregando-se a tentativas sucessivas de sedução do que assumindo uma ligação duradoura. Ver que pode agradar oferece certa segurança, ao passo que correr o risco de decepcionar, ao se revelar durante um relacionamento estável, gera uma angustia profunda. Essa atitude leva ao impasse, a uma autoestima compartimentada: na melhor das hipóteses, a pessoa se percebe como alguém atraente e competente do ponto de vista sexual; mas, ao mesmo tempo, ela também se considera alguém sem interesse e incapaz de reter duradouramente um parceiro ou parceira ao seu lado.

Enfrentar a rejeição

"Não tenho coragem de me dirigir às garotas", diz Nicolas, de 32 anos. "Fico apavorado com a ideia de elas me dizerem não. Parece-me que isso seria a confirmação de que não sou digno de amor. Acho que, inconscientemente, prefiro ficar na dúvida." "Só saio com rapazes que não me agradam verdadeiramente", diz, fazendo eco, Valérie, de 27 anos. "Tenho uma imagem tão negativa de mim mesma que minha impressão é de que não mereço melhor do que isso."

A grande vulnerabilidade das pessoas que nos procuram para tratar de suas dificuldades amorosas nos lembra uma lista de sentimentalismos que se parece mais com um triste campo de batalha do que com um jardim bucólico. Querer seduzir é aceitar riscos, pois damos ao outro a possibilidade de nos rejeitar. E nenhum ser humano é capaz de ficar indiferente à rejeição.

Essa rejeição pode ser imediata. A pessoa que tentamos seduzir manifesta, mais ou menos amavelmente, que não se interessa por nós. Tal rejeição é dolorosa e frustrante: o sentimento de haver sido descartado(a) com base em aparências (aspecto físico, posição social, acanhamento etc.) nos passa a sensação de que o outro não nos "deu uma chance" e que, se ele pudesse saber quem realmente somos, teria nos apreciado.

Aumente sua autoestima comprando um noivo virtual

Max é um belo homem de 40 anos e olhos azuis. Profissional do ramo imobiliário no Colorado, dirige uma BMW conversível vermelha, pratica esqui, golfe e tênis. Gosta de viagens e de conversas estimulantes... Onde pescar essa pérola rara?

Dirigindo-se à sociedade americana *Boyfriend in a Box*, pela soma de 10 dólares, você pode escolher entre oito modelos sedutores (Dave, o médico; Franck, o bombeiro etc.). Você receberá fotos de diferentes tamanhos (para o escritório ou o porta-retrato), três falsas mensagens telefônicas (que devem ser deixadas na secretária eletrônica para quando você chegar em casa com amigos), uma carta de intenções etc. Tudo para fazer acreditar que... Pois o mercado se situa neste nível: como evitar um olhar social desvalorizador sobre si quando se é uma mulher sozinha? Em dois anos, mais de 120 mil clientes compraram um noivo virtual. *Girlfriends* para homens (secretária, modelo, enfermeira etc.) serão em breve comercializadas...

* * *

A rejeição pode também ser posterior. Depois que a ligação começou, e em um prazo mais ou menos breve, nosso parceiro ou parceira nos rejeita. O golpe aplicado à autoestima pode ser mais grave: foi "depois de um ensaio" que não fomos escolhidos; a rejeição baseia-se então em características ainda mais íntimas que no caso precedente. Nós nos atiramos ao relacionamento, nós nos revelamos e... causamos decepção...

Compreende-se, em tais condições, que as pessoas com autoestima vulnerável possam ter medo de aceitar riscos.

O pequeno laboratório da sedução

Realizaram-se várias experiências científicas a fim de se verificar se o nível de autoestima poderia predizer os comportamentos de sedução. Apresentamos a seguir uma cujo título talvez pudesse ser "Faça um homem fracassar que ele deixará as mulheres em paz".[4]

Estudantes do sexo masculino eram convidados a se submeter a pseudotestes de inteligência: atribuíam-se então à metade deles, escolhidos ao acaso, resultados lisonjeadores e à outra metade resultados desvalorizadores. Objetivo: dar um pequeno golpe, para o alto ou para baixo, na autoestima deles. Em seguida, sob um falso pretexto, eram colocados em contato com moças na cantina da universidade, na ausência transitória do examinador. Essas moças eram de fato cúmplices no experimento: pedira-se que anotassem a frequência das condutas sedutoras que os rapazes viessem a ter com elas (fazer um cumprimento, pagar a conta, perguntar o número do telefone, solicitar um encontro). Os candidatos que tinham recebido resultados favoráveis no pseudoteste (autoestima aumentada) tentavam com muito maior frequência sua sorte com as garotas enquanto aqueles a quem se havia anunciado desempenhos medíocres (autoestima alterada) se arriscavam quase nada.

Lição para o uso das esposas de maridos volúveis: repitam-lhes e provem-lhes que eles não são tão terríveis ou tão ruins assim, e talvez eles venham a olhar menos para as outras mulheres. Ou então não olharão mais as mulheres *bonitas*. Pois, de fato, a experiência foi ainda mais longe.

Entre as garotas que serviam de isca ao apetite dos estudantes testados, metade era produzida (penteada, maquiada, vestida na moda) e a outra metade nem tanto. Ficou patente que os jovens machos dopados pelos resultados procuravam geralmente as garotas bonitas; já aqueles cuja autoestima fora desinchada não ousavam tentar a sorte e, quando o faziam, era entre as menos bonitas...

Outra lição: eventuais parceiras são escolhidas em função daquilo que se acredita ser o seu nível de mérito... A beleza da parceira seria um dos indicadores da autoestima dos homens? Ou talvez, outra leitura dos fatos, serviria para manter a autoestima deles em um nível elevado?

Essas experiências poderiam ser feitas por mulheres? Nossa sociedade ainda considera que cabe ao homem a iniciativa da abordagem. Resta no entanto às mulheres o poder de facilitá-la ou de aceitá-la. E, nesse caso, certos fatores ligados à autoestima podem levar as mulheres a aceitar ou a recusar as investidas dos homens? A experiência a seguir refere-se a esse aspecto.[5] Moças eram colocadas em uma situação de fracasso semelhante à experiência precedente: eram-lhes anunciados, de maneira aleatória, bons e maus resultados em um teste que elas haviam acabado de fazer. Enquanto tomavam conhecimento dos resultados, um outro estudante, já combinado, entrava "por acaso" no recinto e começava a conversar com elas. E fazia isso com tanta satisfação que, antes de deixar o recinto, manifestava-lhes o desejo de revê-las... Pouco depois, as garotas eram levadas a fazer outro pseudoteste, no qual deviam verbalizar um juízo sobre certo número de pessoas encontradas recentemente, entre elas o estudante combinado. As garotas que vivenciaram a situação de fracasso avaliavam o rapaz de forma bem mais favorável que as outras, malgrado o fato de que se tratasse de um estranho que nunca tinham visto antes. As que haviam obtido bons resultados ficavam muito mais neutras... A experiência não permite saber se as garotas com autoestima diminuída teriam eventualmente ido mais longe, isto é, teriam aceitado um encontro, ou mais ainda... Mas cabe supor que esse teria sido o comportamento para boa parte delas.

Conclusão: as mulheres são mais vulneráveis e receptivas à sedução quando se sentem desvalorizadas. Lógico, pois no fundo o que é a sedução senão sinais de aprovação, de admiração, todos esses fatores positivos para uma autoestima vacilante?

Dando uma ajuda a dois velhos colegas solteiros[6]

Você tem dois velhos amigos solteiros para "juntar", um homem e uma mulher. Decide apresentar um ao outro durante uma reunião que organizou. Com base no que acabou de ler, como vai proceder para aumentar as chances de sucesso de sua manobra?

Resposta:

Aumentar com habilidade a autoestima do colega: "E então, meu amigo, só tenho ouvido elogios sobre você esta noite, as garotas o estão achando muito simpático. Você está arrasando..." E diminuir insidiosamente a autoestima da colega: "Poxa, você não está assim tão bonita hoje! Está com uma cara! Venha comigo ao banheiro, vamos dar um jeito nisso..."

Depois, é só apresentá-los.

A escolha do parceiro

A sedução faz parte dos encontros, mas ainda é preciso saber se escolhemos nossos parceiros de flerte como o faríamos para eventuais cônjuges. Para uma ligação efêmera, parece lógico preferir pessoas que valorizam nossa autoestima. E para uma ligação duradoura? Bem, parece que a situação é um pouco diferente: se começamos a pensar em uma vida conjugal, seremos atraídos sobretudo por parceiros mais lúcidos sobre aquilo que realmente somos.

➤ **Ser admirado(a) ou ser compreendido(a)?**

Você é convidado(a) para uma festa. Ali encontra (que sorte!) cinco pessoas bastante sedutoras. Graças a um dom especial, tem condições de ler o pensamento delas: uma o(a) julga exatamente como você mesmo(a) se vê; outra o(a) julga um pouco melhor do que você mesmo(a) o faz; uma terceira o(a) julga muito melhor; uma quarta o(a) julga um pouco menos bem; a quinta, enfim, o(a) julga muito menos bem do que você mesmo(a) se vê. Tendo conhecimento de todas essas opiniões, para qual dessas pessoas você se sentirá mais atraído(a) para um flerte? E com qual delas gostaria de construir uma ligação mais duradoura?

Essa experiência foi feita entre trezentas pessoas confrontadas com os juízos de parceiros ou parceiras virtuais durante uma festa virtual.[7] Os resultados foram bem surpreendentes: a atração *imediata* ("eu gostaria de ter um caso com essa pessoa") correlacionava-se com a visão positiva que emanava do parceiro ou parceira imaginário(a); em outras palavras, quanto mais nos apreciam, mais isso nos causa prazer, e mais se tem vontade de passar um momento com o outro. Mas a atração *adiada* ("eu me veria bem formando um casal com essa pessoa") mostrava um máximo para as avaliações ligeiramente positivas enquanto as avaliações muito positivas eram julgadas menos atrativas a longo prazo! Dizendo de outro modo, escolhem-se os eventuais cônjuges com base em critérios diferentes daqueles que são utilizados para as ligações: para uma relação efêmera, procura-se autovalorização; para uma história duradoura, busca-se alguém que possa ter uma visão justa de nós, mas, mesmo assim, ligeiramente positiva!

E você, leitor ou leitora, o que teria respondido se houvesse participado dessa experiência?

➤ **Escolhas calmas e escolhas precipitadas**

Não viver senão com alguém que saiba *realmente* quem somos... Essa tendência é ainda mais nítida entre pessoas com baixa autoestima: um estudo feito com casados[8] mostrou que as pessoas que se julgavam favoravelmente tinham em geral cônjuges que as julgavam da mesma forma; enquanto as que dispensavam a si mesmas um olhar negativo se encontravam também, com grande frequência, unidas a cônjuges que pensavam o mesmo a seu respeito! Pensando que o casamento não é feito para mentir a si mesmo, pessoas com baixa autoestima têm, sem dúvida, esta definição do amor: "Loucura temporária que se pode curar com o casamento."[9]

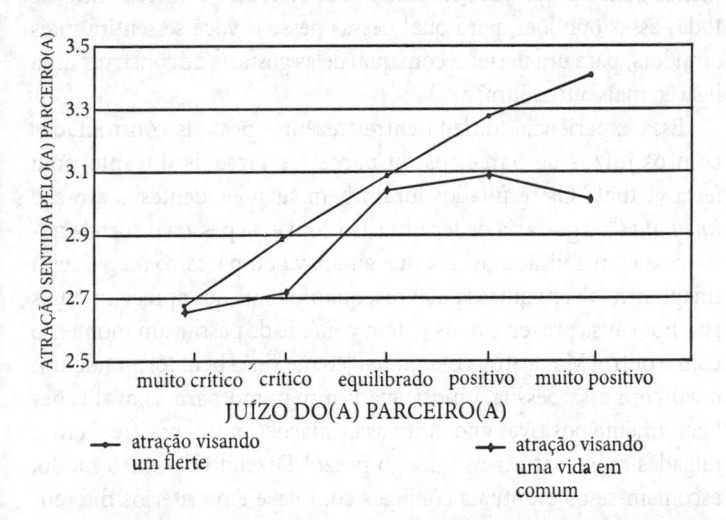

Como o juízo de nossos parceiros influencia nossas escolhas sentimentais (segundo S. Epstein e B. Morling, em M. H. Kemis, op. cit.)

De qualquer forma esse comportamento parece estranho, e podemos nos questionar a tal respeito. Por exemplo, as pessoas com baixa autoestima fazem esse tipo de escolha com todo o conhecimento de causa ou de maneira inconsciente? É uma escolha racional e refletida ou, ao contrário, uma decisão intuitiva? Uma pequena experiência[10] vai nos ajudar a responder a isso.

Apresentavam-se a alguns voluntários parceiros sentimentais potenciais e, em seguida, era-lhes revelado o que esses eventuais parceiros tinham, por assim dizer, pensado a respeito deles. Esse juízo era naturalmente aleatório e revelava-se ora positivo, ora negativo. Em função do nível de autoestima, que parceiros os voluntários da experiência iriam gostar de rever? De fato, tudo dependia do tempo que lhes era dedicado para tomarem uma decisão.

Se era dado prazo suficiente para refletirem bem sobre sua escolha, encontravam-se os resultados que já descrevemos: pessoas com alta autoestima prefeririam rever parceiros que tinham boa opinião sobre elas, enquanto pessoas com baixa autoestima escolhiam em geral rever pessoas que tinham emitido uma opinião crítica sobre elas.

No entanto, se se exigia que os participantes da experiência fizessem sua escolha rápida e intuitivamente (dando-lhes, por exemplo, um tempo muito limitado e pedindo-lhes ao mesmo tempo que retivessem uma série de números complicados para que não conseguissem se concentrar), os resultados obtidos pelo grupo "baixa autoestima" se alteravam: na precipitação, a tendência era escolher os parceiros que os houvessem julgado positivamente.

Em outras palavras, se dão ouvidos à sua própria lógica, os sujeitos com baixa autoestima preferem escolher parceiros capazes de lhes dirigir um olhar crítico: isso confirma o olhar que lançam sobre si mesmos e não os coloca na situação arriscada de decepcionar o outro (já que este não desconhece os seus limites, escolhe-os com conhecimento de causa).

Mas, se ouvissem mais a intuição, as pessoas com baixa autoestima escolheriam com maior frequência parceiros quem tivesse um olhar favorável sobre elas. Saber se isso seria no fim das contas uma boa decisão é muito complicado! Se sua autoestima é baixa, um cônjuge que o(a) veja positivamente pode estimulá-lo(a) ("afinal, não sou assim tão deplorável") e aumentar pouco a pouco sua autoestima. Mas pode também angustiá-lo(a) ("não vou poder ter segurança, sou um(a) impostor(a)") e, por fim, desestabilizá-lo, diminuindo a baixa autoestima que você já sente.

PEQUENOS AJUSTES COM O CASAL

Se concordamos em compartilhar uma vida conjugal com alguém, é com vistas ao bem pessoal e à melhora de nossa autoestima. Pelo menos é o que se pode supor. Mas é sempre assim? E essa é sistematicamente a verdade para os dois membros de um casal?

Quem do casal tira proveito?

Alguns trabalhos[11] sugerem que o casamento costuma beneficiar mais a autoestima do homem que a da mulher. Por quê? O motivo é que ele se baseia em concessões e renúncias por parte de cada um dos seus membros: ora, parece que, de maneira geral, as mulheres concordam em ceder mais do que os homens.[12] Tais renúncias podem dizer respeito a aspectos menores: por exemplo, reconhecer que o marido é melhor cozinheiro e deixar-lhe o cuidado de preparar as refeições para os convidados, assumindo, quanto a si mesma, a preocupação com as refeições cotidianas, fonte de glorificações menores para a autoestima. Mas essas renúncias podem também dizer respeito a aspectos mais fundamentais: não raro são as mulheres que deixam de seguir uma carreira profissional para se consagrarem à vida familiar.

"Tenho dois filhos", dizia-nos uma de nossas pacientes, "e não trabalho fora. Procurei emprego na época, mas as profissões interessantes eram incompatíveis com uma vida familiar equilibrada. E meu marido, que ganhava bem, sempre me incentivou a ficar em casa. Estou contente com minha existência atual: nossa relação é boa, ainda que meu marido trabalhe muito, meus filhos estão progredindo, tenho amigos e um modo de vida agradável. Mas nos últimos tempos venho me questionando muito, principalmente quando conhecemos novas pessoas em jantares, o que ocorre com bastante frequência por causa da profissão de meu marido. Quando me perguntam o que faço, respondo que sou dona de casa. Imediatamente me dizem que é uma coisa pesada, ou maravilhosa, ou que estou certa por ser assim etc. Mas não acredito nisso. A partir do momento em que digo tal coisa, sou catalogada como uma burguesa ociosa pela maioria dessas pessoas de minha idade, pois elas, sim, trabalham. Agora estou com 40 anos, devo dizer que tudo isso me atormenta bastante..."

A arte de dividir os papéis

As renúncias no seio de um casal são em princípio mútuas, o que desemboca na noção de "zonas de competências" de cada um: os dois cônjuges se reconhecem como capazes de decisão e execução em diferentes domínios. Nos casais que funcionam bem, essas zonas de competências são equitativamente repartidas: um é considerado o melhor conhecedor naquilo que, por exemplo, é bom para a educação das crianças, o outro é craque em finanças, cuidados da casa etc.

"Meu marido e eu", contava uma jovem mulher, "sem precisarmos dizer nada, fomos dividindo as tarefas ao longo dos anos. Como sou mais sociável, sou eu quem ministro os Negócios Estrangeiros: telefono aos amigos e à família, cuido da comunicação com a vizinhança etc. Já meu marido ocupa-se de todos os aspectos administrativos da vida familiar, como finanças, relações com a administração: um verdadeiro ministro da Fazenda. Com as crianças, sou a ministra da Educação enquanto ele aceita o papel nem sempre gratificante de ministro do Interior, fazendo reinar um pouco de disciplina em nossos quatro diabinhos. Cada qual reconhece as competências do outro. E elas são também reconhecidas por nossos próximos..."

Essas relações não dizem respeito somente à vida privada do casal, mas também à imagem que ele passa para os outros: uma esposa pode deixar que o marido falante monopolize a palavra em reuniões sociais; um marido pode aceitar que sua mulher seja considerada uma artista pelo seu círculo, concordando, ao contrário, em passar por uma pessoa de gosto apenas sofrível... Tudo é questão de equilíbrio: um casal não terá condições de manter um relacionamento duradouro se um dos cônjuges ocupar o terreno de todas as competências agradáveis ou socialmente valorizadas. As autoestimas de cada cônjuge devem ser igualmente "alimentadas" pela vida em comum.

A autoestima de papai

Em seu álbum para crianças *Papa n'a pas le temps*, o cartunista Philippe Corentin[13] brinca de maneira bastante engraçada com a divisão falsamente igualitária das tarefas entre alguns casais:

"Na maior parte dos casos, um casal é formado por um papai e por uma mamãe, ou vice-versa."

"Em geral, um papai é mais inteligente. Mas é a mamãe quem educa as crianças, o papai não tem tempo..."

"Quase sempre as tarefas são divididas: o papai se deita primeiro, a mamãe se levanta primeiro. Como não precisa se barbear, a mamãe pode aproveitar todo esse tempo para preparar o café da manhã."

"Embora o papai saiba cozinhar melhor, é a mamãe que faz a comida. Por outro lado, mamãe sabe lavar melhor a louça, portanto é ela mesma quem faz isso."

"O papai compreende melhor as notícias do jornal: é portanto ele quem o lê. Ele não entende nada de crianças: é portanto ela quem cuida disso. Ela não entende nada de futebol: é portanto ele quem se preocupa com isso..."

Orgulho ou ciúme?

Quando um casal vai bem, cada qual se regozija e se valoriza com as vitórias do cônjuge. A autoestima de cada um deles é assim aumentada, de maneira direta para um, de maneira indireta para o outro.

Nos casais que não vivem em sintonia – ou durante períodos de conflito –, haverá ao contrário competição para o exercício das competências: dois cônjuges vão, por exemplo, cortar a palavra um do outro na frente de convidados surpresos. Ou sabotagens: a esposa zangada com o marido fará revelações aos convidados ("vocês sabem, ele gosta de bancar o esperto, mas de fato..."). Da mesma forma, nos casais muito manifestamente desequilibrados, a tentação do cônjuge mais "poderoso" e mais reconhecido socialmente poderá ser a de reduzir sua metade a escrava. Como dizia Jules Renard em seu *Diário*, "na sombra de um homem glorioso existe sempre uma mulher que sofre"...

Grande gênio e pequenas mesquinharias[14]

O grande físico e vencedor do prêmio Nobel Albert Einstein construiu com habilidade ainda em vida sua lenda pública, a ponto de fazer esquecer alguns de seus terríveis traços privados. Tomamos há pouco tempo conhecimento de sua correspondência pessoal, na qual se percebe que o grande homem, que aparentemente dispunha de uma boa autoestima, não se preocupava nem um pouco com a de sua esposa Mileva, a quem escreveu, por exemplo:

"A – Você cuidará para que 1) minha roupa branca e meus lençóis estejam sempre em ordem; 2) me sejam servidas três refeições por dia em meu gabinete; 3) meu quarto e meu gabinete estejam sempre em ordem, e minha mesa de trabalho não seja mexida senão por mim.

B – Você renunciará a qualquer relação pessoal comigo, exceto as exigidas pela aparência social. Em particular, não deverá sugerir que 1) eu me sente em casa a seu lado; 2) que eu saia ou viaje em sua companhia.

C – Você prometerá explicitamente observar os seguintes pontos: 1) não deverá esperar de mim qualquer gesto de afeição e não me censurará por isso; 2) responderá imediatamente quando eu lhe dirigir a palavra; 3) deixará meu quarto e meu gabinete imediatamente e sem protestar quando eu lhe pedir; 4) prometerá não me denegrir aos olhos de meus filhos, nem por palavras, nem por atos."

É verdade que na ocasião Einstein tinha um caso fora do casamento, mas queria evitar o divórcio, considerado escandaloso na época – corria o ano de 1914. Alguns meses mais tarde, sua esposa o abandonava, levando consigo os dois filhos...

O casal e o filho

Todo mundo sabe que os pais adoram receber elogios pelos filhos que têm: isso aumenta a autoestima deles.

Quando se pergunta a adultos[15] "Qual é o elemento mais importante para se dizer que se venceu na vida?", a resposta mais frequente (45% das pessoas) é "ter filhos". Em seguida, "ser bem-sucedido na vida profissional" (25%), "ser bem-sucedido na vida amorosa" (25%) ou "ter ganhado muito dinheiro" (4%). Para quase metade de nossos contemporâneos ter filhos daria um sentimento de plenitude e de autoestima ("vencer na vida").

Mas de que maneira os filhos aumentam nossa autoestima? É apenas a satisfação narcisista de ter criado pequenos seres que se parecem conosco? A pesquisa que acabamos de mostrar apresenta uma explicação possível. Quando se faz a pergunta "O que os pais de hoje esperam de seu filho?", a primeira resposta é "Que o filho consiga uma vida melhor que a dos pais" (53%), na frente de "Que o filho tenha espírito de família" (35%) ou "Que o filho os ame" (32%). Somente 4% das pessoas interrogadas respondem "Que o filho se pareça com os pais"! Ou seja, gostaríamos de ter filhos que vencessem onde fracassamos...

Aliás, o cálculo nem sempre é bom. Alguns sociólogos, constatando que em geral são as famílias pobres que têm mais filhos, arriscaram outrora a hipótese de que a fertilidade melhoraria a autoestima desses pais ("não se tem dinheiro, mas se tem filhos"). Sabemos hoje que essa teoria não tem fundamento: o fato de ter filhos não aumenta forçosamente a autoestima; e, inversamente, nosso nível de autoestima não tem efeito sobre o número de filhos que venhamos a ter.[16] As pessoas com baixa autoestima não são mais prolíficas que as outras.

Além disso, o fato de ter filhos pode representar um entrave, especialmente para as mulheres, em matéria de realização pessoal, em uma época em que o trabalho é um componente importante da autoestima. Uma pesquisa recente[17] mostrou como a mãe de dois filhos ou mais tem cada vez mais dificuldade de encontrar trabalho.

	Em 1994	Em 1997
Mães de dois filhos, com idade entre 25 e 29 anos, que têm trabalho	63,5%	52%
	Em 1990	Em 1997
Mães de dois filhos, com idade entre 30 e 34 anos, que têm trabalho	70,5%	59%

Maternidade e trabalho

Relações sutis de força

Da mesma forma que a infância não é, como por muito tempo se quis acreditar, um período de despreocupação, o matrimônio não é um "lugar" onde o amor reina soberano, mas antes o teatro de múltiplas relações de força. Entre certos casais existe uma forma de competição implícita, com cada um alimentando o desejo de seduzir o outro impressionando-o. Em um romance que descreve um rompimento conjugal,[18] Françoise Chandemagor empresta à sua heroína, Catherine, que procura entender por que o marido a enganou, a seguinte frase: "Para provocar a estima desse rapaz brilhante e frívolo, eu tinha buscado, desde a adolescência, alçar-me à altura de mim mesma: ao me superar, não o superei?"

Exercício para o casal

Faça a si mesmo(a) estas três perguntas (ou melhor, discuta-as com o cônjuge):

1. O que a vida em comum traz para a minha autoestima? De maneira direta: em que o meu cônjuge contribuiu para a realização dos meus objetivos? Ou de maneira indireta: em que me sinto orgulhoso(a) de meu cônjuge?

2. Minha vida em comum repousa sobre bases equilibradas? Ajudei meu cônjuge a alcançar alguns de seus objetivos? Ele está orgulhoso de mim? Meus benefícios e os dele são de amplitude comparável?
3. Existem domínios em que eu tenha a sensação de que estamos competindo? Ou que temos inveja um do outro? Já discutimos suficientemente sobre isso?

* * *

Há casais que impressionam pela necessidade de um ou de os dois membros manter de forma sutil a autoestima do parceiro dentro de limites que não devem ser ultrapassados, e além dos quais sua própria autoestima estaria ameaçada. Eis a esse propósito a história de um casal que recebemos para uma terapia.

Ela é uma diretora financeira reconhecida em seu meio, e ele, um pintor sem sucesso. Quando conversam com os amigos, ela declara que deseja o êxito dele, porque gostaria de parar de trabalhar, ocupar-se dos filhos e "aproveitar a vida". Contudo, ela o bombardeia com mensagens depreciativas, sobretudo em público: "Ainda bem que existe o meu salário. Com o que o meu pobre queridinho traz para casa..." Ela confessa às suas amigas que ele provavelmente não tem o espírito de iniciativa necessário para fazer carreira; mas os seus próximos têm a sensação de que, se ele vencesse, ela ficaria desnorteada, pois haveria uma mudança drástica nas relações de força (e haveria até a possibilidade de ele a deixar). Com efeito, seu marido é muito popular e amado por todos, enquanto ela é menos, já que algumas pessoas não conseguem suportar sua agressividade, sua propensão a olhar os outros do alto e a julgá-los quando eles não lhe pediram nada...

ESTRATÉGIA	EXEMPLO
Comparar desfavoravelmente o cônjuge, se possível com uma pessoa que ele não aprecia	"Você não gosta de sua sogra, mas ela pelo menos se esforça para agradar os convidados..."
Criticar membros da família	"Mas que mão de vaca, você está me lembrando seu pai..."
Criticar aspectos físicos	"Você não engordou um pouco desde o último verão?" ou "Não tinha reparado que você anda meio curvado(a)."
Recordar aventuras passadas e suas queixas a esse respeito	"Olhe só esta foto, estou me lembrando como se fosse hoje. Era o filho de um ministro italiano. Ele estava muito apaixonado por mim e queria se casar comigo. Me escreveu durante tanto tempo, e depois... Gostaria tanto de saber o que aconteceu com ele. Devo justamente ir a Roma a trabalho..."
Fazer o relato de uma boa festa sem ele(a), mas com amigos bastante divertidos	"Foi uma coisa ontem! Faz bem passar uma bela noite com gente simpática. Fazia tempos que não me divertia tanto. Foi uma pena você não ter podido ir. Mas é possível que você não se divertisse..."
Queixar-se culpando	"Quando penso em tudo o que fiz por você..."
Elogiar as qualidades de um(a) rival em potencial	"Viu como ela estava bonita ontem à noite, a vizinha dos Dupont? Sim, foi com ela que eu dancei... Além disso, ela é muito mais inteligente do que querem admitir suas colegas invejosas..." ou "Esse rapaz é muito atraente, a garota que conseguir as atenções vai tirar a sorte grande."

Como diminuir a autoestima do seu cônjuge

Ela mesma, autoestima alta e instável, vem de uma família em que os pais se divorciaram muito cedo. Teve um pai brilhante e infiel, e uma mãe que descrevia em detalhes para os filhos todas as sujeiras e baixezas do marido... Ele, autoestima baixa e instável, teve um pai apagado e uma mãe invasiva e dominadora..

Sua vida em comum funciona da seguinte forma: a ela as competências materiais e intelectuais, que ele reconhece de bom grado (ele admira sua inteligência e sua força de caráter); a ele as competências para os relacionamentos (que ela inveja) e artísticas (que ela admira sinceramente, mas não inveja). O que aconteceria se esse equilíbrio fosse rompido? Isto é, se o marido vencesse materialmente? Ou se, depois de uma terapia bem-sucedida, sua mulher se libertasse do temperamento agressivo e se tornasse mais popular?

O motivo das brigas

Você já se perguntou para que servem as brigas no seio de um casal? A resposta é simples: para colocar, sempre que necessário, a autoestima do cônjuge dentro de proporções mais justas.

A briga faz parte da vida de todo casal. Alguns conflitos podem ser considerados "normais": eles permitem a cada um verbalizar expectativas e insatisfações e de fazer evoluir a situação. Com a solução deles, ninguém se sente humilhado, a autoestima dos membros não foi atacada de maneira direta.

Porém, certos conflitos apontam uma "conjugopatia": são frequentes, não desembocam em uma solução, e sobretudo são o teatro de agressões ferozes à autoestima dos participantes. Os "golpes baixos" desferidos por ocasião de brigas entre cônjuges é prática conhecida dos terapeutas conjugais como fator de maus prognósticos. Esses golpes baixos consistem em censuras ou insultos que não permitem à pessoa evoluir nem fazer esforços de mudanças. É o caso de todos os comentários depreciativos sobre o aspecto físico ("e você ainda se acha bonita?"), sobre a família ("com os pais que você tem, o seu comportamento não me surpreende"), sobre os fracassos passados ("você sempre deu com os burros n'água"). Esses insultos irremediáveis dão golpes muito duros na autoestima da pessoa que os recebe e nunca são esquecidos. Eles revelam um desejo, consciente e inconsciente, de rebaixar a autoestima do cônjuge para ficar por cima dele.

CONFLITOS "NORMAIS"	CONFLITOS PATOLÓGICOS
Objetivo: fazer evoluir o comportamento do parceiro	Objetivo: rebaixar a autoestima do parceiro
As emoções são expressas de maneira direta na primeira pessoa ("eu estou com raiva")	A responsabilidade das emoções é atribuída ao cônjuge ("você está me fazendo mal")
Voltados para a busca de soluções ("o que será que a gente pode fazer?")	Voltados para a busca de responsabilidades ("de quem é a culpa?")
As críticas se concentram nos comportamentos ("isso que você está fazendo pode me trazer problemas")	As críticas se concentram nas pessoas ("você realmente é um zero à esquerda")
O conflito tem um fim (nada de aborrecimentos, nada de vingança)	O conflito é realimentado e renasce sem parar de suas cinzas ("no entanto no outro dia você ainda dizia que...")
O conflito permite reequilibrar as relações de força entre os cônjuges (com o fim do conflito, os ganhos e as perdas são compartilhados)	O conflito desequilibra as relações de força entre os cônjuges: ele confirma o domínio de um ou inverte esse domínio (mas há sempre alguém ganhando em domínio no fim)

Conflitos conjugais "normais" e conflitos patológicos

As alegrias do lar

Os conflitos conjugais foram sempre fonte de inspiração para romancistas e cineastas. O filme de Danny De Vito, *A guerra dos Roses* (1989), encena uma interminável disputa entre Kathleen Tumer e Michael Douglas. Mas a disputa conjugal mais espetacular continua sendo a que constitui o núcleo da peça de Edward Albee, *Quem tem medo de Virginia Woolf?*:[19]

MARTHA: George! (*Ele ergue os olhos.*) Você me dá vontade de vomitar.
GEORGE: Como?
MARTHA: Você me dá vontade de vomitar.
GEORGE: Não é muito gentil me dizer uma coisa como essa.

Martha: Você sabe.
Martha: Hein? Não é o *quê*?
George: Não é muito gentil.
Martha: Adoro quando você fica furioso... É exatamente assim que eu prefiro você... Furioso... Mas mesmo assim não passa de um covarde, George... Você não tem mesmo nada...
George (*interrompendo-a*): Na barriga? É isso?
Martha: Seu frouxo...

Cuidado com o meu amor!

O ciúme é quase sempre um sinal de vulnerabilidade. As dúvidas sobre o outro refletem dúvidas sobre si mesmo: "Não sou capaz de prendê-lo(a) nem de viver sem ele(a). Preciso, portanto, vigiá-lo(a) sem parar."

O ciúme pode estar relacionado à baixa autoestima, como a de Amélia, 28 anos, sem profissão: "Nunca fui amada por meu pai. Ele sempre gostou mais de minha irmã, que se parece bem mais com ele. Quanto a mim, era a filhinha de minha mãe, e ele estava sempre em conflito com ela. Nunca me senti bem comigo, não me acho muito bonita nem muito culta. Mas percebi muito cedo que agradava aos rapazes. Aproveitei para flertar bastante, não encontrei muitas dificuldades, eram ligações que não duravam muito. Eu notava que era ciumenta e que podia me vingar seduzindo outro rapaz ou deixando aquele que não me dera a impressão de me amar. Depois de casada, as coisas passaram a não ir muito bem quanto a esse aspecto. Meu ciúme se tornou devorador: basta uma mulher olhar para o meu marido que eu fico louca. Já fiz vários escândalos e cenas terríveis em público. No começo, isso o divertia, procurava me tranquilizar sendo atencioso comigo. Mas hoje ele não aguenta mais, fica triste, e eu também. Estou destruindo nosso casamento. É como se eu impedisse a mim mesma de alcançar a felicidade. Eu me detesto por ser assim."

O ciúme de Amélia é o de uma pessoa que duvida de si mesma e que pensa que suas qualidades são insuficientes para conservar o marido junto a si. Ela se sente inteiramente incapaz de reconquistá-lo sempre que percebe que uma mulher o agradou; para ela, isso parece uma prova definitiva de desamor.

Às vezes, o ciúme ocorre também a pessoas com alta autoestima, como Franck, 45 anos, empresário, que sua mulher descreve da seguinte forma: "Ele não tolera que outros homens esbocem o menor gesto em minha intenção: um olhar, um sorriso, um cumprimento são o bastante para deixá-lo zangado. Ele exerce sobre mim uma vigilância inquieta e incessante. No começo dizia que era porque me amava muito. Mas hoje estou convencida de que se trata exatamente do contrário: é como se ele me considerasse uma propriedade sua, como um animal doméstico. Na verdade, ele quer que eu viva só através dele."

O ciúme de Franck está ligado a uma necessidade de controlar o seu ambiente. Aquilo que provavelmente lhe foi útil para que vencesse nos negócios presta-lhe um mau serviço, neste caso, para ser bem-sucedido na vida conjugal. Sua mulher diz ainda que são os homens dotados das qualidades que ele acredita, com ou sem razão, não possuir que o deixam com ciúmes. Por exemplo, homens mais jovens ou mais "intelectuais": Franck é um homem que se fez por si mesmo, inteligente, mas complexado por não ter curso superior.

Dissabores de amor

O luto sentimental afeta profundamente a autoestima, e os dissabores de amor são uma espécie de minidepressão experimental: o sujeito se desvaloriza ("eu não tenho valor"), não vê futuro para si ("nada de bom poderá me acontecer") e já não aprecia os seus polos habituais de interesse ("não tenho vontade de fazer mais nada"). Sabe-se, por exemplo, que, sem precisar ir à depressão, as pessoas que sofrem de dissabores de amor (*lovesick patients*) têm níveis de autoestima baixos.[20]

"Lembro-me de uma garota muito bonita com quem eu tinha flertado uma noite", conta um estudante de direito. "No outro dia ela telefonou para me dizer que não queria que voltássemos a nos encontrar. Para mim, foi um choque. Eu estava tão feliz por ter podido seduzi-la, era como se alguma coisa tivesse dado errado, como se me houvessem pedido de volta um prêmio ou um diploma recebido 24 horas antes, dizendo-me: não, houve um pequeno erro, não era você, você não o merece. Não cheguei a ficar com raiva dela, mas me senti humilhado e miserável. Envergonhado. Durante vários dias, questionei-me dizendo a mim mesmo que no fundo eu não tinha mesmo muitos atrativos como pessoa. Passei em revista todos os meus problemas anteriores, todos os meus defeitos, o lado negativo de minha vida e os traços de minha maneira de ser que poderiam não haver agradado a ela. Era bastante penoso. Compreendi o que devem sentir as pessoas deprimidas. Mas com o tempo isso foi muito saudável para mim."

Como os indivíduos reagem aos rompimentos em função de sua autoestima? Françoise Chandemagor vai novamente nos dar uma luz. Em seu livro *La Première épouse,* ela descreve as angústias e a reconstrução de uma heroína que finalmente resiste ao choque do divórcio. A personagem utiliza várias estratégias, destinadas a proteger sua autoestima:

- "Eu não fui enganada por meu marido, eu me enganei a respeito dele..." A heroína prefere aqui assumir uma má escolha do que admitir que não agradou ao marido, ou pelo menos não por muito tempo. Já era um casal condenado desde o começo. Portanto, o questionamento pessoal é menor.
- "Vejo-me em cenas em que recebo minha rival em minha casa, demonstrando caridade cristã e espírito de reconciliação... Não a esmago com o meu desprezo, mas sim com toda a generosidade de que sou capaz. Mas o que importa é isto, esmagá-la..." A heroína faz um cálculo inteligente: a proteção em longo prazo de sua autoestima, por uma atitude "generosa", vale mais que o prazer em curto prazo de uma vingança.
- "Por mais profundamente que tenha amado meu marido, não o amei tanto nem por tanto tempo quanto amei minha terra: compreendo que ele se sinta passado para trás. Desde o primeiro

momento e a cada instante eu o enganei com a recordação dos rios e da sombra das nogueiras." A heroína abandonada cede aqui à tentação de recriar seu passado, de conceder novamente a si mesma um papel ativo (e justamente onde, de fato, ela sofreu) e de voltar a investir em outros polos de interesse.

AMIGOS PARA TODA HORA

Pode-se viver sem amigos? Sim, porém mal. As relações de amizade desempenham importante papel em nossa autoestima: elas a alimentam e estabilizam.

Como fazer amigos?

Sociólogos já quiseram estudar se a maneira como nos apresentamos diante de nossos interlocutores influencia o juízo deles sobre nós.[21] Em vista disso, separaram em três categorias os modos de falar de si: muito valorizador ("eu sou uma pessoa ótima, com muitas qualidades"), desvalorizadora ("eu não valho grande coisa, tenho muitos defeitos") ou intermediário ("eu tenho defeitos e qualidades"). Muito bem, a gente certamente parece mais simpática se apresentando positivamente do que se desvalorizando, mas a apresentação de si mais apreciada é aquela que possui elementos positivos e ponderações pela confissão de alguns defeitos: autovalorizar-se parece às vezes beirar à desonestidade, e autodepreciar-se em demasia parece indicar uma falha no conhecimento que temos de nós mesmos.

Em um livro antigo, mas que continua sendo um sucesso de vendas, o americano Dale Carnegie dava conselhos sobre esse assunto, fazer amigos.[22] Suas "Seis maneiras de ganhar a simpatia dos outros" não eram mais do que seis maneiras de aumentar a autoestima dos interlocutores: escutar os outros, falar daquilo de que eles gostam, fazê-los se sentirem importantes etc. Ainda que datando da década de 1930, as receitas continuam válidas. Quase sempre agradamos, porque fazemos bem à autoestima dos outros.

Amigos à minha imagem

Em seus *Ensaios,* Montaigne celebra a amizade nestes termos que ficaram famosos: "E no nosso primeiro encontro, que se deu por acaso durante uma grande festa de aldeia, nos vimos tão envolvidos, tão próximos, tão comprometidos entre nós, que desde então nada esteve mais próximo do que um do outro."

Quanto mais nos sentimos próximos de alguém, mais nos parecemos com ele, e mais fácil será nos tornarmos – e permanecermos – amigos. E esse fenômeno se mostra ainda mais nítido quando duvidamos de nós mesmos: há então ainda mais chances de que uma pessoa cujas opiniões se pareçam com as nossas se torne mais facilmente nossa amiga.[23]

Amizade e promiscuidade

Treze voluntários devem passar dez dias em um abrigo antiatômico exíguo, com restrições alimentares, provavelmente para que fiquem de mau humor... Antes cada um deles responde a um questionário de opinião sobre assuntos muito variados. Durante essa temporada no abrigo, e ao fim dela, devem responder a questionários sobre o grau de simpatia e antipatia em relação aos outros membros do grupo. Constata-se que, quanto mais suas respostas ao questionário de opinião se parecem, mais os sujeitos se apreciam mutuamente.[24]

Moral: se você tiver que enfrentar circunstâncias difíceis (um cruzeiro em alto-mar ou uma corrida no deserto), verifique antes se seus futuros companheiros têm a mesma visão da existência que você!

* * *

A maior parte das pessoas tem a tendência de escolher os amigos entre pessoas que não apresentam diferenças muito acentuadas em relação a elas, pelo menos nos grandes domínios constitutivos da autoestima: beleza física, posição social etc. Quanto mais as diferenças são importantes no começo (por exemplo, se se pertence a grupos sociais distintos), mais é preciso que os pontos comuns sejam nítidos e, aliás, numerosos para que o laço de amizade se instale.[25]

Tais fenômenos são mais evidentes e sensíveis entre os adolescentes, que gostam de se juntar em turmas com características muito próximas. Para escapar às comparações sociais desfavoráveis, eles costumam escolher amigos com desempenhos sociais parecidos com os deles. Acontece o mesmo nos grupos de pessoas socialmente marginalizadas: indivíduos com baixa autoestima podem se reunir, sentir-se bem entre eles e aumentar a autoestima, mesmo se rejeitados pela sociedade.[26] A autoestima dos membros de guetos de toda espécie não é forçosamente mais baixa que a das pessoas de fora. Os indivíduos que deles fazem parte não se comparam com as pessoas de fora, mas entre si, no interior do grupo.

É na hora do aperto que se conhecem os amigos

Quando recorremos aos amigos? E com que objetivo? Se temos autoestima alta, a solicitação geralmente ocorre depois de um sucesso. Buscam-se então encorajamentos. "Olhe só, me dei bem!", parece que dizemos. É claro que com o tempo isso pode se tornar irritante...

Se a autoestima é baixa, entretanto, a tendência é ir ao encontro dos outros depois de ter fracassado: o amigo deve estar lá para ouvir as queixas.[27] Comportando-se assim, corre-se o risco de forjar para si mesmo uma imagem de "perdedor" ou de vítima. O reconforto obtido será, aliás, cada vez menos convincente, pois os amigos acabarão se cansando do papel de psicoterapeutas que não pediram. Quem age assim costuma perder mais amigos do que os outros.[28]

A VIDA NO TRABALHO

Há numerosos casos de pessoas com baixa autoestima que se revelaram por suas qualidades profissionais. E ainda que em nossos dias certos aspectos dessa afirmação encontrem bastante resistência, o desenvolvimento no trabalho continua sendo uma realidade para muitos a quem ele proporciona um sentimento de eficácia pessoal, permitindo, ao mesmo tempo, algo bastante esquecido: que se conheçam melhor. "Gosto do que existe no trabalho como possibilidade de autoconhecimento", escreve Joseph Conrad.[29] "Entendemos nossa realidade, o que somos diante de nós mesmos, e não apenas a fachada." Os caminhos para se chegar a isso são múltiplos; passam pela posição social (que os desempregados perdem), pela integração dentro de um grupo (os outros nos apreciam e nos admitem junto a eles), pela expectativa de objetivos (nós nos sentimos eficazes), pelos ganhos financeiros (com isso poderemos comprar "muletas" para a nossa autoestima) etc.

Ligações perigosas

No entanto, a atividade profissional e a autoestima também podem guardar entre si relações problemáticas.

➤ Os "ganchos" do trabalho

Jacques é um empresário de 58 anos. Ele consagrou toda a sua vida ao trabalho. Casou-se cedo e divorciou-se após 15 anos de vida em comum: sua esposa, depois de havê-lo ajudado a progredir em sua vida profissional, não aguentou mais as noites em claro, os fins de semana sem sair de casa e as férias eternamente adiadas. Quando pediu a Jacques que desacelerasse um pouco suas atividades e delegasse responsabilidades, ele a levou a mal, como se ela lhe traísse a confiança e estivesse pedindo algo impossível. À medida que o conflito se ampliava, ele teve o sentimento de que só era feliz no trabalho. E, infelizmente, era essa a realidade. Começou a voltar cada vez mais tarde para casa e, às vezes, até dormia no escritório: amava a ambiência das primeiras horas da manhã em sua empresa, gostava de tomar o café da manhã com seus primeiros operários e via com prazer a admiração que causava em seus jovens colaboradores por estar tão cedo no trabalho. Hoje nenhum obstáculo familiar impede mais Jacques de entregar-se ao seu maior orgulho: sua empresa...

Já Marie-France é assistente de direção. Ela tem 44 anos e é solteira. Seu chefe é exigente, mas deposita nela confiança absoluta. Nunca se recusa a ficar mais um pouco no escritório se for preciso, e "nunca decepcionou ninguém na empresa", como diz a si mesma, acrescentando que isso é motivo de orgulho próprio. Ela não conhece outra paixão além do trabalho. Há pouco tempo ficou doente e teve de ser hospitalizada: seus colegas deram-lhe apoio e a visitaram. Mas, ao se ver obrigada a ficar parada, percebeu que era uma mulher sozinha e vulnerável. Apresentou um quadro depressivo que surpreendeu a todos. Vindo nos consultar por causa disso, confessou, chorando: "Eu sou feliz em meu trabalho, mas infeliz pelo resto do tempo."

Quando a autoestima profissional começa a ocupar um lugar importante na autoestima global, a ponto de representar sua principal fonte, corre-se o risco de ficar completamente dependente do exercício da profissão, de não viver mais senão pelo prisma do local de trabalho. Esse compromisso profissional excessivo apresenta grandes perigos para o equilíbrio psicológico de qualquer indivíduo.

➤ O custo da excelência

Já se favoreceu demais a ideia, dentro das empresas, de que a autoestima profissional deveria estar relacionada com a quantidade ou a qualidade do trabalho oferecido. Tal confusão entre valor e desempenho ("eu sou alguém de valor, pois tive êxito"), muito em voga entre 1980-1990, acabou felizmente por ser questionada:[30] na realidade, ela encoraja o desenvolvimento de uma autoestima muito instável, vulnerável aos fracassos, entre pessoas obcecadas por competição e que desmoronam no caso de um afastamento temporário.

Chefia sádica e fadiga moral

A importância crescente do trabalho na posição social e sua relativa rarefação, acrescida ao fato de que os assalariados já não suportam hoje – e com razão – o que aguentavam no passado, estão na origem do interesse que se tem atualmente por um fenômeno que os anglo-saxões chamam de *mobbing* e que, na França, é designado pela expressão "fadiga moral".[31]

As diferentes agressões possíveis no ambiente profissional têm por principal efeito a alteração profunda e duradoura da autoestima da vítima. Elas têm, de acordo com o caso, diversos objetivos, o mais frequente é a submissão ou a saída do agredido. As estratégias são em geral indiretas e destrutivas para a autoestima. De maneira global, trata-se de atingir a pessoa, e não apenas sua função, e de fazê-la duvidar profundamente de si mesma.

O "isolamento" de um assalariado é, sem dúvida, o exemplo mais característico dessas estratégias. Ele consiste em isolar a pessoa do resto da empresa não lhe confiando mais nenhum trabalho verdadeiro, privando-a de informações, não a convocando mais para as reuniões etc. Sem necessitar das agressões frontais, esse método acaba causando uma espécie de depressão experimental: pouco a pouco, o sujeito começa a duvidar de si mesmo, a sentir-se culpado, a desvalorizar-se.

Na famosa história em quadrinhos *Dilbert*, Scott Adams nos dá um dos depoimentos mais ferozes e mais engraçados que existem sobre esse "gerenciamento sádico". Seu herói discute com um colega:

– Meus parabéns, Ratbert. Soube que é você quem vai assumir aquele posto interino.

– E onde fica minha nova sala?

– Naquela caixa de sapato no hall de entrada. Nenhum funcionário vai olhá-lo nos olhos nem pronunciar o seu nome. Hierarquicamente, você se situa, por assim dizer, entre o pessoal da limpeza e a escória que trabalha atrás do frigorífico...[32]

Desenvolver a autoestima dos funcionários, no entanto, deveria ser o objetivo de toda pessoa encarregada de liderar uma equipe. As consequências sobre o bem-estar e o desempenho deles são evidentes. É o que nos explica este diretor de unidade de produção em uma fábrica:

"Meu primeiro cuidado é que as pessoas que trabalham comigo se sintam bem. Isto é, estejam contentes com suas condições de trabalho e se sintam competentes. Tenho horror a contribuir com o fracasso dos outros ou de vê-los se rebaixando, mesmo diante de clientes ou por supostas boas razões. Nunca se tem o direito de rebaixar ninguém. Se raciocino assim, é sem dúvida porque eu sou um antigo mau aluno! Valorizo meus colaboradores, perdoo-lhes todos os seus erros desde que aprendam com estes: depois que houve um problema, sempre lhes pergunto o que aprenderam com ele. Dou a meus funcionários todas as condições para que desenvolvam seus potenciais: quem pode o máximo pode também o mínimo.

ATITUDES GERENCIAIS	CONSEQUÊNCIAS SOBRE A AUTOESTIMA DOS FUNCIONÁRIOS
Ser imprevisível (humor, critérios de julgamento das tarefas...)	Incompatível com uma boa autoestima
Criticar sempre a pessoa, e não o seu comportamento	Levá-los a se considerarem incompetentes e a perceberem seus fracassos como faltas
Em caso de erro, não hesitar em ficar irritado	Levá-los a considerar os fracassos como catástrofes
Em caso de sucesso, não dar muita importância a isso	Fazê-los duvidar da utilidade dos seus esforços
De tempos em tempos, mostrar-se sob uma boa luz (gentil, encorajador, pródigo em distribuir favores...)	Provoca a dúvida (e se o meu julgamento negativo sobre ele era falso?)
Provocar confusão colocando o lado afetivo no gerenciamento ("estou muito, muito decepcionado com os seus resultados...")	Culpabilizá-los (a culpa é minha)
Pressionar os colaboradores ("confio em vocês...") sem lhes dar o meio de corresponder à exigência	Angustiá-los (eu não estou à altura)
Deixar sempre no ar ameaças quanto à permanência (no cargo, no serviço, na empresa...)	Torná-los inseguros (estou ao sabor das circunstâncias)
Cuidar para que de tempos em tempos o trabalho de um funcionário redunde em fracasso	Manter a autoestima dentro de limites aceitáveis e tirar da cabeça dele qualquer ideia de promoção

Como sabotar a autoestima dos funcionários

Às vezes, alguns entre eles se tornam tão competentes que me deixam para trabalhar em um outro serviço ou em uma outra empresa. É normal. O inverso me deixaria preocupado. Não quero que ninguém faça parte de minha equipe somente porque não conseguiu arranjar coisa melhor em outros lugares. Quero que fiquem comigo por verdadeira opção. Aliás, em longo prazo toda essa movimentação é positiva. Todos os que passaram por minha empresa falam bem dela lá fora.

Somos uma unidade muito procurada pelos recém-desempregados. Não chego a compreender alguns de meus colegas obcecados pelo lucro ou pelo poder, que passam o tempo atemorizando e tirando o couro de seus funcionários. Não é correto tornar-se empresário para liberar seus recalques."

Como desenvolver a autoestima de seus funcionários

- Favorecer o espírito de equipe, em especial por meio de encontros informais, uma solidariedade incondicional em caso de problemas etc.
- Aumentar as competências individuais, facilitando a formação e a especialização.
- Dar regularmente, por meio de observações positivas ou de críticas, uma informação sobre os desempenhos.
- Instaurar uma tolerância ao erro: "É normal fracassar às vezes; o que aprendemos com isso?"
- Encorajar a iniciativa: não são apenas os resultados que contam!
- Não criticar as pessoas, mas os comportamentos.
- Aplicar a si mesmo as regras que são impostas aos outros.

Desemprego e autoestima

O desemprego representa uma série de perdas – de posição social, de rendas, de contatos sociais – cujo impacto sobre o equilíbrio da pessoa é sempre nítido. Muitos de nossos pacientes desempregados experimentam um profundo sentimento de desvalorização; alguns não ousam falar em seu círculo que estão desempregados; outros recusam-se a sair de casa nas horas convencionais de trabalho com medo de serem vistos como pessoas que "não querem nada com o batente". "Fiquei desempregado durante um ano e meio", disse um deles. "Foi o mais penoso período de minha vida. No início, estar desempregado me enchia de culpa, como se coubesse a mim a responsabilidade por esse estado. Eu me desvalorizava muito: tinha a sensação de que não ter trabalho provava que eu era menos esperto que os outros, que se desempenharam melhor do que eu, já que tinham conseguido conservar seus empregos. E depois sentia vergonha, não ficava à vontade na presença de ninguém, tinha medo do que podiam pensar de mim: os vizinhos, os amigos, os comerciantes. Chegava a perguntar a mim mesmo o que minha mulher e meus filhos pensavam *realmente* de mim."

"Por tornar o futuro algo incerto", escreve o sociólogo Pierre Bourdieu a propósito do desemprego, "ele obriga a fazer uma espécie de inventário dos recursos utilizáveis, e torna patentes, entre alguns, privações até então recalcadas ou travestidas."[33] O desemprego agiria como um revelador das vulnerabilidades da pessoa a quem ele atinge. Os diferentes estudos consagrados a esse fenômeno remetem, aliás, àqueles que fracassaram na escola: o nível de autoestima preexistente prediz a qualidade das estratégias adaptativas, logo a manutenção ou o desmoronamento da autoestima. As alterações desta em caso de desemprego variam, portanto, de acordo com os perfis de personalidade.

Outros elementos entram em jogo, como a duração e a frequência dessa experiência dolorosa. Um estudo de 1994 com 119 mulheres desempregadas mostrou que a autoestima era mais baixa entre aquelas há menos de seis meses sem trabalho:[34] a ferida narcísica ligada à perda do emprego está então em seu máximo. Já as mulheres desempregadas entre seis e 12 meses apresentavam as pontuações de autoestima mais elevadas, sem dúvida por causa de uma mobilização ativa da pessoa e do seu círculo em reação à dificuldade. Enfim, a autoestima das mulheres desempregadas há mais de 12 meses voltava a baixar, mas sem atingir as baixas pontuações do período inicial, ressaltando assim uma organização psicológica mais estável em relação ao desemprego: estágios de reconversão, investimento em outras atividades paralelamente à procura de um emprego etc. O mesmo estudo revelou igualmente que a repetição das experiências de desemprego alterava de modo bastante significativo a autoestima.

Infelizmente, essas feridas da autoestima só fazem agravar o problema. Quanto menos nos estimamos, menos somos capazes de investir energia na procura de um novo trabalho, menos nos apresentamos positivamente diante de um eventual empregador. A marginalização dos desempregados de longa duração não é apenas consequência da inadequação entre suas competências e as necessidades do mundo do trabalho; ela se deve também ao fato de que os desempregados se tornam cada vez menos aptos não somente a *exercer* um trabalho, como também a *procurá-lo*. O papel dos profissionais e das agências que ajudam na procura de emprego deve, portanto, consistir, entre outros, em ajudar o desempregado a proteger ou a reconstruir sua autoestima.

A desvalorização sentida pelo desempregado não se apaga no dia em que ele encontra trabalho. Como terapeutas, encontramos pacientes que apresentavam verdadeiras "cicatrizes" psicológicas advindas do desemprego. Invisíveis para as pessoas de fora, elas estavam presentes em suas consciências na forma de uma obsessão: sobretudo não reviver a mesma situação. Ouçamos Éric, 34 anos, depois de duas experiências de desemprego, ambas com duração de um ano: "Eu me sinto um pouco como esses velhos combatentes que sofreram muito por tudo que vivenciaram, mas que não podem falar sobre isso à sua volta. No ramo em que estou trabalhando hoje – as telecomunicações –, a maioria dos meus colegas não vivenciou o desemprego, são todos jovens formados em boas escolas de engenharia e se sentem protegidos. Quanto a mim, venho do ramo bancário, que nos últimos anos demitiu muito. Sinto-me menos forte do que eles, mais vulnerável. Não apenas por essa história de diploma, mas também por minha cabeça: tenho medo de assumir riscos, de fazer besteira, de desagradar. E tenho medo de que percebam isso, que me achem uma pessoa frágil. O espírito da casa é muito 'gente nova e dinâmica que olha para a frente'. Eu não me vejo capaz de me tornar um dia assim. Aqui há pouca distância hierárquica; mas, quando meus superiores me pedem que os trate pelo primeiro nome, eu me lembro daqueles que me deram um chute no traseiro há mais ou menos dois anos e arrebentaram comigo. Tudo também parecia ir muito bem com eles. Até o dia em que decidiram que eu não era mais indispensável..."

Assim como a guerra deixou sua marca na geração de nossos pais, a marca do desemprego poderia muito bem modelar o inconsciente coletivo de nossa geração. Muitos dos *baby-boomers* que ouviram seus pais lhes dizerem cheios de ansiedade "Tome sua sopa e fique calado, pois, se um dia houver guerra, você certamente vai sentir falta dela", dirão um dia aos próprios filhos: "Trabalhe e fique calado, pois, se um dia houver desemprego..."

OS HOMENS DE PODER

"Acredito em Deus e em mim", dizia em 1837 o jovem Luís-Napoleão Bonaparte, futuro Napoleão III. No entanto suas qualidades como homem político não constituíam unanimidade entre seus contemporâneos, à imagem de Thiers que, em 1848, dizia do primeiro: "Esse peru que acredita ser uma águia." Isso não impediu que o peru desse um golpe na república e se tornasse o último imperador dos franceses em 1852. A autoestima de Napoleão III era elevada, como deve ocorrer com todos os homens que têm o poder em suas mãos.

Quatro chaves para conquistar o poder

Quatro pontos, todos ligados à autoestima, caracterizam os homens de poder:

- *Eles acreditam em seu destino*. Isso significa que acreditam ter um destino. De fato, é impossível tornar-se um homem ou uma mulher de poder se não se está convencido(a) de ter sido convocado(a) para grandes realizações.
- *Eles veem grande*. Enquanto pessoas com baixa autoestima têm não raro a tendência de se satisfazerem com êxitos em meios

próximos ou limitados, aquelas com alta autoestima, depois de uma etapa vencida, já pensam na seguinte.
- *Eles passam sistematicamente à ação.* Todos somos capazes de imaginar que vamos vencer em algum setor, mas agir para tornar essa vitória uma realidade é próprio daqueles que possuem boa autoestima.
- *Eles aceitam o fracasso.* A maioria dos grandes homens políticos sabe se recuperar em caso de fracasso. Sem essa qualidade, ligada à autoestima, nada de vitória. François Mitterrand, derrotado nas eleições em 1965 e em 1974, e Jacques Chirac, nas de 1981 e de 1988, são bons exemplos disso.

Exercer o poder: o grande mal-entendido

➤ Poder e afeição

"Um chefe é um homem que precisa dos outros", escreveu Paul Valéry.[35] Querer exercer o poder é não raro desejar ser amado. Com raras exceções, os homens políticos buscam o poder e a popularidade. Pois ser amado, apreciado, estimado representa o melhor alimento para a autoestima, mesmo quando nos achamos por cima. Os próprios tiranos, e mais que os outros aliás, gostam de ver desfilar um povo celebrando suas louvações. Infelizmente para eles, mesmo na democracia, o exercício do poder raramente se firma por um retorno de afeição. Ao contrário, precisam enfrentar agressões de todo tipo por parte da oposição, dos meios de comunicação, dos eleitores, dos rivais no seio de seu próprio movimento.

Autoestima, uma cartada política?

Políticos de certos estados americanos, como a Califórnia, começaram a se interessar pela autoestima, objeto que sempre se pensou dizer respeito senão a psicólogos. Uma "força-tarefa" do Departamento

Estadual de Educação da Califórnia, em um relatório sobre o tema, observou, por exemplo, que "A falta de autoestima, individual e coletiva, está implicada na maioria dos males que afligem nosso Estado e nossa nação".[36] Um dos deputados da Califórnia, preocupado tanto com os aspectos financeiros quanto com os psicológicos do problema, chegou a divulgar uma análise extrema: "As pessoas que têm autoestima produzem renda e pagam seus impostos. As que não a têm consomem subvenções."[37]

Deixar o poder

Antes de se tornar um império, Roma não passava na Antiguidade de uma pequena república, frequentemente ameaçada pelos vizinhos. Quando as circunstâncias o exigiam, geralmente em tempos de guerra, os romanos escolhiam entre si um ditador e lhe concediam plenos poderes. Voltando à paz, este devia supostamente renunciar às suas prerrogativas e deixar a república retomar seus direitos. Podemos imaginar como era grande a tentação de não cumprir tal acordo. Foi assim que Júlio César fundou o império romano: nomeado ditador por um ano, deixou-se ficar no poder durante dez. Mas uma figura continuava cara ao coração dos romanos da Antiguidade, a de Cincinato: este agricultor foi arrancado de sua charrua pelos concidadãos para liderar a guerra contra os ecos, uma população a leste de Roma. Alcançada a vitória, Cincinato recusou-se a permanecer no poder e voltou para o campo. Outra figura famosa que renunciou ao poder, vinte séculos mais tarde, foi o imperador da Áustria e rei da Espanha Carlos V. Com 57 anos, no auge do poder, tomou a decisão de retirar-se para o mosteiro espanhol de Yuste para ali consagrar à prece o resto de sua existência.

Sem dúvida, o poder é uma droga perigosa para a autoestima. Talvez leve mesmo os homens políticos a pensar que são insubstituíveis. É o que provavelmente explica este estranho ritual, que atinge candidatos de todos os níveis: falar do mandato de seus antecessores antes das eleições, não trazer mais à lembrança a questão depois de eleitos, depois apresentar-se mais uma vez às eleições...

Essa visão muito elevada de si mesmo, que torna tão difícil o abandono do poder, pode ser notada, aliás, em "pequenas frases" de personagens célebres no momento da morte.[38] O imperador Nero, por exemplo, condenado à morte pelo senado romano por causa de suas exações, não parava de repetir enquanto preparava o seu suicídio: *"Qualis artifex pereo"* ("Que artista morre comigo..."). Mais orgulhoso, Danton disse ao carrasco que ia guilhotiná-lo: "Não se esqueça sobretudo de mostrar minha cabeça ao povo; não é todo dia que ele pode ver algo assim."

Um paradoxo da autoestima

Em *La Soirée avec M. Edmond Teste*, Paul Valéry faz seu narrador dizer: "Pensei então que as cabeças mais fortes, os inventores mais sagazes, os que conhecem de forma mais exata o pensamento deviam ser desconhecidos, avaros, homens que morrem sem confessar. A existência deles me era menos revelada pela própria existência dos indivíduos que fazem barulho, um pouco menos *sólidos*."

Muitos escritores desenvolveram esse ponto de vista segundo o qual corremos atrás do êxito, do poder, do reconhecimento porque duvidamos de nós mesmos. Toda pessoa com autoestima verdadeiramente forte não deveria buscar o poder e a glória, mas preferir a eles a felicidade... Pelo menos é o que pensava, quatro séculos antes de nossa era, o escritor grego Xenofonte, que colocou na boca do seu herói Ciro estas palavras: "Mas se, porque realizei grandes coisas, já não posso me ocupar comigo mesmo nem distrair-me com um amigo, essa é uma felicidade a que digo adeus de bom grado."[39]

Para o melhor e para o pior, a autoestima está assim implicada em numerosas dimensões de nossa vida. Ela não pode explicar tudo, mas esclarece muitas de nossas motivações. E também certas derrapagens, como veremos a seguir.

7
Autoestima ou autoimagem?
Você é prisioneiro(a) das aparências?

*"Ah, como estou contente por me ver
tão bela neste espelho..."*

Fausto, "Ária das joias", Charles Gounod

"Há manhãs em que não consigo sequer me olhar no espelho", conta uma paciente de 29 anos. "Nesses dias nenhuma roupa me cai bem. Sinto-me sem graça e miserável até o ponto mais profundo em mim. Nada de bom pode me acontecer em um dia assim: mesmo que um príncipe encantado se jogasse aos meus pés, sinto-me de tal modo feia e inútil que eu o mandaria passear..."

A aparência – neste caso, física – influencia muito a autoestima. Ela faz com que nos sintamos valorizados ou desvalorizados. Por quê? E os homens, reagem da mesma forma que as mulheres?

POR QUE AS GAROTAS DUVIDAM DE SI MESMAS

Flore e seu primo Louis estão sentados diante do computador da casa. O pai de Flore entrega a eles um novo jogo em CD-ROM e pergunta: "Quem quer começar?" Os olhos de Flore brilham, mas ela fica em silêncio e cutuca o primo. Este se propõe, sem hesitação, a ser o primeiro. Já na primeira tentativa Louis leva uma surra do computador. É agora a vez da prima... mas Flore mostra-se reticente, não quer jogar. "Eu tinha medo de não conseguir", confessara mais tarde a seu pai. "Queria que o senhor me ensinasse primeiro." No entanto, ela é mais madura que o primo e teria conseguido jogar como ele, e talvez até melhor...

Flore não tinha autoconfiança; Louis estava mais seguro quanto a si mesmo – dois comportamentos "normais", se aceitarmos as conclusões dos estudiosos, que, com notável constância, demonstram que, desde a infância, as pontuações médias de autoestima são mais elevadas entre os meninos, que têm a tendência de superestimar suas capacidades, de superavaliar suas competências, do que entre as meninas.[1] É provável que se possa explicar isso pelo fato de os meninos estarem mais habituados a assumir riscos físicos (comportamentos temerários) e sociais (gosto pelo enfrentamento e pela competição) do que as meninas, as quais, por sua vez, revelam-se mais preocupadas com as trocas, o respeito e a difusão das regras sociais.[2] Contudo, ainda ignoramos se as meninas duvidam de si mesmas porque são mais conformistas que os meninos ou se, ao contrário, são mais propensas a respeitar as regras porque têm autoestima mais baixa. Seja como for, um ponto é certo: tais diferenças não se explicam pelas qualidades intrínsecas de umas e de outros. As meninas não são nem menos inteligentes nem menos atraentes fisicamente que os meninos.

Em compensação, é provável que o ambiente social exerça alguma influência. Os pais têm, com efeito, a tendência de encorajar mais os filhos homens a defender seus interesses e a afirmar sua personalidade do que o fazem no caso das filhas: eles entendem a timidez mais nestas do que naqueles.[3] Ao contrário, eles encorajam as filhas a serem dóceis, obedientes e vaidosas – em suma, comportamentos pouco propícios ao desenvolvimento de uma autoestima forte e estável.

A autoestima das meninas seria então o reflexo do funcionamento social de um determinado período? Os comportamentos de que acabamos de falar dizem efetivamente respeito a estudos feitos da década de 1950 até os nossos dias. Nos próximos anos, é possível que os resultados dos trabalhos sobre autoestima esbocem uma evolução. De fato, nossa época passa por reviravoltas, cuja importância nas relações entre homens e mulheres tem sido subavaliada. Os movimentos feministas e o acesso progressivo das mulheres a postos de responsabilidade poderiam modificar profundamente as distâncias entre os sexos observadas em matéria de autoestima. Da mesma forma, vemos aparecer no cinema modelos de homens muito mais vulneráveis do que os do passado: os jovens atores franceses em voga – Charles Berling, Mathieu Amalric, Melvil Poupaud etc. – encarnam na tela personagens mergulhados na dúvida, em perpétua busca de identidade, com autoestima aparentemente vacilante.[4]

Os sociólogos estimam que esses deslocamentos poderiam acentuar-se: em uma sociedade em que a força física perde pouco a pouco sua utilidade, os arquétipos masculinos assumem um ar antiquado. É possível uma redistribuição mais equitativa dos mapas da autoestima entre os sexos? Sem dúvida. Mas as mulheres deverão antes resolver alguns problemas que discutiremos a seguir.

O CORPO IDEAL DAS MULHERES

"Só tive irmãos, mas sou agora pai de família e tenho duas filhas. Ao acompanhá-las à escola, descubro pouco a pouco as raízes de um universo feminino que eu só conhecia em sua forma adulta. O que mais me impressionou foi, desde a escola maternal, a importância da aparência entre as menininhas de 4 anos. Algumas já são o modelo reduzido de suas mães: os mesmos tipos de tênis, a mesma maneira de se vestir... Tem-se a impressão de que mãe e filha se levantaram cedo para se prepararem. Vi mesmo uma garotinha chamar a atenção do seu 'namorado', um garoto da sua turma, que vinha beijá-la, porque ele o fazia com demasiado vigor e estava desarrumando o seu penteado. Fico me perguntando o que acontecerá com elas aos 14 anos, se já são assim aos 4..."

Pobres adolescentes...

Hoje 60% das adolescentes se declaram muito gordas e somente 20% estão satisfeitas com o próprio corpo. Com a idade de 14 anos, um terço já seguiu um regime alimentar.[5] Entre 14 e 23 anos, quando a autoestima tem um aumento médio entre os meninos, ela declina entre as meninas.[6] Por que tais números? Um estudo sobre a satisfação que os jovens sentem quanto à aparência física é, a esse respeito, reveladora:[7] a partir de certa idade (por volta dos 8 anos), constata-se que a satisfação das meninas literalmente desmorona enquanto a dos garotos permanece estacionária. Como as meninas não são mais feias que os meninos, a explicação não decorre das modificações físicas, mas do olhar que o indivíduo lança a si mesmo. E esse olhar depende bastante das pressões do ambiente social. A distância percebida entre o que se pensa ser e o que se pensa *dever* ser é muito importante: a autoestima decai. Algumas mulheres sofrerão disso por toda a vida.

Peso e medidas irregulares

Como as mulheres percebem o próprio corpo? Vimos que, no caso da maioria, isso não ocorre de maneira positiva. Mas elas estão enganadas. Peça-lhes que digam a você qual é para elas o peso "ideal", e elas com certeza responderão um peso bem inferior ao delas![8] Peça-lhes que descrevam a ideia que fazem do ideal masculino em matéria de magreza feminina, e você constatará outro desvio: o verdadeiro ideal masculino aceita pessoas "mais cheias" do que elas imaginam...

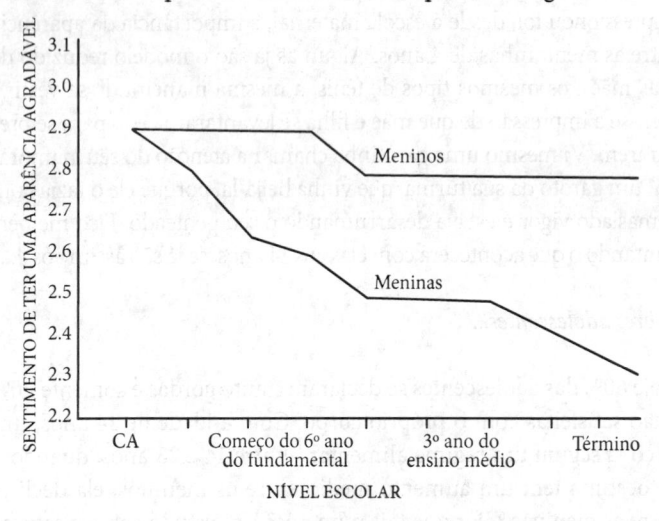

Evolução da autoimagem entre meninas e meninos em idade escolar (segundo S. Harter, em R. F. Baumeister, op. cit.)

Já os homens não estão sujeitos a tais distorções. Quando se pede a eles que se situem em relação ao seu peso ideal, ou em relação ao peso ideal que eles supõem ser esperado pelas mulheres, há poucas variações: eles se acham bem assim como estão e pensam que as mulheres acham o mesmo a respeito deles. Mas logo veremos que eles têm outros problemas...

Modelos e cantoras

Atribui-se à duquesa de Windsor a seguinte frase: "Você não pode ser muito rica nem muito magra." Em outras palavras: você nunca deixará de ter dúvidas quanto à sua silhueta...

As mulheres de hoje sofrem uma terrível pressão cultural quanto à sua aparência. Graças à onipotência de modelos femininos com físicos perfeitos, magistralmente organizada pelas indústrias da moda e da publicidade, a magreza tornou-se uma obsessão e uma evidência. A modificação progressiva do corpo das cantoras é um dos sinais dessa pressão insidiosa. Quem lembra ainda, não há assim tanto tempo, que as cantoras de ópera eram em geral senhoras muito gordas, certamente talentosas para o canto, mas bem menos para o regime? Desde Maria Callas, as cantoras contemporâneas devem parecer-se com o papel que desempenham no palco, ou seja, mocinhas magricelas. Para alguns melômanos, as qualidades vocais não seguiram essas "melhoras" da imagem corporal.

Os distúrbios dos hábitos alimentares

O importante aumento da frequência dos distúrbios das condutas alimentares em nossas sociedades ocidentais é, sem dúvida, uma das manifestações dessa pressão constante.[9] Ora, tais perturbações estão estreitamente ligadas à autoestima. Mostrou-se, por exemplo, que as pessoas com baixa autoestima têm mais tendência a beliscar entre as refeições ou a comer mais.[10] Sabe-se também que a dúvida que possuem quanto a si mesmas pode levá-las à bulimia, distúrbio patológico muitas vezes grave.[11]

Muito magra — O ideal das mulheres

A ideia que as mulheres fazem da preferência masculina

A verdadeira preferência masculina

A imagem que as mulheres têm do próprio corpo

Muito gorda

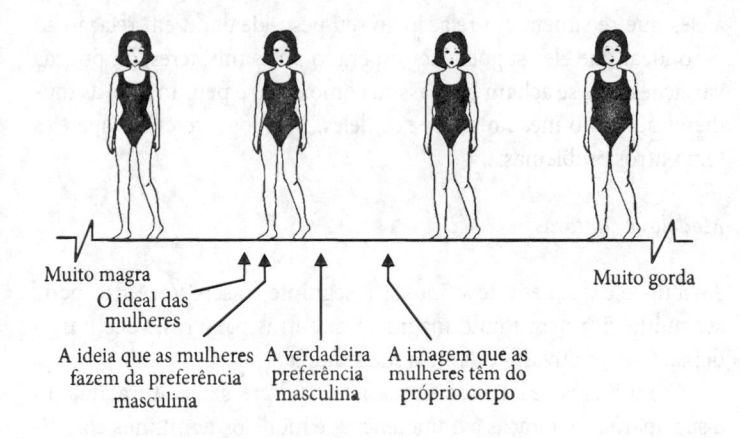

A imagem que as mulheres têm do próprio corpo
(D. G. Myers, Traité de psychologie, *Flammarion Médecine, 1998. © Flammarion)*

O diário de Bridget Jones

A obsessão com a aparência física tornou-se o assunto fetiche dos artigos da imprensa feminina. Desde os primeiros dias da primavera, as capas dessas revistas exibem grandes chamadas sobre regimes e magreza. As obras destinadas a ajudar as mulheres a perder peso alcançam grandes tiragens. Na literatura, o fenômeno ganha também amplidão. Em seu divertido *O diário de Bridget Jones,* Helen Fielding[12] descreve os terrores de uma jovem obcecada com a solidão sentimental e com o próprio corpo:

"Terça-feira, 3 de janeiro. 59 kg (abominável tendência à obesidade. por quê? por quê?) [...]

Quarta-feira, 4 de janeiro. 59,5 kg (estado de urgência: eu poderia jurar que a gordura estocada em uma cápsula durante as festas é lentamente liberada sob a pele) [...]

Domingo, 8 de janeiro. 58 kg (superbom, mas para quê?) [...]

Segunda-feira, 6 de fevereiro. 56,8 kg (derreti por dentro, mistério) [...]

Segunda-feira, 4 de dezembro. 58,5 kg (emagrecer completamente antes da farra do Natal) [...]."

O UMBIGUISMO DOS HOMENS

Não se olhe tanto

Dispensar uma atenção excessiva ao aspecto físico pode alterar a autoestima. Você se lembra da última vez em que ouviu a própria voz (em um gravador ou em uma secretária eletrônica)? Sua voz lhe agradou? Provavelmente, não. Já se observou que a autoestima diminui entre pessoas a quem se fez ouvir a própria voz: elas se tornavam em seguida menos autoconfiantes quanto à probabilidade de chegar a realizar corretamente uma tarefa.[13]

Resultado similar foi obtido com uma gravação em vídeo: as pessoas para quem se projetava a própria imagem diretamente em um aparelho de televisão tornavam-se bem mais influenciáveis e receptivas à opinião dos outros.[14] Trata-se de uma experiência que todos podem fazer vendo-se em um vídeo: em geral, o primeiro movimento, expresso ou pensado em segredo, é de decepção: "Eu tenho mesmo essa cara? É assim que os outros me veem? É a mim que pertence essa voz esganiçada?" Para os mais vulneráveis ou suscetíveis, é bastante terrível! Pode até ocorrer que nunca mais se deixem fotografar ou filmar.

Narciso e Frankenstein

Embora as mulheres sejam frequentemente acusadas de se preocuparem muito com a própria aparência, os dois mais belos mitos que dizem respeito à autoimagem colocam homens em cena.

Narciso era um belo jovem por quem todas as ninfas se apaixonavam. Mas ele não correspondia nunca às investidas delas. Irritadas, queixaram-se à deusa Nêmese, que resolveu amaldiçoá-lo com estas palavras: "Que daqui por diante ele passe a amar a si mesmo e nunca possua o objeto do seu amor." De fato, Narciso ficou imediatamente apaixonado pelo próprio reflexo na água de uma fonte e se deixou morrer de fome e inanição por contemplar infinitamente a sua imagem.[15] A advertência veiculada pelo mito é clara: o amor a si mesmo é um impasse. A psicanálise se baseou no mito em sua definição de narcisismo, que ela define como "o amor que se tem à própria *imagem*".[16]

O monstro sem nome criado pelo doutor Frankenstein foi vítima de uma sorte inversa: bom e sentimental no início, as rejeições e as agressões dos humanos tornaram-no pouco a pouco amargo e desesperado.[17] Ele exige então de seu criador uma companheira à sua própria imagem, para mitigar a dureza de sua sorte: "Quero uma criatura do sexo feminino, mas eu a quero tão monstruosa quanto eu mesmo sou. Certamente isso não passará de mero consolo, mas é a única coisa a que posso aspirar e me contentarei com isso. Formaremos seguramente um casal de monstros; nós nos afastaremos do resto do mundo, o que fará com que nos sintamos mais chegados um ao outro..." A autoestima do monstro, gravemente alterada pela rejeição social por causa de sua feiura, não pode segundo ele ser reparada senão pelos laços de casal.

Diga-me suas medidas e eu direi o que você vale...

Tradicionalmente menos sensíveis que as mulheres à sua beleza ou à sua silhueta (mas isso poderia muito bem mudar), os homens, no entanto, sempre se preocuparam com alguns detalhes de sua forma física, muito particularmente com questões de tamanho.

As questões ligadas ao tamanho do órgão sexual, objeto de competição entre os meninos, mas um tabu na imprensa, começam timidamente a ganhar mais espaço nas revistas masculinas.[18] Tais preocupações só dizem respeito aos homens ocidentais, obcecados com o desempenho sexual. Os etnopsiquiatras conhecem bem o *kuru*, esse distúrbio comum no Extremo Oriente que leva os homens a temer que seus órgãos sexuais encolham a ponto de se retraírem no interior do corpo.[19] Nos momentos de angústia crônica, o paciente tenta por todos os meios opor-se a essa retração.

Mas é sobretudo com a altura propriamente dita que o homem se preocupa. É penoso para ele achar que é uma pessoa muito baixa. Recordações da infância, quando queríamos "ficar grandes"? Nas fantasias da maioria das pessoas, a altura está associada ao poder. É assim que se tem a tendência de superestimar o tamanho das pessoas que ocupam funções importantes ou que são socialmente valorizadas, como, por exemplo, a altura dos presidentes dos Estados Unidos, que é superestimada em uma média de 7,60 centímetros pelos americanos.[20] Ao depararmos com uma celebridade na rua ou em um avião, ficaremos impressionados com o seu tamanho, em geral bem menor do que havíamos imaginado.

A autoestima de Jean-Paul Sartre

No relato de seus primeiros anos,[21] Sartre conta sua infância mimada (ele era chamado de "dádiva do céu"...) e as advertências progressivas da realidade (aparentemente, não era o que se poderia chamar de "uma criança bonita") à medida que ia crescendo.

Ele descreve, por exemplo, seus sofrimentos quando percebeu que não era o centro do mundo: "Conheci os terrores de uma atriz envelhecida: aprendi que outros podiam agradar [...]." Ou a conscientização de que era feio, depois que o avô fez com que cortasse os cabelos sem o conhecimento de sua mãe: "Minha mãe trancou-se no quarto para chorar [...]. Enquanto ondulavam em volta de minhas orelhas, os belos caracóis dos meus cabelos tinham-lhe permitido recusar a evidência de minha feiura." Ou, enfim, suas temporadas na frente do espelho: "O espelho era de grande valia para mim: eu o encarregava de me mostrar que eu era um monstro [...]." Essa sensibilidade particular de Sartre com preocupações em geral mais femininas vem talvez do fato de que sua mãe o vestiu como menina durante muito tempo (o que não era excepcional nas famílias burguesas da época) e de ter usado cabelos compridos encaracolados até os 7 anos.

O fim da exceção masculina?

Outros autores, como Robert von Musil em O *homem sem qualidades,* falam da "idade em que ainda se gosta de olhar ao espelho e na qual ainda se dá importância aos problemas da roupa e do penteado"... Então, Sartre era o precursor do movimento de fundo que hoje dá as caras?

O corpo dos homens acha-se cada vez mais presente na publicidade: perfumes, produtos de beleza, moda... Como para as mulheres, mas com uns trinta anos de atraso, os homens estão submetidos a um bombardeio de imagens de corpos ideais (musculosos, bronzeados, flexíveis, sarados). Eis o que pode tornar estes últimos tempos bastante desconfortáveis aos pais de família barrigudos, que não têm tempo ou vontade de ir várias vezes na semana às academias de ginástica, a fim de malhar e modelar o corpo.

VANTAGENS E INCONVENIENTES SOCIAIS DA BELEZA

Nunca é fácil para um psicoterapeuta ouvir uma pessoa falar de sua feiura – sobretudo quando esta é pouco contestável. O que responder na hora que não seja mentiroso ou vão? É provavelmente por isso que não se responde nada e que se começa a questionar por sua vez... Eis um trecho da carta que uma paciente nos remeteu um dia:

"Eu sei que sou feia. Sempre soube. Já em criança não tinha boa aparência. E tomei consciência disso muito cedo: as outras crianças não sentiam o menor incômodo em me dizer isso. Eu fingia não ouvi-las. Era também o que minha mãe fazia, pois ela ouvia as gozações que me visavam à saída da escola. Com certeza sofria com isso, mas como resolvera não conversar comigo a tal respeito, passei a adotar a mesma atitude e me tornei completamente bloqueada sobre o assunto. Um dia, uma de minhas professoras, compreendendo o meu sofrimento, tentou conversar comigo. Não soltei uma palavra enquanto dizia para mim mesma: eis enfim alguém que me compreendeu. Ela viu minha angústia, mas nunca mais ousou falar comigo sobre isso. É uma de minhas piores recordações de infância, mais ainda que zombarias: ter sido incapaz de segurar essa mão estendida... A feiura acarreta uma espécie de sofrimento crônico com o qual a gente acaba se acostumando, mas que reacende ao menor choque: uma observação, um olhar mais insistente, um sorriso... Isso se torna uma prisão e uma obsessão: começamos a vigiar os outros, sempre desconfiados de que eles estão querendo dizer que... E, sobretudo, nunca se fala disso, embora seja algo que está sempre causando sofrimento. A gente se acostuma sem se dar conta a ser deixada de lado, a não ser escolhida, a não ser preferida. A gente se acostuma a se tornar uma vítima, a desempenhar sempre um papel secundário... Na idade adulta, ficamos convencidos de que é inútil conversar sobre isso, de fazer confidências a alguém: temos sempre o pressentimento de que o nosso círculo de amizades vai mentir, vai livrar-se do incômodo com essa conversa fiada de 'beleza interior' e coisas do gênero. A feiura é o mais terrível dos defeitos: podemos tentar modificar o egoísmo ou agir sobre os nossos medos. Mas como mudar de corpo? Não raro sonhei viver em um mundo de cegos em que a aparência não teria mais importância..."

Por que essa importância da aparência física na autoestima? Talvez por uma razão bastante simples: de todas as competências que alimentam a autoestima, a aparência física é a mais imediata, aquela que menos depende do contexto. Para mostrar competências escolares, precisa-se fazer provas; competências atléticas, obstáculos a vencer; obediência às normas, um meio que o(a) observe e valorize. Já a beleza se manifesta em qualquer ocasião. Talvez por isso ela sempre tenha sido considerada uma característica da divindade: antes de serem bons, os deuses são belos, assim como os anjos.

O anão e a infanta

O sofrimento relacionado à consciência da própria feiura foi várias vezes descrito por poetas e romancistas. Em um de seus contos,[22] Oscar Wilde relata a história de um anão recrutado para servir como bufão de uma jovem princesa espanhola. Vendo pela primeira vez sua imagem em um espelho, até então inconsciente de sua aparência física, percebe de imediato sua feiura repugnante:

"Quando a verdade apareceu diante de seus olhos, ele soltou um selvagem grito de desespero e desmoronou, chorando. Quer dizer então que era ele o disforme, o corcunda, o monstruoso, o grotesco. Sim, era ele o monstro de quem as crianças tinham rido, assim como a própria princesa em cujo amor acreditava, quando na verdade ela só fazia rir de sua monstruosidade e zombar dos seus membros desengonçados. Por que não o tinham deixado na floresta, onde não existia nenhum espelho para mostrar-lhe o efeito que produzia nos outros? Por que seu pai não o matara, em lugar de vendê-lo para a sua vergonha?"

Belos, ricos e famosos...

Serge Gainsbourg, que dizia preocupar-se com esse problema, falava da "beleza oculta dos feios". Já Shakespeare achava que "a beleza está nos olhos daquele que olha". Malgrado tais palavras, a beleza – infelizmente – só está no rosto. Várias pesquisas mostraram que pessoas bonitas de rosto recebem mais atenções.

➤ As vantagens da beleza

Considere uma criança de aparência física agradável.

Coloque-a diante de um adulto que não seja seu parente. Ora, o adulto será, pelo simples fato da beleza da criança, mais tolerante com suas travessuras e mais inclinado a dispensar-lhe encorajamentos![23] É assim em nossas sociedades: o perdão é mais facilmente concedido às crianças "bonitas", e as crianças "feias" sofrem mais injustiça. Em *Poil de carotte*, sua obra-prima com forte inspiração autobiográfica,[24] Jules Renard descreve a infância pouco feliz de um garoto ruivo, julgado sem graça pela mãe que claramente prefere seus dois irmãos mais velhos. Como diz o próprio personagem em um dia de amargura: "Nem todo mundo pode ser órfão..."

As preferências pela beleza não dizem respeito apenas ao olhar dos adultos: na escola fundamental, as crianças mais populares são, em geral, aquelas também mais atraentes fisicamente na opinião geral dos colegas.[25] As crianças perseguem com facilidade aqueles que são portadores de um defeito físico ou de uma característica julgada desfavorável pela comunidade infantil: óculos, cor dos cabelos, modo de falar, maneira de se vestir etc.

Tradicionalmente, nos contos de fadas, a divisão dos papéis é óbvia: os heróis são belos, e os maus são feios. Alguns contos encorajam a esperança sublinhando que uma metamorfose é sempre possível, como em *A bela e a fera*, por exemplo, ou na recorrente imagem do sapo que vira príncipe. No fim, o herói de bom coração acaba sempre sendo recompensado pela obtenção desta suprema dádiva: a beleza. Até onde sabemos, nenhum conto termina assim: "E eles viveram felizes, apesar da feiura de nosso herói (ou heroína)." A moral da história é, portanto, mais que ambígua e confirma para a criança que é melhor ser bonito do que feio... Reconheçamos, porém, que certo número de histórias mais recentes defendem uma tolerância maior à feiura. Assim, em *Le Géant de Zéralda*, Tomi Ungerer[26] conta como uma garota acaba se casando com um ogro muito pouco agraciado pela natureza, mas simpático, quer dizer, depois que ela lhe pediu que fizesse a barba.

Passemos do pátio de recreio para o mundo dos adultos. Aqui também se constata o mesmo fato: os adultos bonitos gozam de maior crédito aos olhos de seus semelhantes. Vários trabalhos mostraram que se atribuíam muito mais qualidades psicológicas a pessoas apenas por apresentarem uma aparência física agradável! Por exemplo, pede-se a estudantes do sexo feminino que leiam um relato supostamente redigido por uma outra jovem cuja foto lhes é mostrada.[27] A metade do grupo recebe o retrato de uma moça bonita, enquanto a outra metade recebe o retrato de uma outra jovem menos atraente. Se a escritora é bonita, seus escritos são nitidamente mais apreciados do que no caso contrário. E esse efeito é tanto mais nítido quanto mais o nível literário da obra é fraco: se os escritos são bons, a aparência física da autora ganha então menos importância. Conselho às futuras escritoras: se não tiverem certeza de que produziram uma obra-prima, trabalhem sua aparência ao mesmo tempo que seu estilo...

A beleza pode inclusive atrair o dinheiro. Pesquisas com mais de 7 mil sujeitos confirmaram que, em caso de competência igual, parece que as pessoas de aparência atraente são ligeiramente mais bem pagas que as de aparência mediana; mas estas últimas podem se consolar ao saber que, por sua vez, elas são mais bem remuneradas que as pessoas de aparência francamente desvantajosa.[28] Uma discriminação suplementar, depois daquelas ligadas ao sexo, à idade, à raça. Essas vantagens da beleza são de tal forma insolentes que existe uma espécie de reticência em reconhecê-las. Pudor ou hipocrisia, as modelos e seus empregadores gostam de explicar que essas jovens trabalham demais, que fazem muitos esforços, que a verdadeira beleza é interior, que a personalidade delas é rica e fascinante etc. Como se fosse muito chocante, e provavelmente impopular, declarar que elas estão ali simplesmente por causa de sua beleza.

Você está desmoralizada? Fique calma, mesmo assim existem alguns inconvenientes na beleza.

➤ Quando é duro ser encantador(a)

Você sabia que se atribuem mais facilmente às pessoas belas más intenções? Por exemplo, costuma-se supor que elas tenham mais aventuras extraconjugais ou que elas se divorciem com mais facilidade do que as pessoas menos bonitas.[29]

Em caso de problema com a lei, o fato de ser atraente vai acarretar sentenças mais pesadas se o crime for uma fraude: é provável que, nesse caso, os juízes venham a considerar – com razão – que a beleza foi de alguma maneira a arma do crime. Por outro lado, se a vítima não foi ludibriada, por exemplo nos casos de roubo ou violência, a sentença pode ser mais leve:[30] a beleza incita então à clemência ("uma pessoa bonita não pode ser totalmente má").

Atenção também para não ser *muito* bonito: para tirar vantagens no seu círculo, é importante que você não o esmague com a sua beleza. Os benefícios da beleza são mais comuns nas pessoas "medianamente" belas,[31] pois permitem que todos se achem mais ou menos à mesma altura delas. Se a distância é muito grande, as outras podem se sentir muito feias ao seu lado, e isso se voltará contra você.[32]

As pessoas atraentes beneficiam-se de um preconceito favorável entre as pessoas do sexo oposto, mas pode ocorrer o inverso entre as pessoas do mesmo sexo.[33] E essa forma de inveja existe tanto entre os homens quanto entre as mulheres.

Enfim, belas e belos, lembrem que a atração física da beleza não é eterna: depois de um conflito, em geral achamos a pessoa com quem brigamos bem menos bela do que antes da briga.[34]

Que fazer da beleza?

Todos esses trabalhos nos mostram que é impossível tratar com desprezo a questão da aparência física. Sim, a beleza não se acha distribuída igualmente entre os indivíduos. Sim, ela de fato confere vantagens àqueles que foram agraciados com ela. Não, a beleza não está só no rosto.

Os especialistas em psicologia evolucionista estabelecem como princípio que uma característica física ou psicológica que atravessou as idades tem utilidade para os indivíduos ou para a espécie. Quais são as vantagens evolutivas da beleza? É claro que ela permite encontrar com mais facilidade parceiros sexuais. Daí sua importância maior nas mulheres, já que os rituais de corte amorosa baseiam-se na atração delas. Ela permite também tornar-se mais aceitável entre suas iguais.

Essa é a razão por que a beleza influencia favoravelmente a autoestima.

APARÊNCIA, MODA E AUTOESTIMA

Vestir-se por fora e por dentro

O guarda-roupa de Sophie, 28 anos, está cheio de roupas que ela nunca usou. Magali, 5 anos, hesita todas as manhãs diante de sua gaveta de roupas para saber como vai se vestir. E fica angustiada ao ver que os pais ralham com ela, porque estão atrasados para levá-la à escola: "Não quero estar vestida como uma bruxa!"

Já faz um tempo enorme que nossas roupas não servem mais apenas para nos proteger contra o frio ou cobrir nossa nudez. Elas também se tornaram próteses ou tapa-misérias de nossa autoestima.

Como se sente depois de haver comprado uma bela roupa que lhe cai maravilhosamente? Claro, você se sente bem... Sua autoestima aumenta com isso. Ainda que não dure muito tempo, a imagem que tem de si mesmo(a) ficará em alta por algumas horas ou alguns dias. Nos países ocidentais, a maneira mais simples e mais fácil de melhorar a imagem é comprar roupas.

A moda existiria se os seres humanos não tivessem problemas de autoestima? A simples necessidade do belo ou o prazer da mudança seriam suficientes para azeitar essa indústria? Duvidamos muito. A preocupação de se vestir como o meio exige deve muito à necessidade de conservar ou de desenvolver a autoestima. Como explicar de outro modo o sucesso das grifes, que consiste em pagar mais caro por uma roupa com etiqueta famosa? Em certo momento, o chique era trazer um pequeno crocodilo no peito; depois passou a ser imitar da melhor forma possível um jogador de polo. Mas logo será outra diferente, pois, para todas as vítimas da moda (*fashion victims*), cuja única preocupação consiste em acompanhar as tendências e as vitrines para poder estar sempre na onda, o objetivo é usar o que será usado, mas antes de todo mundo, e sobretudo de não usar mais quando a moda pegar.

Por que e como seguimos os movimentos da moda?

Nem todo mundo segue a moda, mas o fato de não segui-la não é algo inteiramente indiferente.

Para um certo número de pessoas, a moda, sobretudo quando se consegue antecipar-se a ela, é um meio de aumentar a autoestima. Seu objetivo é distinguir-se dos outros, como alguém que sai na frente ao adotar novas formas de vestir. Assim, valorizado como um pioneiro, estará pronto para afrontar os olhares incrédulos ou críticos da "massa" ainda vestida à moda antiga. Longe de se sentirem diminuídas, tais pessoas chegarão mesmo a se sentir valorizadas.

Para outros, seguir a moda será uma maneira de não diminuir sua autoestima. A motivação não é um ganho de autoestima, mas a necessidade de não perdê-la. Essas pessoas só adotam uma moda depois que ela se generalizou, a fim de não serem julgadas negativamente devido a uma aparência antiquada.

Certamente, no estágio em que "todo mundo começa a adotar uma determinada moda", os inovadores já a abandonaram há muito; ela já não contribuirá com mais nada para a autoestima.

Por que sua autoestima o(a) incita a comprar mas não a usar roupas da moda?

Como explicar as repetitivas compras inúteis de certas pessoas com baixa autoestima, como é o caso de Sophie?

Isso se dá em dois tempos:

Primeiro ato: na loja, sob a pressão do ambiente, Sophie aceita a roupa proposta pela vendedora. Ela se torna como as outras pessoas desse universo artificial que é a loja: vendedora, outros clientes, modelos vantajosamente fotografadas na parede...

Segundo ato: de volta à sua casa, Sophie já não se acha nesse ambiente fictício, mas em seu mundo real. Ela cruzou com o vizinho do apartamento de baixo na escada e sabe que, dentro de dois dias, o fim de semana termina: ela volta ao trabalho. O vestido "muito na moda", que fazia dela alguém como os outros na loja, tem fortes possibilidades de atrair muita atenção sobre si em seu meio habitual: o que ela imagina – o rosto dos vizinhos e dos colegas – a faz desistir de usar a roupa em questão, que acaba ficando para sempre no armário.

O teste do provador

Local "revelador das pequenas neuroses e das grandes angústias da compradora",[35] o provador é o teatro de grandes manobras sobre a autoestima. Esse é de fato o local do encontro entre a *imagem ideal* de si (entrevista ao imaginar-se em uma roupa) e a *imagem real* de si (ver-se dentro dessa roupa e, pior ainda, sob o olhar da vendedora). Uma reportagem de rádio realizada à saída do provador de uma grande loja mostrava o estado de ânimo das clientes:[36] "Hoje, as coisas não estão dando certo para mim... A saia me agradou, mas quando a experimentei achei que não ficou boa"; "Não gosto de ver a verdade diante de mim desta maneira", seguido de um perspicaz "Tudo isso, essa impressão que temos na frente do espelho é coisa da cabeça".

Pensamos na possibilidade de um estudo em que as mulheres preencheriam um questionário de autoestima antes e depois de usarem um provador. Alerta aos costureiros interessados...

A moda nas minorias

Certos grupos marginalizados criam a própria moda. O movimento punk da década de 1970 é um bom exemplo disso. A rejeição das regras sociais de bom gosto levava os punks a adotar uma aparência mais que descuidada. Mas, pouco a pouco, esta se tornou tão rebuscada e impositiva quanto a moda "oficial". Um de nós frequentou, vez ou outra, esse meio durante a juventude quando estudante em Berlim e pôde atestar que os cuidados com a aparência tomavam tanto tempo quanto os das incríveis e maravilhosas mulheres do Consulado:

tratamento especial dos cabelos, preparação da espuma para raspar o cabelo misturada com cerveja, disposição intencional dos alfinetes de fralda, distribuição pseudoaleatória dos rasgões na roupa... Aqueles do grupo que apresentavam os níveis de autoestima mais baixos sentiam-se, aliás, muito pouco à vontade no trajeto entre suas casas e os locais de reunião: nada fácil ser punk em um ônibus de subúrbio à saída dos escritórios.

A INDÚSTRIA DA IMAGEM NO BANCO DOS RÉUS?

A eterna busca da beleza

A busca da beleza é, sem duvida, eterna. Em todos os tempos, as pessoas sempre se preocuparam com a aparência física, a ponto, às vezes, de ameaçar a própria saúde: o branco de alvaiade (carbonato de chumbo) usado pelas mulheres da Antiguidade para clarear a pele era um perigoso veneno...[37] Lembremos também as deformações impostas aos pés das chinesas de origem nobre – o tamanho reduzido do pé era um critério de beleza – ou o pescoço das "mulheres-girafas" de certos povos africanos. Nos dois casos, chegava-se a mutilações nocivas à saúde e à autonomia das mulheres.

As exigências em relação "às formas do corpo para corresponder a cânones de beleza feminina, em certas épocas, foram mais generosas com as gordas. A adoração pelas obesas nas culturas pré-históricas ou africanas, nos quadros de Rubens etc. são lembradas como consolo. Mas tudo isso está muito longe de nós, respondem as mulheres. Nunca talvez uma época tenha exercido uma pressão tão poderosa em relação a um tipo de cânone físico quanto a atual. A globalização do modelo ocidental de magreza adolescente parece um fenômeno irreversível, até porque as feras do marketing e da publicidade tomaram conta da área.

A extensão do mal

Com efeito, a pressão social sobre a aparência física era antigamente mais limitada, por certo número de razões:

– Um confronto menos frequente com modelos ideais: antes da era dos meios de comunicação, para um homem, o cânone da beleza era a garota mais bonita da vizinhança, que não estava muito distante das outras garotas da comunidade rural onde vivia a maioria das pessoas. Hoje, cada homem é assaltado várias vezes ao dia pela imagem das mais belas mulheres do mundo em outdoors, revistas, anúncios televisivos. Além do mais, boa parte da humanidade vive em grandes cidades, onde o encontro com belas desconhecidas é muito mais frequente. Para um casal manter-se estável, Darwin aconselhava, aliás, retirar-se para o campo...

– Uma importância menor da aparência física na escolha dos cônjuges: a maioria dos casamentos era outrora arranjado, entre famílias vizinhas ou em função de interesses comuns. Não que isso fosse bom para as pessoas, mas limitava o papel da beleza: mesmo as mulheres e os homens sem encanto podiam constituir uma família.

– A existência de limites sociais: o uso de uniformes pelas crianças na escola, ou os tabus relacionados à exibição do corpo, frequentemente dissimulado atrás de roupas largas. Tais medidas sociais – mesmo que seu objetivo inicial não tivesse sido preservar a autoestima – acabavam no entanto por reduzir as distâncias entre indivíduos quanto ao aspecto e à aparência física.

– Uma relativa – e finalmente salutar? – hipocrisia social em torno da beleza: o discurso oficial era que existiam outros valores superiores à aparência.

Mas hoje a situação mudou, talvez de forma radical, pelas razões inversas: vivemos uma época em que nos achamos submetidos à proximidade invasiva e opressiva de imagens de corpos ideais. Cada vez menos hipócritas – pelo menos quanto a esse tema –, nossos grupos sociais têm demonstrado mais abertamente o valor que conferem à beleza. Parece não existir nada de nocivo no fato de o ser humano querer ser mais bonito. O fenômeno, porém, tomou rumos imprevisíveis, pois se tornou objeto de importante investimento comercial. As mensagens publicitárias eram antes restritas à moda, às roupas que escondiam o corpo. Hoje elas se dirigem diretamente ao corpo, em especial pelas indústrias de cosméticos e da plástica. Certas mensagens vêm se tornando assim de forma mais direta culpabilizantes. Em sua campanha de publicidade, uma rede de academias não hesitava em exibir à guisa de argumentação mensagens como: "Adeus aos bumbuns caídos", "Queima de calorias", "Adeus aos abdominais" etc. Que efeito sobre a autoestima das mulheres terá tido esse bombardeio de culpa e desvalorização dos "bumbuns caídos"? Outro sintoma: as revistas femininas, que antes se concentravam na magreza e nas dietas, insistem hoje também na cirurgia estética... Quando chegará a vez de a clonagem entrar na roda da beleza?

Espelho, espelho meu...

O espelho é hoje um objeto onipresente em nosso ambiente cotidiano: banheiros e vestíbulos de nossas residências, lojas, saguões de prédios, academias, retrovisor de carros... Vemos nossa imagem refletida dezenas de vezes por dia. Não foi sempre assim, porém: de fato, até o século XVII, os espelhos eram muito raros. A galeria dos espelhos do castelo de Versalhes era na época um excepcional sinal de poder e riqueza, bem afeito a traduzir a extraordinária autoestima de Luís XIV, o dono daquilo tudo; mas a democratização do espelho data apenas do século XIX.[38] A partir daí, o espelho se tornou familiar e íntimo. Qual é o papel dessa presença invasiva de nossa imagem, à qual se acrescentaram depois a da fotografia e a do vídeo, nas pressões crescentes sobre a imagem do corpo? Sem dúvida, não é secundário.

Somos o brinquedo das bonecas Barbie?

Em 1959, o fabricante americano de brinquedos Mattel comercializou pela primeira vez sua famosa Barbie. Anos mais tarde, evocando esse lançamento, sua criadora Ruth Handler declarou: "Nunca se dera antes a uma boneca uma silhueta tão feminina."[39]

Desde sua criação, já se vendeu mais de um bilhão de bonecas Barbie no mundo. Por se tratar só de um brinquedo, tal sucesso é assim tão sem importância? E o modelo ideal feminino que a boneca veicula não seria tóxico? Se transpusermos as proporções da boneca em uma escala adulta, obtêm-se para uma altura de 1,77m as medidas 85-46-73! Literalmente inumanos, esses números dão uma ideia da silhueta "ideal" proposta a gerações de meninas e das feridas na autoestima quando elas engordarem durante a adolescência.

Essa é razão por que os movimentos feministas americanos têm escolhido já há algum tempo a boneca como alvo, propondo que suas embalagens tragam o seguinte aviso: "Cuidado: a maioria das mulheres não ficam como a Barbie. Deixar de passar essa informação às crianças pode provocar graves distúrbios físicos e psicológicos." O movimento se acirrou ainda mais depois da comercialização de uma Barbie falante, que declarava com uma vozinha tola: "Matemática é muito difícil." Estava traçado o caminho para as meninas: lutar para parecer-se com um ideal físico inacessível, convencendo-se o mais cedo possível de suas limitações para persistir em estudos "sérios". Como programa de promoção da autoestima, já se viu coisa melhor.

O mais preocupante na história é que a Barbie não é mais um brinquedo da pré-adolescência: são garotinhas de 4 anos que começam a desejá-la. O que se tornarão as gerações de menininhas criadas com a Barbie?

Lara Croft e Barbie: o mesmo combate?

Mesmo heroínas aparentemente mais "feministas" que a famosa boneca propõem o mesmo modelo de corpo perfeito.

Lara Croft, a aventureira do *video game Tomb raider,* associa rosto perfeito, silhueta esguia de adolescente, pernas soberbas oportunamente reveladas por um short de vago aspecto militar e, por fim, seios ao mesmo tempo volumosos e não sujeitos à gravidade, porque mantêm uma imobilidade imperturbável malgrado todos os saltos, corridas e trejeitos que ela faz para sair dos labirintos ou para destruir seus adversários.

Podemos nos perguntar qual será o efeito dessa criatura sobre as exigências femininas dos garotos e adolescentes que a terão apreciado durante centenas de horas em uma época sensível de sua sexualidade. E, também, sobre a imagem do corpo das garotas, que são igualmente atraídas por esse *video game*.

Enfim, o refluxo?

Tudo isso poderia parecer inquietante, mas, como sempre, mecanismos reguladores entram em campo de forma mais ou menos espontânea. No caso das bonecas Barbie, se as meninas a adotam cada vez mais precocemente, elas também a abandonam com maior rapidez. É frequente ouvirmos das mães que suas filhas com mais de 8 anos dão sua Barbie às irmãzinhas mais novas. Mattel, seu fabricante, decidiu por sua vez, em 1997, modificar seu aspecto físico, aproximando suas proporções daquelas de uma verdadeira mulher (não importa qual delas, enfim...). Sem dúvida, uma crise de peso na consciência, depois de haver promovido modelos muito opressivos e inacessíveis.

Muitos empresários da indústria da aparência sentiram de fato que se tinha ido muito longe na celebração da beleza. Observa-se, desde meados dos anos 1990, o aparecimento de modelos que não correspondem aos critérios habituais de beleza, mas que têm "garra" e forte personalidade; o rosto bastante peculiar de Kate Moss, a musa do americano Calvin Klein, é um exemplo disso. No outono de 1998, o costureiro inglês Alexander McQueen pôs para desfilar uma moça com as pernas amputadas. No mesmo ano, o fabricante italiano Benetton exibiu fotos de jovens com problemas psicomotores para promover sua marca. Em 1996, o costureiro francês Jean-Paul Gaultier fez um desfile com elegantes vovós. Como se a mensagem subliminar desses comerciantes de roupas fosse: "Compreendemos que tínhamos ido muito longe na utilização de ícones perfeitos para vender nossos produtos. Vejam, eles são também compráveis por aqueles que se acham no polo oposto da beleza, os velhos, as pessoas com cicatrizes, os portadores de deficiência física. Portanto, aqueles que se situam entre os dois também têm o que ver aqui."

Outros fabricantes foram ainda mais longe. O inglês The Body Shop, comerciante de cosméticos e de produtos de toalete, concebeu uma campanha de publicidade internacional em 1998 centrada no tema da autoestima.[40] Essa empresa, querendo se distanciar do discurso publicitário dos concorrentes, acusava diretamente a indústria da imagem do corpo: "Há 23 anos, as modelos pesavam 8% a menos que a média das mulheres. Hoje elas pesam 23% a menos..." Denunciava a utilização perversa das frustrações afetivas: "Perdi quarenta quilos e encontrei o amor." Exibia nas paredes a boneca Ruby, espécie de antiBarbie gordinha, supostamente representando a imagem "média" das mulheres do planeta: "Só oito mulheres são grandes modelos, três bilhões delas não o são." Comentava enfim as mensagens publicitárias subliminares da indústria de cosméticos: "Será que a autoestima se encontra mesmo em um creme?"

Sincera ou apenas habilidosa, essa iniciativa apresenta um interesse maior: pela primeira vez um comerciante de cosméticos recusava-se a adotar, aperfeiçoando-o, o discurso habitual do "sempre mais" (sempre mais beleza, magreza...). Em uma entrevista concedida em 1998 à revista feminina *Marie Claire,* Anita Rodick, presidente e fundadora da marca, declarava: "Minha intenção é encontrar um conceito de *beleza honesta...*" O problema consiste em saber o que é "beleza honesta". Provavelmente, uma beleza mais tolerante à infinita diversidade de nossos aspectos físicos. Da mesma forma que os homens públicos franceses criticaram bastante o "pensamento único", talvez cheguemos um dia a colocar a "beleza única" no banco dos réus.

Esses frêmitos, esses primeiros movimentos de retirada de uma moda cada vez mais ditatorial terão duração efetiva? Ou terão sido apenas uma pausa, ditada por algum imperativo comercial – deixemos respirar um pouco o mercado e os consumidores? Serão necessários alguns anos para sabê-la. Mas, daqui até lá, não deveríamos dar prova de um pouco mais de vigilância e de exigência em relação a essas indústrias cujos interesses comerciais são orientados para os nossos corpos? Não deveriam nossas sociedades mostrar-se mais atentas a promover outras vias de autossatisfação e de respeito pelos outros do que aquelas que passam pelo culto de uma determinada aparência?

8
Teorias

"Por mais descobertas que se façam no país do amor-próprio, restarão ainda muitas terras desconhecidas."

La Rochefoucauld

A autoestima ainda é, para os estudiosos, um vasto canteiro de onde não emerge nenhuma teoria global. As abordagens são múltiplas e abundantes, e situar-se dentro delas não é nada fácil. A pequena viagem que propomos aos leitores através das quatro mais importantes teorias atualmente em vigor não tem outro objetivo senão ajudá-los nesse sentido.

SABER ADMINISTRAR SUAS ASPIRAÇÕES

A equação de James

William James (1842-1910), um dos fundadores da psicologia científica moderna, foi também um dos primeiros a pesquisar a autoestima. Este médico e filósofo americano se impressionara com a ausência de elo direto entre as qualidades objetivas de uma pessoa e o grau de satisfação que tinha consigo mesma: "Assim", escreve ele, "um homem com meios extremamente limitados pode ser dotado de uma suficiência inabalável enquanto outro, seguro de vencer na vida e gozando da estima universal, será atingido por uma incurável desconfiança quanto às próprias forças."[1] De forma muito lógica, ele chegou à conclusão de que a satisfação ou o descontentamento consigo mesmo dependem não apenas dos nossos sucessos, mas também dos critérios com que os julgamos, o que ele resumiu na seguinte equação:

$$\text{autoestima} = \frac{\text{sucesso}}{\text{pretensões}}$$

Em outras palavras, quanto mais êxitos obtivermos, maior se tornará nossa autoestima... desde que nossas pretensões não sejam muito elevadas. Vejamos um exemplo. Você passou em um exame com a menção "regular". Foi portanto um "êxito". Como desejava não repetir o ano, tal menção o(a) satisfaz plenamente. Mas esse mesmo resultado será uma cruel decepção se suas pretensões eram mais elevadas, se, por acaso, estava esperando um "muito bom". No primeiro caso, a autoestima aumenta; no segundo, diminui.

Pretensões elevadas podem constituir um freio à boa autoestima. Ernest Hemingway, ganhador do Prêmio Nobel de Literatura, no auge de sua fama, fez a seguinte declaração, pouco antes de seu suicídio: "O importante não é o que escrevi, mas o que eu poderia ter escrito." Certas insatisfações paradoxais de indivíduos talentosos ou "mimados" pela vida explicam-se dessa forma. Mas há também os sofrimentos de nossos pacientes. Muitos tímidos, por exemplo, têm uma visão muito perfeccionista do que deveriam ser os seus desempenhos sociais ("devo agradar a todo mundo, não aborrecer ninguém, ter sempre resposta para tudo, réplica pronta etc."), o que coloca permanentemente a autoestima deles sob pressão.

Ao contrário, o bem-estar psicológico de indivíduos que vivem às vezes em condições que pareceriam pouco favoráveis a outros decorre sem dúvida de sua capacidade de contentar-se com o que eles são. A felicidade é quase sempre uma questão de perspectiva individual. E está sempre ligada à autoestima: quanto melhor for esta última, mais a pessoa se achará satisfeita com a própria vida.[2]

Sucessos e renúncias

A equação de James explica não apenas, como acabamos de ver, o nível da autoestima, como também suas evoluções.

➤ De um sucesso a outro

Théo, de 5 anos, acaba de conseguir pela primeira vez andar de bicicleta sem as rodinhas de apoio. Aparentemente, ele experimenta um grande orgulho e toda a família é convidada a admirar tal desempenho. Algumas semanas mais tarde, continua pedalando como um "garoto grande", mas seu orgulho diminui: com aquele primeiro sucesso, suas pretensões evoluíram; seu objetivo já não é mais andar de bicicleta sem rodinhas, mas pedalar tão rápido quanto Rémi, seu irmão mais velho. Dentro de mais algum tempo, será pedalar sem pôr as mãos no guidom.

Todos nós experimentamos este fenômeno: em seguida a um primeiro sucesso, nossa autoestima aumenta bastante, e sentimos grande prazer com isso. Depois nos habituamos com o êxito cuja repetição não nos proporciona a mesma intensidade de prazer que antes nem "lisonjeia" mais nossa autoestima: a situação chega a nos parecer quase normal. Se o êxito se conserva como um alimento importante de nossa autoestima, é mais para mantê-la em bom nível do que para aumentá-la. Para fazê-la progredir de novo, elevamos então, logicamente, nossas pretensões buscando sucessos mais nítidos ou em outros domínios.

➤ É preciso saber renunciar

Agir sobre suas pretensões é também um meio eficaz de administrar a diminuição dos sucessos. Um bom exemplo é o do envelhecimento. Para envelhecermos felizes, devemos pouco a pouco, ao contrário das crianças, limitar nossas pretensões, pelo menos em certos domínios – as aptidões físicas, por exemplo. Não renunciar a desempenhos ou a um corpo de atleta ao envelhecer nos condena a viver dolorosas experiências, pois os sucessos não acontecerão. James já o tinha notado: "Que dia agradável aquele em que renunciamos a ser jovens ou esbeltos!" Já Oscar Wilde não chegou a esse desapego, pois declarava: "O que é terrível ao envelhecer é que se permanece jovem."

No fundo, o principal ensinamento desse modelo aritmético da autoestima está relacionado à arte de administrar as aspirações. Cabe a nós encontrar o meio-termo entre a ambição excessiva, que nos impediria de nos satisfazermos com o que obtemos ("sempre mais"), e uma atitude mais descansada, que nos levaria a interromper muito cedo nossos esforços para atingir um determinado objetivo ("isto é o suficiente para mim").

ASSUMIR OU NÃO ASSUMIR RISCOS

É possível comparar as estratégias colocadas em ação quando uma pessoa investe dinheiro e aquelas utilizadas por ela para desenvolver autoestima? Vários teóricos[3] se fizeram essa pergunta. Para eles, a quantidade de amor recebida durante os nossos primeiros anos constitui uma espécie de capital que iremos administrar ao longo da vida.

Os "grandes investidores", que dispõem de grande capital para começar, usam o dinheiro em empreendimentos que comportam certo grau de risco, mas que podem gerar mais lucros – por exemplo, o mercado de ações. Por menos que sejam realistas, acabam ganhando e entesourando cada vez mais. Não temem perder em alguns negócios, pois estarão garantidos por outros.

Já os "pequenos poupadores", por não serem ricos, receiam perder o pouco que possuem em negócios muito arriscados. Investem portanto com prudência, sobretudo em empreendimentos mais seguros, como, por exemplo, a modesta poupança. Auferem poucos lucros, porque seus ganhos estão à altura do risco.

Aplicado à autoestima, tal modelo "financeiro" permite em particular compreender por que pessoas com alta autoestima e pessoas com baixa autoestima utilizam estratégias diferentes. Os primeiros têm, como vimos, uma atitude mais ofensiva em relação à existência: assumem mais riscos e tomam mais iniciativas, de onde advêm mais benefícios para a sua autoestima. Já os segundos são mais precavidos e prudentes: não gostam de assumir muitos riscos, não o fazem senão dentro de situações seguras e previsíveis, o que lhes fornece menos ocasiões de aumentar a autoestima.

O modelo financeiro da autoestima

- A autoestima deve ser regularmente reinvestida para não se desvalorizar.
- Os ganhos estão à altura dos riscos assumidos.
- Quanto mais elevado for o capital inicial, mais fácil será assumir riscos.

* * *

Esse modelo poderá parecer desigual: da mesma maneira que o dinheiro chega às mãos dos ricos, aqueles que dispõem de um confortável capital inicial teriam mais facilmente que os outros uma boa autoestima. Mas o principal interesse aqui se encontra no fato de que todo capital se desgasta e precisa de investimentos regulares: não alimentada por iniciativas pessoais, nossa autoestima acabará se fragilizando.

O "EU-ESPELHO"

"Nunca sabemos exatamente como os outros nos veem", diz uma paciente. "É uma pena, porque isso poderia nos ensinar muita coisa. Às vezes, eu gostaria de saber o que as pessoas pensam *realmente* de mim, para saber se a ideia que tenho de mim mesma tem fundamento. Por exemplo, eu gostaria de assistir ao meu enterro e ouvir o que as pessoas comentariam depois. É verdade que em geral eu levo muito tempo me perguntando o que as pessoas dizem sobre mim. É inclusive uma de minhas principais fontes de prazer – quando sei que causei boa impressão – ou de desprazer – se percebo que estou mal situada na estima do meu interlocutor."

Esse relato lembra que não se tem sobre si mesmo julgamentos que provêm do nada. A autoestima não é apenas uma avaliação pessoal, é também uma antecipação ou uma tentativa de prever a avaliação de outrem. Alguns[4] chamam isso de "eu-espelho" (*looking-glass self*).

Da crítica à aprovação

Às vezes, tentamos nos persuadir de que a opinião dos outros não nos diz respeito; mas, sinceramente, será que somos tão indiferentes assim às críticas? Claro que não. De onde quer que ele venha, e ainda que se mostre pouco fundamentado, o menor comentário negativo sobre nós acarreta imediatamente em nosso íntimo uma reação emocional dolorosa.[5] De início, sentimos esse julgamento como verdadeiro. Só depois é que nos afastamos um pouco dele por um processo intelectual, seja para criticá-lo ("não, pensando bem, não estou de acordo"), seja para atenuar sua importância guardando um distanciamento em relação ao interlocutor ("estou me lixando para essa pessoa; portanto, estou me lixando também para a sua opinião"). De acordo com as pessoas, esse trabalho é mais ou menos fácil: para umas, que têm em geral alta autoestima, a crítica representa apenas uma contrariedade passageira; mas, para outras, ela costuma provocar um verdadeiro desmoronamento.

Somos sempre sensíveis tanto à crítica quanto à aprovação, e isso é bom. Para prová-lo, foi feita uma experiência com um grupo de alunas do ensino fundamental.[6] Sob o pretexto de fazer um balanço, elas foram interrogadas por uma bela estudante do ensino médio – portanto, duplamente prestigiosa aos olhos delas – que as convidou a se descreverem, com suas qualidades e defeitos. Com metade das estudantes, a bela entrevistadora expressou uma opinião encorajadora: ao enunciado dos pontos fortes, ela aprovava ("estou de acordo com você, eu penso a mesma coisa"); ao dos pontos fracos, desconversava ("em minha opinião, isso não está muito evidente"). Com a outra metade das alunas, em compensação, ela não fez nenhum comentário. Quando, depois da entrevista, procedia-se à avaliação, constatava-se que as pontuações de autoestima eram significativamente melhores no primeiro grupo. Qualquer que seja nosso nível de autoestima, a aprovação social nos faz bem; só a duração do seu efeito é variável: os benefícios provenientes de uma mensagem positiva são talvez mais frágeis se nos estimamos pouco, pois estaremos mais propensos a duvidar de nós mesmos.

Estimômetro ou sociômetro?

Partindo dessas constatações, estudiosos[7] não hesitaram em afirmar que a autoestima era um "sociômetro". Da mesma forma que o barômetro mede a pressão atmosférica, previne-nos quanto aos riscos de tempestade, tranquiliza-nos quanto às chances de bom tempo, a autoestima seria um testemunho da percepção instintiva que temos de nossa popularidade: ficamos contentes conosco, porque, de uma maneira ou de outra, nós nos sentimos apreciados; ao contrário, nossa autoestima é baixa quando não nos percebemos como socialmente apreciados.

A autoestima como sociômetro

- Tudo o que aumenta a aceitação social aumenta (um pouco) a autoestima.
- Tudo o que diminui a aceitação social diminui (muito) a autoestima.

* * *

Infelizmente, o sociômetro apresenta vícios de forma: por exemplo, ele anuncia com mais facilidade e de modo mais vigoroso as baixas do que as altas. É que a autoestima é muito mais sensível à rejeição social do que à aceitação. Como já disse um de nossos pacientes: "Minha autoestima? Ela ganha um ponto quando recebo um cumprimento, mas perde dez quando me vejo criticado." Um outro nos contou: "Sinto-me tranquilizado apenas transitoriamente pelo fato de me sentir aceito por um grupo; nada a ver com o desespero de todas as vezes que tenho a impressão de ser colocado à parte. Por exemplo, sinto prazer em ser convidado para uma festa à noite. Mas esse prazer é medido, nem se compara à tristeza que sinto quando há uma festa para a qual não fui convidado. Por que isso? Talvez eu tenha a necessidade de acreditar que gostam de mim durante todo o tempo e que eu sou indispensável..."

Uma experiência demonstra isso. Pede-se a voluntários que façam um trabalho tanto em grupo como individualmente. Para uns, tenta-se fazer acreditar que essa escolha exprime uma vontade coletiva ("você foi escolhido pelos membros do grupo para trabalhar com eles" ou "você foi recusado pelos membros do grupo, portanto trabalhará sozinho"); aos outros, anuncia-se que a escolha é aleatória ("houve um sorteio; alguns ficarão em grupo, outros trabalharão sozinhos"). Resultado: constata-se que a autoestima das pessoas não é afetada, se a escolha, positiva ou negativa, é apresentada como fruto do acaso; todavia, se a escolha parece derivar do grupo, o fato de ter sido escolhido aumenta apenas modestamente a autoestima, enquanto o fato de ter sido rejeitado rebaixa-a gravemente.[8]

Autoestima e autoafirmação

As pessoas com baixa autoestima têm não raro dificuldades para se afirmar: dizer não, dar sua opinião se o interlocutor tem uma opinião contrária etc. Vejamos o caso de Alain, um comerciante de 40 anos: "Não sou realmente tímido: por exemplo, sempre encontro novas pessoas com prazer, faço logo amizade, tento revê-las... Meu problema está em quando preciso me opor ou correr o risco de fazê-lo (por exemplo, quando não estou com vontade de fazer alguma coisa), levo horas para ter coragem de dizer não aos outros. Já me disseram também que eu tenho a mania de concordar com tudo o que se diz durante uma discussão: nunca contradigo ninguém. Acabei não me dando conta disso. Em todo caso, minha psicoterapeuta me mostrou que essas duas atitudes tinham a mesma origem: não quero assumir o risco de um conflito. Sei que não o suportaria: a opinião dos outros é muito importante para mim. Sou sócio-dependente, como diz minha psicoterapeuta!"

Daí o interesse pelos métodos de autoafirmação que podem levar, com a ajuda de exercícios e de dramatizações, pessoas como Alain a afirmar e a defender calmamente seus pontos de vista.

Fazer como os outros

Observe atentamente a figura a seguir. Em sua opinião, qual das linhas é a mais próxima da linha de referência?

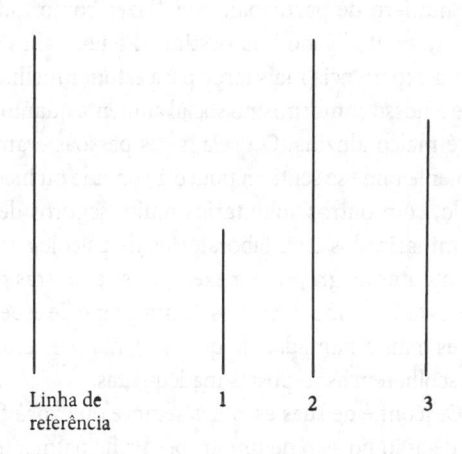

Linha de referência   1   2   3

Sem dúvida, você respondeu – e com razão – que se tratava da linha nº 2. Isso lhe parece evidente? No entanto, não é certo que você teria respondido assim se tivesse sido colocado nas condições de uma famosíssima experiência de psicossociologia,[9] que passamos a descrever.

Foi pedido a voluntários que avaliassem o comprimento dos traços segundo esse mesmo esquema que o leitor tem diante dos olhos. Quando se achavam sozinhos, menos de um em mil se enganava; a imensa maioria identificava portanto a linha n° 2 como sendo a resposta adequada. Em contrapartida, se as pessoas se encontravam misturadas com outras, na verdade, ajudantes da experiência, a situação se complicava. Durante os dois primeiros exercícios, os ajudantes se comportavam normalmente, isto é, davam respostas lógicas e designavam a linha certa. No terceiro exercício, os ajudantes – fazia-se com que eles dessem a resposta antes do voluntário – eram aconselhados a escolherem *todos* a linha n° 1 ou n° 3 como a mais próxima da linha de referência, e de fazê-lo com a maior descontração e naturalidade. Os voluntários davam então sinais de tensão e de desconforto muito intensos; depois, um terço aceitava a opinião do grupo e embarcava na resposta errada.

A principal razão desse conformismo é provavelmente o medo da rejeição social, do qual já falamos antes: foi esse medo que levou um grande número de participantes a "fazer como todo mundo". Esse medo está muito ligado à autoestima. Pôde-se aliás mostrar, ao repetir-se essa experiência mais tarde para estudar melhor certas variáveis,[10] que o nosso conformismo social aumenta quanto mais nossa autoestima é malconduzida. Ou seja, se as pessoas eram colocadas em um ambiente onde se sentiam pouco à vontade ou incompetentes (por exemplo, com outros voluntários muito seguros de si ou visivelmente familiarizados com laboratórios de psicologia), ou se elas admiravam o status do grupo (por exemplo, se as outras pessoas lhes fossem apresentadas como membros de um grupo de especialistas ou de estudantes mais adiantados do que elas), maiores eram as chances de elas escolherem as respostas inadequadas.

Moral? Desconfie de suas escolhas sempre que você for levado a tomar uma decisão no seio de um grupo. Principalmente quando o grupo o intimidar fazendo-o duvidar de si mesmo: de fato, quanto mais baixa sua autoestima, mais você se mostrará gregário – às vezes, à custa do simples bom senso.

Tolerância e racismo

Quando se diminui experimentalmente a autoestima de voluntários – fazendo-os, por exemplo, fracassar em tarefas apresentadas como fáceis ou fazendo-os pensar na própria morte –, percebe-se que isso os torna mais inclinados a criticar outras pessoas ou mais intolerantes com as infrações às leis e às agressões contra o seu grupo cultural.[11] Assim, por exemplo, americanos cuja autoestima foi diminuída terão tendência a julgar com mais severidade as pessoas que falam mal de seu país.

O mesmo tipo de experiência leva as pessoas a exprimirem com mais facilidade fortes preconceitos raciais. O rebaixamento da autoestima talvez não seja a única causa das atitudes de racismo e intolerância, mas, por menos que uma ideologia haja preparado o terreno, ele certamente facilita esse tipo de comportamento

DEVEMOS SEGUIR OS MODELOS?

Hoje, véspera de Natal, Paulo, 7 anos, pôs uma gravata: ele acompanha seu pai ao escritório. Enquanto este arruma suas pastas, Paulo "trabalha" no computador. Ele está extremamente orgulhoso por se parecer com todos os adultos que passaram por ele e o cumprimentaram nos corredores, e por estar "agindo como um adulto". Admirando muito seu pai, ele se sente quase igual a ele nesta tarde de inverno. Sua autoestima aumenta: ele se aproximou do seu ideal (tornar-se adulto) parecendo-se com o seu modelo (o pai).

Em 1892, William James lembrava a que ponto os ideais influenciam o olhar que temos sobre nós mesmos: "Um homem morre de vergonha porque é apenas o segundo pugilista ou o segundo remador do mundo; ele pode vencer todos os homens menos um, eis o que não conta... Aos próprios olhos, é como se ele não existisse. Ao contrário, aquele sujeito que já se acostumou a ser derrotado por todo mundo não sofre com essa desvantagem; já faz muito tempo que ele renunciou a 'fazer fortuna nesse negócio', como dizem os comerciantes. Quem não tenta não fracassa. Quem não fracassa não sofre humilhação. Assim, nos avaliamos neste mundo exatamente na medida do que pretendemos ser e do que pretendemos fazer." Em outras palavras, a autoestima depende da distância que percebemos entre o nosso comportamento e o que representa o nosso ideal: quando nos aproximamos de nossos ideais, conservamos uma boa autoestima, e uma baixa autoestima quando nos afastamos deles.

Sr. Sujeira e Sr. Limpeza

A experiência a seguir foi realizada com estudantes que procuravam trabalho durante as férias.[12] Na visita de seleção, pedia ao estudante que sentasse em uma saleta para que ele preenchesse alguns formulários (onde havia um questionário sobre autoestima). Ao cabo de um instante, um ajudante da experiência entrava no cômodo, sentava-se a uma mesa e começava a preencher os mesmos questionários.

Na metade dos casos (distribuídos aleatoriamente), esse ajudante tinha uma aparência física bem cuidada, abria uma pasta onde aparecia um laptop, um livro de filosofia e outros atributos do saber. Era o "Sr. Limpeza", para os pesquisadores. Na outra metade, o cenário já era outro: aparecia o "Sr. Sujeira", malvestido, barba por fazer, debruçava-se sobre a mesa e abria um romance erótico.

Depois disso, propunham-se ao estudante novos formulários que continham um segundo questionário sobre autoestima. Em seguida, comparavam-se os dois questionários, levando-se em conta o fato de terem sido preenchidos antes ou depois da chegada do ajudante. Resultado: o Sr. Limpeza, que lembrava ao pesquisado a distância entre ele e seu ideal social, fazia desmoronar as pontuações de autoestima enquanto o Sr. Sujeira, que mostrava, ao contrário, que o candidato não estava assim tão mal, melhorava bastante nessas pontuações.

Modelos e antimodelos

Raramente atingimos nossos ideais na vida, mas algumas pessoas desempenham às vezes para nós o papel de modelos. Estar com elas nos será benéfico se não houver competição. Imitando tudo ou apenas parte de suas competências ("vou tentar fazer tão bem quanto ela"), aumentaremos nossas habilidades e nossa autoestima. Pelo menos no caso da maioria, tudo o que se aprende se baseia nesse princípio de imitação.[13]

Mas os "antimodelos" podem igualmente nos ajudar a fazer com que nos sintamos bem com nós mesmos. Como explica uma paciente, eles nos ensinam sobre o que não devemos fazer: "Durante anos, fiquei irritada com minha mãe. Ela me exasperava, eu a achava imatura. De fato, sentia-me decepcionada, pois ela não correspondia ao modelo que eu desejava e que ela havia sido por momentos durante minha infância. O verdadeiro problema é que o meu ressentimento era egoísta; eu mesma me sentia desvalorizada ao dizer-me: eu sou sua filha e me pareço com ela mais do que realmente acredito. Depois compreendi que ela não mudaria e que eu é que precisava evoluir. Então, dediquei-me a tentar observar melhor as qualidades dela. E, sobretudo, a ser mais tolerante com seus defeitos: quando a vejo fazendo algo que me aborrece, em vez de me irritar, pergunto-me se às vezes não faço o mesmo e, sendo assim, como evitar tal coisa."

Em outros momentos, a observação dos antimodelos serve apenas para nos reconfortar. Quantas pessoas de nosso círculo nos parecem – com razão ou não – menos talentosas do que nós em um ou em vários domínios? Isso constitui um meio quase experimental de elevar nossa autoestima. Como diz o ditado: "Eu me olho e me desolo, eu me comparo e me consolo."

O ideal para a autoestima consiste sem dúvida em cultivar os dois tipos de olhar: tranquilizadores para baixo, estimulantes para o alto. É aliás por isso que no esporte existem categorias que separam os praticantes de acordo com o seu nível de desempenho: isso permite a cada um saborear o gosto da vitória, experimentando de tempos em tempos os benefícios de um pequeno ajuste da autoestima por algum defeito.

Quando o ideal nos prega uma peça

Nossos ideais são um motor, mas podem também, em certos casos, ser uma armadilha. É o que os psiquiatras chamam de "idealopatia". Quando saltamos do normal para o patológico? Quando nossos ideais e modelos se tornam mais rígidos e exigentes. Os psicanalistas designaram de "Eu ideal"[14] a visão tirânica de que podemos ser portadores em nossa vontade de nos aproximarmos dos nossos ideais.

IDEAL "NORMAL"	IDEAL "PATOLÓGICO"
"Eu desejo..."	"Eu devo..."
Alcance do ideal não idealizado: "será bom chegar até lá, mas isso não resolverá tudo"	Alcance do ideal idealizado: "quando alcançá-lo, tudo será maravilhoso"
Possibilidade de alcançar o ideal de modo parcial: "posso obter uma parte daquilo com que sonho"	Funcionamento na base do tudo ou nada: "eu devo alcançar *tudo* com que sonho"
Se o ideal não for alcançado, decepção, mas a autoestima se recuperará	Se o ideal não for atingido, depressão, e haverá feridas duradouras na autoestima

Ideais e autoestima

Tudo se dá entre o "eu desejo" e o "eu devo". Se eu *desejo* tornar-me veterinário, vou fazer tudo para alcançar meu objetivo, mas saberei aceitar outra profissão, se me vir obrigado a isso: por exemplo, percebendo que os estudos são muito difíceis para mim ou descobrindo que esse ofício não me agrada. Se eu *devo* tornar-me veterinário porque essa é a tendência na família e se fracasso em tal objetivo, minha autoestima sofrerá com isso: para evitar o sofrimento, arrisco-me a ficar obcecado com a ideia e a fazer sacrifícios inúteis etc.

* * *

Em seu romance *O grande Gatsby,* Scott Fitzgerald conta a história de Jay Gatsby, misterioso e elegante milionário americano do começo do século XX. Os ideais de sucesso material de Gatsby – filho de um miserável cultivador do Meio-Oeste – fizeram dele um homem muito rico. Mas seus ideais sentimentais – desposar Daisy, rica herdeira sulista já casada com um arrogante filhinho de papai – o conduzirão à ruína e à morte. Obcecado por conquistar Daisy, o milionário atrairá o ódio da maioria dos seus vizinhos mais bem nascidos, ele que apenas "ganhou" o seu dinheiro, em vez de haver herdado uma fortuna familiar.

* * *

O melhor caminho para "curar-se" de um ideal excessivo não é alcançá-lo. Como dizia Oscar Wilde: "Há dois dramas na vida de um homem: não conseguir obter o que desejou. E consegui-lo." Livrar-se das injunções de seus ideais não é tarefa fácil, especialmente porque eles às vezes desempenham um papel compensatório a uma ferida infantil da autoestima: o sentimento de não haver sido respeitado pelo próprio pai pode ser, por exemplo, a origem de uma obsessão pelo trabalho e pelo êxito neste ou naquele homem de negócios. A tomada de consciência de nossos ideais, às vezes mascarados aos nossos próprios olhos, é não raro a primeira iniciativa para abrandá-los: é esse o objetivo de numerosas psicoterapias.

Parte III

Como manter e reparar sua autoestima

9
As doenças da autoestima

*"Não conheço ninguém mais inútil e mais
inutilizável do que eu."*

Émile Cioran

"Meu problema", diz uma paciente nossa, "é que não tenho nenhuma autoestima. Não agrado a mim mesma: isso me deprime. Não tenho confiança em mim: isso me bloqueia. Não tenho respeito por mim: não ponho em prática nenhum bom conselho. Quando não estou bem, não sinto vontade de fazer nenhum esforço para livrar-me disso; ao contrário, tenho às vezes a impressão de que gosto de me chafurdar em meus problemas. Quando estou bem – maneira de falar –, acho sempre que isso não vai durar e não acredito que eu possa vir a construir algo sólido. E tudo é assim em minha vida. Minha depressão, minhas angústias, minha tendência a beber muito: isso e tudo mais é porque não me amo."

Muitas dificuldades psicológicas estão ligadas a problemas de autoestima. Tais problemas podem constituir a origem dos distúrbios (é o caso dos complexos), provocar sua permanência (é o caso da depressão) ou gerar a vergonha que os pacientes experimentam quando são confrontados com o julgamento social (é o caso do alcoolismo).

A DEPRESSÃO

Eu não me estimo: sou deprimido?

Diante das provas da vida, todos nós corremos o risco de ter uma depressão. Mas esse risco varia de acordo com a autoestima? Quem corre mais perigo? De um lado, temos as pessoas com autoestima baixa e estável, cujos estados de alma constantemente negativos e os débeis esforços para livrar-se disso os expõem grandemente à depressão.[1] De outro, os indivíduos com autoestima alta e instável, cujos permanentes esforços para manter sua posição e sua imagem, associados à sua grande vulnerabilidade ao fracasso e à rejeição, acabam às vezes por esgotá-los moralmente.

BAIXA AUTOESTIMA	DEPRESSÃO
Estado duradouro	Modificação em relação a um estado anterior
Traço de personalidade	Doença
Moral frágil, irregular	Tristeza patológica: duradoura, intensa, insensível aos acontecimentos favoráveis
Problemas para agir: não há confiança; as coisas estão sendo adiadas, insatisfação	Dificuldades maiores para agir: nenhuma vontade, nenhum prazer, pesadume
Ausência de distúrbios físicos particulares	Distúrbios físicos: problemas com apetite e sono; desaceleração, astenia
Dificuldade para mostrar o próprio valor, tendência a resignar-se	Autodesvalorização, culpabilidade inapropriada
Sem ideias de morte ou de suicídio	Às vezes, ideias de morte e de suicídio
Sem problemas intelectuais (ou somente subjetivos): concentração e memória funcionam normalmente	Problemas intelectuais objetivos e mensuráveis: distúrbios da concentração e da memória

As diferenças entre depressão e baixa autoestima

Certamente, a baixa autoestima, sobretudo se é estável e duradoura, flerta com a depressão. Mas existem entre as duas diferenças, e a primeira é que a depressão é uma doença, enquanto a autoestima não passa de uma característica psicológica.

Ou seja, não obstante suas diferenças, elas têm não raro uma forte ligação. A baixa autoestima é, com efeito, *um sintoma comum* a todas as depressões. O escritor americano William Styron, que foi vítima de uma grave depressão, expressou isso com perfeição em *Diante das trevas*: "Entre outras manifestações da doença – tanto físicas quanto psicológicas –, um dos sintomas mais universalmente difundidos é um sentimento de ódio em relação a si mesmo – ou, para formular de maneira mais precisa, há uma queda do amor-próprio – e, à medida que o mal piorava, eu me sentia acabrunhado por uma sensação crescente de inutilidade."[2]

➤ Um fator de risco

Mostramos o papel que poderia ter desempenhado a baixa autoestima, na adolescência, para a ocorrência de depressão na idade adulta.[3] Parece também que, entre as mulheres grávidas, os riscos de depressão depois do parto – a famosa depressão pós-parto – sejam muito diminuídos quando elas contam com bom apoio social e com uma boa autoestima.[4] Um estudo com 738 mulheres grávidas revelou inclusive que o risco era muito maior entre aquelas que sofriam de baixa autoestima![5]

Em certos casos, o risco pode infelizmente transmitir-se de pai para filho. Assim, mães que sofreram de depressão têm tendência a exprimir mais mensagens negativas (pessimistas ou críticas) aos filhos. Por isso, estes apresentam autoestima mais baixa que as crianças cujos pais não têm antecedentes depressivos.[6] Ao contrário, um bom nível de autoestima parece representar um fator de proteção em caso de eventos na vida desfavoráveis, como, por exemplo, o divórcio entre os pais.[7]

➤ Um critério de gravidade e de aumento crônico

Em relação à depressão, quanto mais a autoestima se acha alterada, mais a primeira é grave e corre o risco de prolongar-se na ausência de tratamento adaptado. Se o paciente não se ama, não age, ele pensa que nunca mais será capaz de subir a ladeira, rumina emoções negativas, tem poucas ocasiões de ser encorajado e de receber mensagens valorizadoras: tantos problemas preocupantes. Ao contrário, as pessoas que sofrem da depressão dita ligeira ainda procuram mensagens sociais positivas, valorizadoras – pelo menos em seus domínios habituais de excelência, pois, nos outros domínios, elas "preferem" deter-se nos aspectos negativos. Seja como for, o fato de um paciente deprimido ficar sensível às mensagens positivas é um elemento de bom prognóstico.[8]

► Um fator de recaída

Considera-se hoje que a depressão é uma doença recorrente e que o fato de ter apresentado uma depressão fragiliza a pessoa durante algum tempo. Depois de um primeiro episódio depressivo, a persistência de um baixo nível de autoestima, apesar de uma aparente melhora, aumenta nitidamente o risco de recidivas.[9]

A passagem à depressão

A partir de que momento uma alteração da autoestima se torna um distúrbio depressivo? As diferenças são ora quantitativas (intensidade da dor moral e da incapacidade para agir), ora qualitativas (desgosto consigo mesmo e, às vezes, desejo de se anular).

Algumas pesquisas buscaram compreender se determinados acontecimentos em vez de outros facilitavam essa passagem. De acordo com os dados, os acontecimentos capazes de dar origem à depressão não são os mesmos. Aaron T. Beck, conceituado autor em matéria de psicoterapia dos estados depressivos, admitiu a hipótese de que existiriam duas dimensões da personalidade que poderiam predispor à depressão, sob a influência de eventos de vida: a sociotropia e a autonomia (ver quadro adiante).[10]

Pode-se imaginar que, se esses acontecimentos provocam depressão em sujeitos predispostos, isso passa antes por uma alteração da autoestima: vimos que a aceitabilidade social (sentimento de ser amado) e a capacidade de agir eficaz e livremente (sentimento de ser competente) são os dois maiores fundamentos da autoestima.

Tratadas corretamente, a maioria das depressões evoluem hoje para a cura.[11] Bem prescritos, os medicamentos antidepressivos são muito eficientes nesse processo. Mas vários estudos parecem apontar para o fato de que pacientes que se beneficiaram de psicoterapias adaptadas recaem menos, comparando-se com os que só fizeram uso de remédios.[12] As psicoterapias aumentariam o sentimento de eficácia pessoal em face da depressão e, em consequência, a autoestima dos pacientes? É possível, mas isso ainda não foi demonstrado. Em todo caso, cada vez mais equipes de psiquiatras procuram trabalhar sobre a autoestima dos pacientes deprimidos.[13]

	INDIVÍDUO COM "SOCIOTROPIA"	INDIVÍDUO "AUTÔNOMO"
Definição	Tem forte necessidade de atenção e de encorajamento por parte dos outros	Tem necessidade de alcançar seus objetivos, sem controle nem entraves por parte dos outros
Eventos desencadeadores da depressão	Sentir-se criticado, posto à margem	Ser levado ao fracasso, ser dependente de outras pessoas
Impacto sobre a autoestima	Questionamento de sua aceitabilidade social	Questionamento de suas capacidades de controle sobre os acontecimentos

Perfis de risco e depressão

AS DERRAPAGENS DA AUTOESTIMA

O ego excessivo do maníaco-depressivo

Estamos usando o termo "depressão", mas deveríamos dizer "doenças depressivas", pois suas formas são as mais variadas. Uma delas, a doença maníaco-depressiva,[14] é chamada de "bipolar" porque ela comporta dois "polos": ora o paciente apresenta episódios depressivos clássicos, ora experimenta crises "maníacas" durante as quais há uma "inchação do ego" que leva à megalomania. Entre esses dois estados, a pessoa se comporta normalmente.

Em sua autobiografia, a psiquiatra americana Kay Redfield Jamison descreveu de forma impressionante esse distúrbio bipolar que ela própria experimentou: "Nos surtos, é fantástico. As ideias e as emoções se fundem à velocidade das estrelas cadentes. Nós as seguimos, nós as deixamos entregues a si mesmas, encontramos algumas que brilham ainda mais. A timidez vai embora, as palavras e os gestos exatos nos vêm na hora certa. O poder de cativar os outros é uma certeza interior... Uma impressão de facilidade, de intensidade, de poder, de bem-estar, de opulência e de euforia tomam inteiramente conta de nós."[15] Imagina-se que essa extraordinária embriaguez da autoestima leva os pacientes a experimentar um sentimento de poder sem limites que lhes faz perder o senso da realidade. Infelizmente, tais acessos são breves e, infalivelmente, seguidos de uma depressão tanto mais grave quanto os surtos foram intensos...

*Alguns critérios de diagnóstico
psiquiátrico do episódio maníaco*

- Aumento da autoestima ou das ideias de grandeza.
- Redução do tempo de sono.
- Desejo de falar constantemente.
- Busca excessiva de atividades agradáveis, mas com o risco de consequências danosas (compras irrefletidas, aventuras sexuais inconsequentes, investimentos comerciais fora da realidade etc.).

* * *

Por que essas crises maníacas? Não se sabe muito bem. Se parece garantido que fenômenos de ordem biológica estão em jogo, os psicanalistas consideram igualmente interessante a hipótese de uma luta inconsciente contra tendências depressivas: a crise maníaca representaria então uma tentativa desesperada de impedir que a depressão se instale.

Em todo caso, o tratamento com lítio e medicamentos reguladores do humor permitiu a esses pacientes melhorar consideravelmente sua doença. É, no entanto, surpreendente constatar que muitos lamentam, às vezes, a perda de certos aspectos de seus impulsos maníacos, durante os quais se sentem tão bem. "Se eu pudesse escolher", explica K. R. Jamison, "pergunto-me se, de fato, não desejaria ser mesmo maníaco-depressiva. Se não se pudesse mais usar o lítio, ou se ele não fizesse efeito em mim, a resposta seria um não categórico – sob o efeito do terror. Mas o lítio age bem em mim, e posso, portanto, colocar a mim mesma tal questão. Coisa estranha, acho que eu escolheria ter a doença..."

A plenitude – e a perfeição da autoestima – que esses pacientes experimentam no momento das crises maníacas é uma das explicações desse paradoxo?

A autoestima muito alta do narcisista

A personalidade narcisista – outro distúrbio psicológico – caracteriza-se pela convicção de ser superior aos outros. A autoestima dos narcisistas se revela muito alta, e até alta demais, porque sua falta de modéstia é não raro desagradável ao seu círculo de amizades.

Alguns critérios de diagnóstico psiquiátrico da personalidade narcisista

- Senso grandioso da própria importância. A personalidade narcisista superestima suas realizações e suas capacidades. Sua expectativa é ser reconhecida como superior mesmo que ainda não se tenha feito nada que justifique tal condição.
- Fantasias de sucesso ilimitado, de poder, de esplendor.
- A personalidade narcisista pensa ser "especial" e única. Aos seus olhos, só instituições ou pessoas de alto nível podem admiti-la ou compreendê-la.
- Necessidade excessiva de ser admirada.
- Tudo lhe é devido.
- Atitudes e comportamentos arrogantes e altivos.

* * *

Sempre se perguntou se a autoestima de pessoas narcisistas não era justamente "muito elevada para ser verdadeira". Entre muitos, o permanente cuidado com a autopromoção testemunha com efeito uma visão do mundo marcada por certos temores: "se não me admiram, eu não valho nada" ou "se não brigo para que me reconheçam, nunca verão minhas competências". É possível que os comportamentos narcisistas revelem um sentimento de insegurança quanto ao próprio valor. Ainda faltam estudos a tal respeito para que se conheçam as origens desse comportamento. Pode se tratar de um estilo educativo muito valorizador e carente ao mesmo tempo, como nos contou uma de nossas pacientes. Seus próprios pais, que trabalhavam com cinema, eram personalidades narcísicas:

"Durante toda a minha infância ouvi frases como 'Você merece o que há de melhor' ou 'Você não deve procurar a companhia dos medíocres'. Ao mesmo tempo, meus pais eram de tal modo obcecados por suas carreiras que eles nem se preocupavam conosco. Nós os víamos de passagem e percebíamos que éramos para eles mais uma atividade entre outras.

Lembro-me muito bem de minhas dúvidas. Sobre meus pais: 'Será que eu os mereço?' Sobre minha vida escolar: 'Serei bem-sucedida nesta nova turma?' Sobre minhas relações de amizade: 'Será que minhas amigas não vão me abandonar um dia por causa do meu mau caráter?' Eu duvidava de tudo, mas minhas angústias eram sistematicamente sufocadas. É claro que tinha eczemas, problemas de sono, asma... Tudo para atrair a atenção dos meus pais, que se contentavam em enviar-me, com minha babá, aos maiores especialistas.

Eu era uma criança muito brilhante entre os adultos e tinha compreendido que meus pais ficavam muito orgulhosos de mim quando eu caprichava nisso. Então, bancava a pequena estrela. Via também que essas coisas os enterneciam: deviam ver a si mesmos em um modelo reduzido, e isso lhes agradava.

O chato foi que pouco a pouco tomei consciência de tudo. O meu divórcio, no ano passado, quando meu marido jogou tudo na minha cara, e esta psicoterapia levaram-me por fim à compreensão."

* * *

Ajudar personalidades narcisistas a mudar representa, em geral, um trabalho considerável para os terapeutas e para os próprios interessados. São necessárias várias etapas para isso: a tomada de consciência do problema, a vontade de mudar, a renúncia às atitudes de controle e de autopromoção. Trata-se sem dúvida de uma das raras circunstâncias em que o papel do terapeuta vai consistir, aparentemente, em diminuir a autoestima de seu paciente em vez de aumentá-la. De fato, o objetivo é outro: trata-se de reforçar a autoestima tornando-a mais estável, menos ávida e menos dependente das provas de respeito e de status.

OS COMPLEXOS

"Quando sou convidada para uma reunião, tenho que começar a me preparar com grande antecedência, e angustiada", contou-nos uma de nossas pacientes. "Maquio-me cuidadosamente para esconder as imperfeições de minha pele. Isso costuma levar mais de uma hora. Não deixo ninguém me atrapalhar. Durante a noite, vou várias vezes ao toalete para verificar minha maquiagem. Mas não gosto que isso seja notado. Tento ler nos olhos das outras pessoas o que estão pensando de meu rosto, se repararam em minhas marcas e cicatrizes de acne.

Fico muito tensa se um homem começa a me paquerar. Tenho medo de que, olhando com mais atenção, ele veja os meus defeitos sob a maquiagem. É óbvio que me torno muito desagradável. Nesse momento, vejo-me em geral obrigada a abandonar a festa. Não aguento mais, e ficar sozinha me traz uma espécie de alívio. Mas, quando percebo que não pensei em outra coisa durante toda a noite, isso me deixa profundamente deprimida.

As únicas vezes em que esses pensamentos não me assombram é quando me forço a beber. Mas isso me esquenta muito, tenho a impressão de que a bebida aumenta os meus problemas com a pele. E tenho medo de que com o tempo me cause acne. Só me faltava essa!"

Do complexo à dismorfofobia

O termo "complexo" não é a rigor um diagnóstico psiquiátrico. De fato, quando nossos pacientes nos falam de seus complexos, estão convencidos de que são portadores de um defeito físico, como tamanho ou forma do nariz, dos seios, altura muito alta ou muito baixa, peso, pele etc. Ou, ainda, de problemas com elocução, sotaque, cultura, diplomas etc., aos quais atribuem todas as dificuldades encontradas em sua existência: "não tenho vida amorosa por causa da forma do meu nariz", "não sou promovida no trabalho porque sou muito baixa". E esperam muito do desaparecimento desse suposto defeito ("se eu não tivesse este nariz, não haveria mais nenhum problema"); resistem às mensagens de seu círculo de amizades, que não os tranquilizam, e mesmo que sejam os únicos, contra a opinião de todos, a estarem convencidos de um defeito ("eles estão errados e não se dão conta disso"). Passam um tempo infinito se olhando no espelho ou tentando corrigir ou esconder seu defeito ou suposto defeito. Apresentam uma autoestima gravemente alterada e um sentimento global de inferioridade em relação às outras pessoas.

É muito frequente que os complexos se apoiem em uma relativa realidade: o nariz da pessoa é de fato um pouco comprido ou seu tamanho é menor que o das pessoas de sua geração. Mas o que caracteriza o complexo é a importância excessiva atribuída a tal defeito e o fato de se viver concentrado nele. Isso fica muito claro entre os pacientes que costumam enrubescer: o que faz a diferença entre uma pessoa que fica vermelha por causa de emoção e outra que sente verdadeiro pânico de ficar vermelha é que a segunda faz disso um complexo, ao passo que a primeira acha que é algo chato, mas não um drama.

Nos complexos mais graves, os psiquiatras falam de dismorfofobia ou fobia de apresentar uma deformidade. Tal deformidade é quase sempre imaginária, mas o sofrimento psicológico é mesmo bem real. A dismorfofobia é uma doença incapacitante que talvez pertença à mesma família dos distúrbios obsessivos compulsivos. De fato, os pensamentos sobre o aspecto físico são frequentes, difíceis de serem rechaçados da consciência e costumam acarretar nas pessoas atingidas rituais de verificação de sua aparência física.

Uma jovem nos relatou da seguinte maneira sua convicção de que era repugnante: "Meu maior desejo é ser invisível para que ninguém possa ver como sou feia. Meu maior medo é que as pessoas me achem horrível e zombem de mim." Como a maioria dos pacientes afetados pelo que é uma verdadeira doença, essa jovem passava muito tempo em verificações incessantes na frente do espelho, sofria de uma angústia extrema ao ser olhada e evitava ao máximo o convívio social.[16]

Como se livrar dos complexos

Os complexos fazem parte de um campo ainda relativamente pouco estudado pelos psiquiatras e psicólogos, sem dúvida por causa da discrição: seus portadores conservam-se em geral na sombra e raramente falam do problema, mesmo com médicos ou terapeutas. Se eles se consultam, é antes com dermatologistas, cirurgiões plásticos, esteticistas. Infelizmente, se se trata de um complexo grave, tais iniciativas se revelam bem inúteis: efetuada a intervenção física, os problemas nem sempre são resolvidos. O nariz refeito a um preço tão alto não é aquele que se queria ou então fica muito evidente que foi submetido a uma intervenção cirúrgica. E os complexos persistem, sobre a mesma parte do corpo, ou sobre outra...

As psicoterapias não são conduzidas com facilidade no caso de pessoas que consideram suas convicções bem-fundamentadas e "cujo problema só está na cabeça". Percebe-se às vezes durante as terapias que o olhar do próprio paciente muda mais rápido que a sua interpretação do olhar dos outros: "Bem, eu me aceito tal como sou, mas continuo pensando que todos me acham feia." Um estudante de 24 anos estava convencido de ter mãos muito pequenas, o que, segundo ele, podia levar as garotas que ele conhecia a pensar que seu pênis também era muito pequeno. Na décima primeira sessão de terapia comportamental, suas convicções pessoais a esse propósito haviam diminuído significativamente, mas ele continuava a ter medo de que as garotas tivessem esse tipo de pensamento: vemos aqui a importância do olhar social nos problemas de autoestima.[17]

Nas dismorfofobias, às vezes, é preciso fazer uso de antidepressivos, mesmo que as pessoas complexadas não apresentem depressão no sentido estrito do termo. Esses medicamentos parecem ter efeito direto sobre a tomada de distanciamento em relação às crenças excessivas que envenenam a existência do paciente.

O ALCOOLISMO

Em *O pequeno príncipe* Antoine de Saint-Exupéry relata como o seu herói conhece um dia um personagem bastante infeliz:
"O planeta seguinte era habitado por um bêbado. Essa visita foi muito curta, mas mergulhou o pequeno príncipe em uma grande melancolia.

– O que está fazendo? – disse ele ao bêbado.

– Estou bebendo – respondeu o bêbado com um ar lúgubre.

– Por que você bebe? – perguntou o pequeno príncipe.

– Para esquecer – respondeu o bêbado.

– Esquecer o quê? – quis saber o pequeno príncipe, que já estava sentindo pena dele.

– Para esquecer que tenho vergonha – confessou o bêbado, baixando a cabeça.

– Vergonha de quê? – insistiu o pequeno príncipe, já disposto a socorrê-lo.

– Vergonha de beber! – concluiu o bêbado, fechando-se definitivamente em seu silêncio."[18]

O álcool costuma ser uma tentação para as pessoas cuja autoestima é vulnerável. Depois de seus efeitos iniciais de euforia, ele induz a sensação de relaxamento e provoca desinibição. Ora, bem-estar e facilidade de ação são precisamente o que falta à pessoa que não se ama o suficiente.

Por que a baixa autoestima pode nos levar à ingestão de álcool?

➤ O álcool ajuda a escapar da visão crítica que temos de nós mesmos

Quando se tem um olhar negativo sobre si mesmo, mais se procura esquecer os sentimentos de fracasso e maior se torna a tendência para beber.[19] Os médicos nazistas que deviam selecionar, por motivo de inaptidão para o trabalho, vítimas para as câmaras de gás, faziam-no não raro sob a influência do álcool ou bebiam em seguida para escapar ao sentimento de culpa.[20] Já se mostrou também que adolescentes com tendência para a bebida ou para o consumo de drogas alimentam o sentimento de ser inúteis e de não controlar suas vidas.[21]

➤ O álcool é um poderoso desinibidor que facilita a passagem à ação

Sabe-se que as pessoas com baixa autoestima experimentam muita dificuldade para agir. Ora, o álcool lhes causa uma espécie de miopia de antecipação:[22] ele os impede de imaginar antes de agir, como se costuma fazer habitualmente, todos os inconvenientes possíveis de seus atos. Uma pesquisa sobre agressões sexuais em um *campus* americano[23] mostrou, por exemplo, que 80% dos estudantes agressores e 70% das estudantes agredidas estavam sob o efeito do álcool no momento dos fatos.

➤ O uso do álcool começa quase sempre sob influência social

O consumo de álcool está associado a muitas circunstâncias da vida em grupo (festas, reuniões de família e de amigos). Por isso, pessoas com baixa autoestima, particularmente sensíveis à adaptação social, irão adotar com mais facilidade condutas ligadas ao consumo de álcool. Estudos mostraram que os adolescentes tinham tendência a superavaliar o consumo de álcool de seus amigos durante as festas e, por isso, a beber mais do que o teriam feito espontaneamente.[24]

Álcool: sinais que devem preocupar

Emoções associadas ao sentimento de perda da autoestima servem como boa advertência para os problemas de alcoolismo. Se você experimenta intensamente:

- vontade de beber para esquecer as preocupações;
- sentimentos de inferioridade ou de culpa depois de haver bebido;
- vergonha em relação ao que pode ter dito sob o domínio do álcool;
- vontade de evitar a família ou os amigos depois de haver bebido.

Então você deve considerar que já está entrando em uma zona perigosa[25]

Por que a ingestão habitual de álcool diminui a autoestima?

➤ O alcoolismo conduz à depressão

Alguns estudos avaliam em 98% o índice de alcoólicos sujeitos, em determinado momento da vida, à depressão.[26] Pensou-se por muito tempo que os alcoólicos bebiam por estarem deprimidos. Ora, essa hipótese não foi confirmada pela maioria dos estudos, e hoje já se considera que a depressão é que é secundária ao alcoolismo.[27]

Os mecanismos desse efeito depressogênico do álcool são naturalmente múltiplos: biológicos (perturbação dos neurotransmissores devido à dependência física), sociais (vergonha e rejeição) e psicológicos (alteração da autoestima).

➤ O alcoolismo altera a autoestima

A maioria dos alcoólicos crônicos apresentam baixa autoestima.[28] Eis o que diz uma de nossas pacientes, em carta que nos mandou recentemente: "Tenho vergonha daquilo que me tornei: quando desperto pela manhã, evito olhar-me no espelho. Mas não posso deixar de pensar que, o que me recuso a ver ali, outros o observam cotidianamente: uma mulher precocemente envelhecida, com a pele avermelhada, de mãos trêmulas, que se perfuma e maquia demais para disfarçar o aspecto e o hálito. Sempre que penso em mim, sinto vergonha. Então, evito esse pensamento em geral, e só consigo isso bebendo de novo. Há anos venho me afastando das pessoas que amo, pois não consigo mais encará-las nem ouvir suas observações."

No entanto, alguns estudos revelaram resultados bastante paradoxais entre os pacientes alcoólicos, com elevadas pontuações de autoconfiança.[29] Isso pode ser explicado pelos sentimentos de vergonha associados ao alcoolismo, que levam os pacientes a atitudes de recusa e de arrogância.

Em todos os casos, a autoestima do paciente alcoólico é muito instável. Dependendo do momento e sobretudo do nível de alcoolização, seu discurso vai da recusa ("não é assim tão grave") ao desespero ("não conseguirei nunca me livrar disso"). Infelizmente, nenhuma dessas atitudes é eficaz para abandonar a bebida.

Como o alcoólico pode reconquistar a autoestima?

O alcoolismo é uma doença difícil de ser tratada e desestimulante tanto para o paciente quanto para o médico, pois as recaídas são frequentes. É por isso que, além dos remédios e das psicoterapias, aconselha-se aos alcoólicos procurarem um grupo de antigos bebedores, como, por exemplo, os Alcoólicos Anônimos (AA). O objetivo desses movimentos é ajudar as pessoas dependentes do álcool a lutar contra as principais manifestações associadas ao distúrbio.

Domínio em jogo	Atitude nos momentos de desmoronamento da autoestima	Atitude nos momentos de proteção da autoestima
Aceitação do problema do álcool	Desespero: "eu sou dependente para sempre do álcool"	Recusa: "posso parar quando quiser"
Olhar social sobre o seu alcoolismo	Vergonha: "eu bebo, e isso é ruim"	Recusa: "se a gente já não pode aproveitar a vida"
Responsabilidade sobre alcoolismo	Culpabilidade: "tudo é culpa minha"	Acusação: "meus pais me fizeram sofrer muito, e hoje as pessoas me rejeitam"

Alcoolismo: deprimir-se ou mentir para si mesmo

Examinam-se atentamente os métodos de grupos como o AA, percebe-se logo que sua eficácia baseia-se amplamente no bom conhecimento da psicologia e das necessidades das pessoas com baixa autoestima.

Por exemplo, o apoio constante dos companheiros permite que a pessoa não se sinta sozinha em relação aos esforços que deve realizar. A conscientização de que o alcoolismo é uma doença permite evitar sentimentos de autodesvalorização. A progressão dos esforços é muito importante: pede-se aos participantes dos programas dos Alcoólicos Anônimos que encarem os seus esforços por etapas de 24 horas, "um passo a cada dia", sabendo-se que é muito difícil para as pessoas com baixa autoestima planejar uma ação em longo prazo e que, por isso mesmo, um fracasso será menos desencorajador. O autoconhecimento também é encorajado, e o AA diz em especial: "Fizemos corajosamente um inventário moral minucioso de nós mesmos."[30]

O TRAUMATISMO PSICOLÓGICO

Agressões: do físico ao psicológico

Quando vítimas de agressões se submetem a tratamento, ficamos surpresos ao descobrir a que ponto a autoestima delas foi abalada.[31] Em terapia, encontram-se quase sempre sentimentos de vergonha e de humilhação entre as vítimas de estupro ("fiquei suja para sempre") ou de agressão ("eu deveria ter me defendido mais") ou sentimento de culpa entre os sobreviventes de catástrofes (é a "síndrome do sobrevivente": "por que eu se os outros morreram?"). Tais sentimentos de vergonha agravam os sofrimentos dessas pessoas: vão, por exemplo, levá-las ao isolamento, a não falar de seus problemas ou, ainda, conferir-lhes a sensação de não serem como as outras, de serem incompreendidas.

Associa-se em geral a intensidade do traumatismo psicológico à gravidade da ameaça sofrida. Mas pode acontecer que a agressão à autoestima seja mais importante que a agressão à pessoa física. Examinando as agressões sofridas por motoristas de ônibus,[32] ficamos surpresos ao descobrir que eles, às vezes, ficavam mais chocados com uma cusparada ou com um insulto recebidos por parte de um pré-adolescente na frente dos passageiros do que com uma agressão física por parte de um usuário adulto: a autoestima deles sofria mais com a provocação do primeiro do que com a altercação do segundo.

Fazemos as mesmas constatações no registro de violências domésticas: as mulheres que apanham têm níveis de autoestima sempre mais baixos do que mulheres que têm as mesmas características sociais mas não apanham.[33] A causalidade pode ser dupla: a baixa autoestima leva a mulher a tolerar o inaceitável; o fato de ser regularmente violentada e humilhada altera a autoestima.

Seitas: atenção, perigo!

A psicologia e o desenvolvimento pessoal estão se tornando uma arma para algumas seitas.[34] Cada vez mais, elas atraem seus futuros membros pelo viés da psicologia, sob o pretexto de um falso "balanço de personalidade aprofundado" ou de estágios de "redinamização mental". Os depoimentos dos antigos membros dessas seitas mostram claramente que estas jogam habilmente com os problemas de autoestima das pessoas que se aproximam delas. O livro de uma sobrevivente da cientologia[35] revela isso com clareza:

- As seitas trazem respostas às dúvidas sobre a identidade pessoal: "Tudo começa com um teste de personalidade gratuito."
- Os "balanços" vão confirmar as dúvidas sobre si, mas também propor soluções: "Começam dizendo a você: você tem problemas. E logo depois: a cientologia pode resolvê-los."
- A integração a um pequeno grupo coeso, à margem do mundo exterior, é valorizadora: "Tem-se a impressão de se sair do anonimato." "A cientologia dá aos seus adeptos a sensação de fazer parte de uma elite."
- Os novos membros da seita retomam não raro o gosto pela ação, mas somente dentro do grupo e graças a seu apoio ativo, o que os torna totalmente dependentes: "Você faz realmente progressos: pouco a pouco, chega a dominar sua timidez, a falar em público, a fazer um monte de coisas, mas sempre com a ajuda da seita."

Se você quer ser ajudado(a) em sua busca por uma melhor autoestima, tome algumas precauções e não ceda à impressão agradável de ser inteiramente compreendido(a). De modo algum desenvolver a autoestima deve implicar renúncia a levar a vida que você escolheu, a visitar seus parentes e amigos e a conviver com eles. E, de modo algum, isso deve desembocar em uma restrição de suas liberdades. Quando em dúvida, recorra sempre à opinião de pessoas próximas ou de profissionais da saúde.

Os pais "tóxicos"

Por muito tempo, a psiquiatria culpabilizou os pais de filhos esquizofrênicos ou autistas. Sabe-se hoje que tais doenças devem bem pouco à influência educativa ou afetiva, mas muito a disfunções biológicas de origens variadas.

Em matéria de autoestima, entretanto, o papel dos pais revela-se importante. Trata-se quase sempre de simples inabilidades educativas. Nesse caso, os danos à autoestima são limitados: eles podem acarretar sofrimentos e dificuldades, mas nem sempre com consequências graves para o equilíbrio da pessoa adulta. Existem, em contrapartida, verdadeiros pais "tóxicos": um best-seller americano compôs, há alguns anos, uma terrível galeria de retratos[36] desses "ladrões de infância". Eles têm como ponto comum o fato de alterarem gravemente a autoestima de suas vítimas. Apresentamos a seguir seus principais perfis.

➤ Os "controladores intrusivos"

Estes pais abusivos decidiram de uma vez por todas que somente eles sabem o que é bom para seu filho, ao qual não permitem nenhuma autonomia. Se este tenta se rebelar, eles o culpabilizam ou o submetem a chantagem afetiva ("é para o seu bem"). Mesmo depois de adulto, o filho continua a sofrer a pressão intrusiva dos pais sobre seus feitos e gestos cotidianos, sobre suas escolhas existenciais.

O impacto sobre a autoestima é nítido: o filho, e mais tarde o adulto que ele será, assume que não é capaz de nada sem os pais e arrisca-se a passar da dependência parental à dependência conjugal. Ouçamos o relato de François, 42 anos, professor de desenho:

"Levei 18 anos para tornar-me adulto e quarenta para livrar-me de minha mãe! Mesmo assim, foram-me necessários alguns anos de antidepressivos e uma psicoterapia... Pergunto-me se minha grande infelicidade não foi ter sido filho único: cuidando apenas de mim, minha mãe foi uma prova permanente.

Por exemplo, ela comprava minhas roupas e, toda manhã, era ela quem escolhia o que eu devia usar, em função do tempo que estivesse fazendo. Quando eu tentava me rebelar – isso não me acontecia sempre, mas na adolescência comecei a ter algumas ideias sobre minha aparência –, ela me dizia que eu não tinha nenhum gosto e que era muito influenciável. Mais tarde, ela começou a controlar minhas saídas e os lugares aonde eu ia; dava-se o direito de entrar em meu quarto a qualquer hora do dia e da noite, de abrir minha correspondência.

Nunca pude conhecer o que quer que fosse em relação ao plano sentimental, a perspectiva de ser submetido a um interrogatório por minha mãe me paralisava por antecipação. Quando arranjei um emprego, ela insistiu comigo para que, malgrado meu salário, eu não saísse de casa: eu a ouvi, estava há muito convencido de que não era capaz de fazê-lo. O mais forte era que, enquanto me sufocava, ela me criticava por minha imaturidade, por minha indecisão, por minha fragilidade...

Quando resolvi deixar a casa, ela fez de tudo: ameaças, chantagens, tentativas de suicídio, hospitalizações psiquiátricas, cenas ao telefone ou na rua. Mas persisti em minha decisão, e não me arrependo disso."

▶ Os alcoólicos

Estes pais fazem com que o filho suporte suas variações de humor, que vão do abatimento à hostilidade. Por causa de sua doença, são pouco atentos às necessidades e aos estados de ânimo do filho. A imagem de grande vulnerabilidade, às vezes até de degradação física e mental, que eles apresentam contribui para fragilizar a autoestima do filho. Como disse uma de nossas pacientes: "Como pensar um só instante que sou uma pessoa de bem quando lembro quem era minha mãe?" Além disso, os filhos de pais alcoólicos culpam-se pelo estado doentio dos pais: "ele fica com raiva por causa de alguma coisa errada que eu fiz", "ele talvez beba porque eu o faço infeliz"...

O ambiente afetivo e educativo das famílias em que um dos pais é alcoólico é, quase sempre, algo caótico aos olhos das crianças: elas não podem prever qual será a reação do pai doente aos seus comportamentos. Uma bobagem poderá ser tolerada ou provocar uma benevolência divertida. Em outros momentos, mesmo estando quieta, a criança poderá desencadear a cólera do pai doente ("certas noites, sabíamos que, não importava o que fizéssemos, o simples fato de mostrar-se acarretaria uma briga"). O segredo familiar em torno do alcoolismo aumenta os sentimentos de vergonha ou a falta de confiança no universo dos adultos.

Certo número de crianças consegue, no entanto, resistir a esse ambiente destruidor. Pesquisas[37] demonstraram que uma proporção significativa delas (cerca de 20%) chegava a se estruturar psicologicamente de maneira a preservar a autoestima, desenvolvendo estratégias de hipercontrole do meio ambiente, tornando-se muito cedo independente e adulta, autônoma e com êxito na escola. Mas essa salvação pelo hipercontrole pode trazer problemas na idade adulta, como foi o caso desta moça que nos relatou o seguinte:

"Meu sogro era alcoólico. Creio que meu marido livrou-se disso tornando-se precocemente adulto; ainda jovem, era ele quem cuidava dos pais, pois sua mãe era depressiva. Ao voltar da escola, ele a encontrava quase sempre deitada no escuro, a casa em uma desordem terrível, enquanto o pai estava no botequim. Era ele quem cuidava da irmã mais nova, da casa, dos seus deveres... E quando o pai chegava em casa, era preciso organizar a proteção de todo mundo, pois às vezes as brigas e as pancadas cantavam alto.

Quando o conheci, contou-me toda essa história uma única vez, depois não tocou mais no assunto. Mas eu vejo muito bem até que ponto isso o marcou. Hoje, ele fica obcecado com o bom andamento material das coisas, é como se ele cuidasse de suas angústias pela necessidade de controlar tudo. Nossas contas estão todas em ordem?

As crianças já fizeram os seus deveres? A casa precisa de algum conserto? E por aí vai.

É um bom pai e um bom marido, mas falta fantasia, ele não se solta comigo e com as crianças. Quando o censuro, tenho a impressão de que ele não compreende o que estou dizendo. Tenho tentado, pouco a pouco, ensinar-lhe a espontaneidade e a despreocupação. Não é fácil!"

➤ Os agressores verbais

Esta categoria de pais se esmera na arte de desvalorizar os filhos por meio de observações cruéis sobre os seus erros, seus pontos fracos, e até mesmo suas características físicas. Em um grau mais sutil, usa-se com habilidade a ironia ou se fazem comentários sarcásticos sobre os desempenhos dos filhos. Tais agressões verbais são desencadeadas por:

– Atitudes dos filhos que se afastam daquilo que os pais desejam. O impacto sobre a autoestima é que o filho interioriza que é preciso ser de acordo com o desejo dos outros, e que aquilo que ele traz consigo em termos de ideias novas ou vontades pessoais deve ser jogado fora.

– Atitudes dos filhos que ameaçam os pais em sua posição de comando, o que é mais pernicioso que o item anterior. Em especial na adolescência, há mães que não suportam ver a filha tornar-se feminina, bonita, desejável; e pais que se sentem ameaçados pela altura ou pelas proezas esportivas dos filhos ou, ainda, invejam-lhes os sucessos em relação ao sexo feminino.

As agressões verbais desses pais podem se expressar de maneira direta – observações desvalorizadoras – ou indireta – exigências perfeccionistas nunca satisfeitas. Isso acarreta nos filhos na idade adulta uma autoestima bastante vulnerável, com uma sensibilidade extrema aos comentários alheios.

➤ Os agressores físicos

Estes pais, por razões múltiplas (mas em geral relacionadas às próprias carências afetivas), são incapazes de controlar suas pulsões agressivas dirigidas aos filhos. Um pouco como no caso dos filhos de alcoólicos, o universo familiar torna-se um ambiente perigoso e imprevisível. A criança internaliza que não se acha em segurança não importando o lugar em que se encontra ou o que esteja fazendo. E, mais grave, que em certo sentido ela também é responsável por esse estado de coisas.

Um de nossos pacientes, que apanhou muito quando criança, contou-nos: "Eu tinha a impressão de que meu pai me batia porque eu era mau; como não batia em minha irmã, pensava que era minha culpa, que eu era uma criança fora do padrão e que as pancadas eram uma punição merecida." A ausência de reação da mãe, não raro cúmplice passiva, acaba por deixar claro para a criança sua ausência de valor intrínseco, e até mais: ela se julga capaz de desencadear a agressividade dos outros unicamente por sua presença, pelo próprio fato de existir e achar-se ali. Já se falou, a tal respeito, em "holocausto doméstico".[38]

Os distúrbios da autoestima serão então marcados por dúvidas profundas sobre o valor pessoal e pela autodesvalorização: "Se meus pais não me protegeram fisicamente, é porque eu não valia a pena."

▶ Os agressores sexuais

O último degrau é transposto quando a violência no seio das famílias é marcada pela presença de pais com comportamentos incestuosos (em geral, o pai com a filha ou com a enteada). A criança é agredida no que ela tem de mais íntimo, e nenhum outro refúgio lhe é possível. A atmosfera de violência é considerável, e a adolescente é o objeto de mensagens culpabilizantes: "se você não fizer, ninguém a amará mais", "se você não concordar, ficarei infeliz e triste", "vou arrebentar você, sua mãe e o seu irmãozinho", "se você falar, irei para a cadeia, e a culpa será sua".

Com bastante frequência, as mães são cúmplices, passivas ou ativas ("se você recusar, todos nós vamos sofrer"). Eis o que nos contou uma jovem paciente nossa, de 16 anos, vítima de incesto por parte do padrasto: "Não sei o que fazer. Se aceito, tenho a impressão de ser má e perversa. Se recuso, ele me diz que sou má com ele, e que sou uma imprestável. Quando resisto, ele se vinga tornando-se desagradável com minha mãe ou com meu irmãozinho. Então, tenho a impressão de que minha mãe prefere que eu ceda..."

As crianças vítimas de abuso sexual sofrem gravíssimas alterações da autoestima[39] e costumam apresentar distúrbios psiquiátricos variados, como uma personalidade "fronteiriça".

Personalidade "fronteiriça" e autoestima

As pessoas que têm esse tipo de personalidade sofrem de uma grave instabilidade em suas relações afetivas: elas encontram dificuldades para estabelecer relações normais com os outros, pois se mostram hipersensíveis a tudo quanto percebem como rejeição ou como abandono. Uma observação, uma crítica, um rompimento sentimental vão precipitá-las em um sofrimento extremo e em comportamentos impulsivos, não raro dirigidos contra si mesmas: tentativas de suicídio e automutilações (queimar-se com cigarro, cortar as coxas com canivete).

Os psiquiatras recebem grande número de pacientes assim, os quais em geral apresentam numerosos problemas associados de angústia e de depressão. Eles sabem que essas terapias são difíceis e estressantes, devido à enorme fragilidade e à terrível imagem que tais pessoas têm de si mesmas. Sua autoestima acha-se de fato gravemente atingida, e os pacientes descrevem não raro a que ponto eles detestam a si e ao próprio corpo, seus comportamentos, suas emoções.

Esta autoestima prejudicada é uma das explicações de suas dificuldades nos relacionamentos: os indivíduos fronteiriços enxergam a rejeição atrás de qualquer movimento de distanciamento, mesmo moderado ou transitório. E sua fragílima autoestima não resiste a isso. Vários estudos demonstraram que tais pessoas quase sempre sofreram de carências afetivas graves na infância, chegando às vezes aos maus-tratos, inclusive aos abusos sexuais.[40]

CURAR-SE É RECUPERAR A AUTOESTIMA

Com muita frequência, a cura em psiquiatria passa por uma autoestima recuperada. Três razões tornam importante a necessidade de se levar mais em conta a autoestima dos pacientes.

Em primeiro lugar, o fato de ser um "paciente psiquiátrico" já é uma ofensa à autoestima. Durante muito tempo, as pessoas não ousavam falar de seus problemas psiquiátricos, pois existia um julgamento social muito negativo sobre a doença mental. Era um fator de isolamento e de sofrimento suplementar. Hoje, os problemas psicológicos são mais bem reconhecidos, os pacientes não hesitam em fazer parte de um grupo[41] e em defender abertamente seus interesses. É um notável progresso no caminho da recuperação da autoestima.

Em segundo, porque a maioria das afecções psicopatológicas estão ligadas a problemas de autoestima, qualquer que seja a natureza desse elo, como pode mostrar o quadro adiante.

Enfim, porque é necessário que os terapeutas tomem pouco a pouco o hábito de desenvolver com os seus pacientes relações ainda mais respeitosas e igualitárias: em geral, o saber e o poder estiveram do lado do terapeuta, e o paciente devia aceitar a ausência de explicações sobre a doença e as questões sem respostas.

PAPEL DA BAIXA AUTOESTIMA	EXEMPLO DE PATOLOGIA
Está na origem do distúrbio	Depressão
Agrava o distúrbio	Timidez e fobia social
Torna agudo o distúrbio	Traumatismos psicológicos
Dificulta a melhora do distúrbio	Bulimia

Autoestima e distúrbios psicológicos

A exemplo de um discurso político infelizmente famoso, os pacientes de hoje se querem "responsáveis" (desejam um papel ativo no tratamento), mas não "culpáveis" (não aceitam mais serem estigmatizados por doenças que não escolheram para si).

10
Pequenos ajustes na autoestima.
Como protegê-la no curto prazo

Muitos comportamentos cotidianos servem, às vezes sem que saibamos, para realçar ou defender nossa autoestima quando ela se encontra ameaçada. Afinal, autoestima não é um fato consumado de uma vez por todas. Como um ser vivo, precisa ser regularmente alimentada e protegida.

Esses pequenos arranjos não têm, entretanto, senão um efeito limitado sobre a autoestima. Acontece que eles são suficientes no curto prazo, mas não substituem a ação em profundidade que descreveremos no próximo capítulo. Precisamos, portanto, conhecê-los para não sermos enganados por eles.

OS MECANISMOS DE DEFESA DA AUTOESTIMA

Charles, 8 anos, decretou que não queria ir à sua academia de judô. Seu pai o questionou:
– Por quê? Está com medo das lutas?
– Claro que não. Não tenho medo de lutar.
– Tem certeza?
– Juro.
– Então é o quê?
– Ora, acho que o ambiente não é muito bom, os meninos mais velhos não são simpáticos com a gente...

O pai de Charles sabe que, desde que o filho se inscreveu na academia, está ansioso, pois detesta as pequenas lutas de treinamento que se desenrolam no fim de cada aula. Mas Charles não quer confessar isso ao pai, por razões de amor-próprio. E não ousa sequer confessá-lo a si mesmo: o judô é a sua paixão, é assinante de todas as revistas especializadas, e foi ele quem insistiu para entrar nas aulas... Então?

Charles acaba de pôr em movimento aquilo que chamamos de um "mecanismo de defesa", isto é, uma operação mental ou um comportamento cujo objetivo é proteger nossa autoestima contra uma realidade que não podemos ou não queremos assumir: ele negou sua ansiedade em face da competição, para não perder a importância aos olhos do pai e de si mesmo.

Para que servem os mecanismos de defesa?

Principalmente para nos poupar de emoções ou pensamentos penosos para a nossa consciência. É, aliás, normal recorrer a eles quando somos confrontados com dificuldades, pois desempenham um papel de amortecedor. Recalcar uma recordação penosa no esquecimento ou refugiar-se no devaneio em momentos de preocupações são dois exemplos de mecanismos de defesa que nos permitem não ter mais que refletir sobre aquilo que pode acontecer de desagradável.

Quanto mais frágeis nos sentimos, maior a tendência a utilizá-los, pois eles protegem a autoestima. Evitam questionamentos muito diretos e representam uma forma de remanejar e de evitar a realidade.

Porém, como todas as evitações, esses mecanismos aumentam nossa fragilidade. São como cortesãos que dissessem o tempo todo a um rei recluso em seu palácio: "Tudo vai muito bem, majestade!", no entanto, do lado de fora, estaria eclodindo uma revolução: nenhuma atitude de mudança será tomada pelo soberano, já que as únicas mensagens que ele aceita receber são as que podem tranquilizá-lo. Assim também agem os nossos pacientes, eles filtram literalmente as informações para não reter senão aquelas que lhes dão segurança e que não lhes exigem esforços de adaptação.

De certa maneira, os mecanismos de defesa representam uma troca inconsciente durante a qual os sujeitos sacrificam seu desenvolvimento pessoal em favor de um sentimento fictício – de segurança.[1]

MECANISMO DE DEFESA	FUNÇÃO NA MANUTENÇÃO DA AUTOESTIMA
Evitação, retirada	Escapar ao risco de fracasso
Negação	Recusar-se a admitir os problemas
Projeção	Atribuir os próprios sentimentos negativos e dificuldades aos outros
Fantasias e devaneios	Imaginar o êxito em vez de construí-lo
Racionalização	Reconhecer os problemas, mas atribuir-lhes causas que evitam um questionamento
Compensação	Fugir de um sentimento de inferioridade investindo em outros domínios

Os principais mecanismos de defesa

Os mecanismos de defesa têm vantagens e inconvenientes. Depois que passamos por um fracasso pungente, podemos contar às pessoas uma versão divertida dele, o que evita que nos queixemos ou que aparentemos uma imagem desvalorizante de nós mesmos. Além disso, lutamos contra o sentimento de angústia que nos invade à evocação da má lembrança. Por outro lado – e este é o reverso da medalha –, dar uma versão humorística de um naufrágio pessoal pode ser também uma forma de não refletir sobre o sofrimento nem confrontar-se com suas consequências.

Em outro sentido, não é a utilização ocasional de um mecanismo de defesa que constitui problema, mas o fato de recorrer excessivamente a ele: uma pessoa que brinca sem parar sobre si mesma e "nunca está séria" costuma deixar uma sensação de mal-estar nos seus interlocutores, que percebem bem o aspecto defensivo de um comportamento sistemático de autoderrisão.

Como proteger insuficientemente a autoestima

Jérôme é um homem de 26 anos que mora com os pais. Ele interrompeu seus estudos na faculdade de letras já no primeiro ano, pois se sentia mal na universidade e não conseguia fazer seus trabalhos. Em seguida, fez um estágio de um ano na Inglaterra para conseguir um diploma na área de comércio em uma universidade particular. Mas, voltando à França, não encontrou o tipo de emprego que procurava e vive desde então de pequenos bicos.

Seus pais levaram-no a entrar em contato com alguns amigos e conhecidos da família que teriam podido ajudá-lo a achar um trabalho mais interessante, mas Jérôme não quis recorrer a eles. Recusa-se também a comparecer a qualquer reunião noturna para a qual é convidado. Suas *evitações* permitem-lhe não se sentir desvalorizado por sua situação profissional precária.

Quando a irmã toca no assunto de sua solidão sentimental, ele responde que isso não lhe causa o menor sofrimento. Quando os pais comentam que ele não age o bastante, ele lhes responde que muitos jovens são como ele, que o retraimento é uma tendência entre as pessoas da sua idade: essa *negação* permite-lhe evitar reconhecer que seu comportamento não é normal.

Ele acrescenta ainda que as garotas de sua idade são muito superficiais, que se entedia nas festas e que os empregos que os amigos de seus pais lhe propõem certamente não lhe interessariam: por meio dessas *racionalizações,* evita enfrentar os verdadeiros problemas e suas dúvidas sobre si mesmo.

Ele acusa às vezes os pais de estressá-lo e torná-lo doente, por causa da pressão que fazem e por culpá-lo: ele *projeta* neles o seu próprio estado de ânimo, e os torna responsáveis por ele. Jérôme não enxerga que é ele mesmo quem alimenta em grande parte tais sentimentos de angústia e de desvalorização.

Ele passa longas horas sonhando que um dia encontrará a mulher da sua vida, a quem seduzirá com um único olhar: tais *fantasias* lhe fazem bem no momento, mas o conservam em uma visão falsa dos verdadeiros relacionamentos humanos, e ele ficará profundamente decepcionado se um dia conseguir ter uma aventura sentimental.

Maneja perfeitamente seu computador e conhece muito sobre internet. Assina todas as revistas sobre o assunto e se considera um especialista: essa competência permite-lhe *compensar* em parte a total decadência de sua vida pessoal. Sonha, aliás, em fundar um movimento humanitário a que chamaria de "informáticos sem fronteiras", para ensinar as crianças dos países subdesenvolvidos a usarem o computador.

* * *

Todo mundo recorre aos mecanismos de defesa. Tenha-se uma alta ou uma baixa autoestima, esses pequenos compromissos com a realidade fazem parte do cotidiano de cada um de nós. Eles podem se apresentar de uma forma relativamente pura e próxima daquilo que acabamos de descrever, mas podem também estar mascarados. Veremos agora algumas de suas manifestações.

COMO PROTEGER A BAIXA AUTOESTIMA?

As pessoas com baixa autoestima temem sobretudo o fracasso. É por isso que eles se dedicam mais à proteção de sua autoestima do que ao seu desenvolvimento, mais à prevenção dos fracassos do que à administração do risco. Assim, encontram-se não raro entre eles mecanismos de defesa como a evitação e o isolamento (não agir para não fracassar) ou a negação (não reconhecer suas frustrações nem suas evitações).

Esse medo de fracassar vai manifestar-se globalmente por uma atitude social prudente e reservada, e até mesmo cheia de precauções: não se atirar muito para não arriscar-se à crítica ou à rejeição. Muitas pessoas com autoestima moderada ficam assim na sombra não porque não gostem das luzes do sucesso, mas sim porque se sentem incapazes de pagar o preço para alcançá-lo. Afinal, para ser bem-sucedido em algo, é preciso às vezes competir com os outros e, portanto, correr o risco de irritar, de suscitar oposições, de perder... Muito desestabilizante para um sujeito com baixa autoestima!

Mas essas pessoas têm, como as outras, necessidade de êxitos e de gratificações para conservar a autoestima em um nível aceitável. Como proceder? Eis algumas soluções a que podemos recorrer.

Vencer através dos outros: o sucesso por procuração

Uma primeira estratégia possível vai consistir em beneficiar-se do êxito de outra pessoa, a cujo sucesso nos sentimos associados. Essa outra pessoa pode ser um próximo de nosso círculo, como um filho ou o cônjuge. Assim, para alguém que sofreu por não ter podido estudar, ver seus filhos vencer na escola será certamente uma fonte de prazer altruísta, mas também um meio de realçar a autoestima. Foi o que aconteceu com Élodie, 22 anos, estudante de letras: "Nossa mãe vinha de um meio modesto; seu casamento com meu pai, que veio da classe média, tinha sido um fracasso, e ela se viu sozinha para nos criar. Como foi uma separação litigiosa, ela havia cortado os laços com meu pai e não tinha direito a pensão alimentar. Ela se sacrificou para que pudéssemos fazer faculdade. Para nós, era uma carga pesada para assumir, era sempre complicado na época das provas, pois ela dizia que não tínhamos o direito de decepcioná-la. A cada nota ruim, tenho ainda o sentimento de culpa de haver traído sua confiança. Sinto que para ela é realmente importante que os filhos sejam bem-sucedidos nos estudos."

O mesmo pode acontecer com o sucesso do cônjuge: em determinada época, muitas mulheres se sacrificavam para assegurar o êxito do marido, algo que lhes trazia muito orgulho. As mulheres de médicos até os anos 1960 são um exemplo: ser a "mulher do doutor" era bom para a autoestima.

O sucesso por procuração pode manifestar-se igualmente em laços mais longínquos, como é o caso do ator famoso idolatrado pelos fãs, e dos torcedores de times de futebol, que se sentem orgulhosos ou abatidos em função das vitórias ou das derrotas de sua equipe favorita. Observadores estrangeiros notaram que a autoestima da França melhorara depois da vitória de sua seleção de futebol na Copa do Mundo de 1998. A satisfação foi tão intensa que a vitória provocou uma das maiores festas populares no país desde a Liberação.

Entenda-se bem: não estamos dizendo que qualquer forma de apoio ou de prazer advinda do sucesso de uma pessoa ou de um grupo com quem se tenham laços seja uma prova de baixa autoestima. É normal internalizar como sua a vitória dos outros. Mas é preciso saber que a vontade inconsciente de elevar a própria autoestima acha-se quase sempre ligada a tais comportamentos.

Como identificar os excessos desse tipo de estratégia? Em primeiro lugar, quando esse mecanismo de procuração é o único que consegue valorizar a pessoa. Em segundo, quando esta reage com violência ao fracasso daqueles em quem ela investiu psicologicamente. Esse fenômeno foi observado de maneira espetacular entre os torcedores de futebol: pessoas que se matam por causa da derrota de seu time ou agridem os supostos responsáveis pela derrota (árbitros, jogadores, dirigentes). Lembramos aqui especialmente o jogador colombiano assassinado em 1994, em seu regresso da Copa do Mundo nos Estados Unidos: ele marcou um gol contra, ocasionando a eliminação de sua equipe. Por fim, quando a pressão exercida sobre as pessoas encarregadas de valorizar nossa autoestima é abusiva: é o caso das crianças "encarregadas de missão" por seus pais. Estes, havendo de alguma forma fracassado na vida (pelo menos, aos próprios olhos), encarregam, como vimos, seus filhos de realizar o que eles mesmos não puderam fazer: estudos brilhantes, mudança de classe social, sucesso nos esportes etc.

* * *

As pessoas com alta autoestima também utilizam o sucesso por procuração: na Idade Média, os soberanos eram representados nos torneios por seus "campeões" – um rei não podia correr o risco de beijar a lona! De modo geral, indivíduos com alta autoestima saboreiam igualmente o sucesso por procuração, mas eles o exploram de forma mais aberta: não temem colocar-se à frente na ocasião e de tirar o tapete de sob os pés dos outros.

Fiquemos juntos!

Estar integrado a um grupo é bom para a autoestima. Como vimos, o reconhecimento social está muito ligado à autoestima: ser aceito em um grupo dá prova de um mínimo de aceitação por parte de semelhantes. O nível de estima social de que se beneficia o grupo aos olhos de fora tem de fato pouca importância. Em geral, pessoas com baixa autoestima preferem ter seu lugar assegurado em um grupo de fraco desempenho ou pouco valorizado socialmente do que "remar" para defender um lugarzinho sem importância em um grupo em que a competição é dura. Assim, um garoto com baixa autoestima se sentirá mais à vontade em uma equipe de futebol que coleciona derrotas, mas onde está certo de que será escalado e de que está à altura dos parceiros.

Sobretudo, o grupo permite o compartilhamento dos sucessos, mas também dos fracassos. Compreende-se por que as pessoas com baixa autoestima são particularmente atraídas pela inserção em um coletivo: dispostas a compartilhar os sucessos, elas encontram ali sobretudo a segurança de uma diluição das responsabilidades em caso de fracasso – e, portanto, de desvalorização menor em matéria de autoestima. Elas temem mais o fracasso do que apreciam o sucesso.

Logo, nenhuma surpresa no fato de que a adolescência seja a idade de ouro das gangues. Vimos que se trata de um período em que a autoestima se acha particularmente vulnerável.

* * *

Entre as pessoas com alta autoestima, juntar-se a um grupo serve principalmente para diferenciar-se (por exemplo, pertencendo a um clube de elite). Já entre aquelas com baixa autoestima, juntar-se a um grupo serve para que a pessoa se sinta menos sozinha e mais protegida.

Devaneios, projetos imprecisos e mundos virtuais...

Algumas pessoas com baixa autoestima entregam-se às vezes sem limites ao devaneio. "Eu passava dias inteiros em meu quarto sem fazer nada", disse-nos um paciente. "Sonhava com sucessos brilhantes: ora me tornava um grande estudioso de qualquer coisa, ora um prêmio Nobel em qualquer outra atividade, ora um campeão da

Fórmula 1, e outras besteiras... Claro, nada disso implicava o mais leve começo de passagem ao ato, como, por exemplo, inscrever-me em um curso de meu agrado ou participar de alguma agremiação esportiva. Eu ia de uma quimera a outra, como um inseto vai de flor em flor; mas era como uma borboleta, sem nada produzir, não era nem mesmo como uma abelha que pelo menos faz o mel depois de sugar o pólen..."

Às vezes, o devaneio faz bem. Mas, entre as pessoas com baixa autoestima, ele apresenta perigos porque provoca satisfações que substituem as da ação, e habitua o sujeito a negligenciar as etapas intermediárias do êxito: os esforços para produzir, os fracassos, as tentativas falhadas, as diversas dificuldades que devem ser enfrentadas.

Frequentar universos virtuais – *video games*, telenovelas, romances – também ilustra esse tipo de comportamento. Esquivar-se da realidade, muito dolorosa para a autoestima, é o que impulsiona esses grandes consumidores desses meios de evasão.

* * *

Os devaneios também atingem as pessoas com alta autoestima, mas nelas o sonho é quase sempre um preâmbulo para a ação, e não a sua substituição.

COMO PROTEGER A ALTA AUTOESTIMA?

A priori, a situação é mais simples para quem tem alta autoestima. De maneira geral, seu modo de agir (assumir riscos, procurar desenvolver suas competências, ampliar seus limites) permite uma manutenção ou um desenvolvimento regular de sua autoestima. As pessoas com baixa autoestima agem menos para se verem confrontadas o menos possível com o fracasso. Não é o caso das que possuem alta autoestima: elas agem, portanto conhecem mais êxitos, mas também mais fracassos. Ninguém dirá que sente prazer em fracassar. Então, como fazem para administrar os fracassos?

O viés atributivo

Existem várias maneiras de reagir ao fracasso: ou o aceitamos tal como ele é, tirando daí nossas lições – é a atitude mais útil, mas também a mais custosa emocionalmente, sobretudo se os fracassos são muito numerosos ou repetidos; ou olhamos a situação de outra perspectiva – "não é minha culpa, não é grave, isso vai mudar". É o que os psicólogos chamam de "a teoria das atribuições". Temos tendência a atribuir características aos eventos: o que se passou depende de mim ou de fora, vai se repetir ou será um fato isolado, é representativo ou limitado.

Brincar com as atribuições permite uma acomodação aos vários problemas existenciais. Por exemplo, pessoas com alta autoestima têm uma propensão irresistível a atribuir a si mesmas os êxitos e a imputar a responsabilidade dos fracassos a circunstâncias exteriores – destino ou outras pessoas.[2] Em caso de fracasso, elas são capazes de ser mais específicas em sua autocrítica:[3] "Fui mal nisto e naquilo" e não "Fui lamentável". Francisco I, derrotado e feito prisioneiro na batalha de Pávia, em 1525, escreveu à mãe, a duquesa d'Angoulême, a famosa frase: "Tudo está perdido, exceto a honra", belo exemplo de não generalização de uma autocrítica.

ESTRATÉGIA	EXEMPLO
Externalizar as causas do fracasso (em vez de internalizá-las)	"Fiz o que precisava ser feito, na verdade a culpa é de..."
Não generalizar a autocrítica (mas limitá-la e torná-la específica)	"Há um ponto no meu plano que não funcionou como previsto..." (mas o resto era perfeito)
Não tirar conclusões sobre a duração (em vez de generalizar)	"Isso não quer dizer nada, funcionará da próxima vez..."

Estratégias atributivas de pessoas com alta autoestima confrontadas com o fracasso

À sala de cirurgia

Tomem como exemplo as estratégias utilizadas por um cirurgião com alta autoestima que se viu às voltas com um acidente operatório:

"Minha intervenção foi um sucesso. O doente morreu porque os anestesistas cometeram erros. De qualquer maneira, era um caso bastante particular. Tive que operá-lo, porque mais ninguém queria fazê-lo, e era preciso intervir..."

Prestar atenção nos defeitos dos outros: a comparação para baixo

Noventa por cento dos homens de negócios se consideram superiores aos seus concorrentes e 70% dos sujeitos egressos de grandes escolas ou de universidades conceituadas julgam-se com capacidades acima da média de seus colegas.[4] Pessoas com alta autoestima costumam julgar-se favoravelmente quando se comparam com seus iguais! Aliás, constatou-se que elas tinham o cuidado de escolher como pontos de comparação as dimensões que lhe eram mais favoráveis. É talvez o que explica o fato de que essa tendência à comparação social lisonjeira se encontre também em todas as categorias sociais. Entre os docentes, por exemplo, 90% dos professores de ensino médio julgam-se superiores aos seus colegas do nível anterior. Entre os estudantes do ensino superior, 25% pensam que fazem parte do 1% da população capaz e digna de dirigir os outros.[5] Por outro lado, parece que essa comparação social não se manifesta em todas as culturas (ou pelo menos não se exprime da mesma maneira): um estudo feito com estudantes japoneses não mostrava entre eles nenhuma tendência a se valorizar comparando-se com os outros; dava-se mesmo o contrário![6]

*Até os grandes homens olham
às vezes para baixo...*

A vida de Freud é uma inesgotável fonte de episódios marcantes para quem se interessa pela autoestima, pois a desse grande homem era às vezes florescente e cruel com os outros, em especial com alunos muito audaciosos. Eis o que conta a tal respeito seu biógrafo e aluno Ernest Jones:[7]

"Quando Steckel [um aluno de Freud] pensava ter ido mais longe que Freud em certas descobertas e se desculpava por isso com alguma modéstia, dizendo que um anão trepado nos ombros de um gigante podia ver mais longe do que o próprio gigante, Freud declarou ironicamente: 'Isso talvez esteja certo, mas não quando se trata de um piolho na cabeça de um astrônomo.'"

* * *

Essa tendência torna-se bastante exacerbada no caso de fracasso entre pessoas com alta autoestima. Elas terão então mais do que nunca tendência a se tranquilizarem, comparando-se com os mais baixos do que elas na escala dos sucessos e das competências. Para isso, estarão mais atentas aos defeitos e às lacunas das outras pessoas. Alguns divertidos trabalhos provaram isso.[8] Pessoas com alta autoestima e com baixa autoestima foram levadas ao fracasso em tarefas simples. Em seguida a tais fracassos (que lhes eram claramente sublinhados), fazia-se com que passassem por outra prova, que consistia em ler uma lista de comportamentos positivos ou negativos da parte de outras pessoas ("Jacques foi brilhantemente bem-sucedido em um exame difícil", "Mas ele se recusou a emprestar dinheiro a um amigo em dificuldades" etc.). Quando lhes foi pedido algum tempo mais tarde para que rememorassem os comportamentos lidos, percebeu-se que as pessoas com alta autoestima, depois de terem fracassado, lembravam-se com mais facilidade dos tropeços dos outros. Cuidado, portanto, com o seu chefe, se ele vier a sofrer um revés relacionado com a autoestima: ele se lembrará rapidamente de todos os erros passados cometidos pelos subordinados e infernizará a vida destes para se convencer de que não é o único incompetente na empresa e de que há gente muito pior do que ele.

A crítica do juiz

"Diga-me o que você pensa sobre mim, e eu lhe direi o que você vale." Essa estratégia é bastante utilizada por pessoas com alta autoestima. Um exemplo: voluntários têm uma entrevista com um psicólogo. À saída da entrevista, o psicólogo traça um retrato valorizador ou crítico. Pede-se então aos voluntários que avaliem a pertinência do juízo enunciado e a suposta competência do psicólogo. Entre aqueles com baixa autoestima, o aspecto positivo ou negativo do retrato pintado pelo psicólogo não interfere na opinião. Entre aqueles com alta autoestima, quanto mais o retrato é positivo, mais se considera o psicólogo pertinente... e mais o psicólogo é julgado competente![9]

DEVE-SE COMPLICAR A SITUAÇÃO PARA MELHORAR A AUTOESTIMA?

A pequena Bérangère, 3 anos e meio, está brincando de jogo da memória – um jogo de atenção para crianças – com a irmã mais velha, de 5 anos e meio, e uma amiga desta. Seu pai, a quem ela é muito ligada, passa por ali e diz (inadequadamente!): "Então, meninas, quem vai ganhar?" Depois fica observando o jogo por alguns instantes. A partir desse momento, Bérangère começa a jogar mal, não se concentra mais, não olha mais os cartões, põe-se a "falar como um bebê". As duas maiores ficam indignadas e ameaçam tirá-la do jogo. Compreendendo que deu uma mancada, o pai se senta à mesa de jogo, coloca Bérangère sobre os joelhos, tranquiliza-a e incita-a a concentrar-se. Pouco a pouco, ela se entrega novamente à partida.

O que aconteceu com Bérangère? Por que, no espaço de um instante, ela comprometeu suas chances de ganhar, quando era inteiramente capaz de participar do jogo?

Já se observou há muito que certos indivíduos adotam comportamentos paradoxais, que parecem arruinar suas chances de sucesso, deixando de persistir quando o pior já foi feito e o êxito se acha ao seu alcance. Eles não se preparam antes de algo importante (por exemplo, o estudante que não revisa suas provas), ou criam abertamente dificuldades a suas conquistas (por exemplo, o candidato a um emprego que chega tarde para uma entrevista)... Por que agem assim?

A neurose do fracasso existe?

Os psicanalistas se interessam muito pelo que eles chamam a "neurose do fracasso".[10] Pensam que certo número de indivíduos apresentam um gosto para o fracasso ou um medo do sucesso. O sentimento de não merecer determinado êxito, o sentimento de culpa em relação à vitória explicam, segundo eles, esses fenômenos de anuência ao fracasso. Aliás, essa teoria tornou-se bastante popular, em particular no mundo do esporte, onde se fala não raro do "medo de ganhar" de tal ou qual campeão.

Mas existem outras explicações, e algumas referem-se à autoestima. Constatou-se, por exemplo, que pessoas com baixa autoestima "se reconhecem" mais na derrota do que na vitória, nem por isso chegando a vibrar com tal situação. É o que nos disse uma paciente: "Às vezes, tenho a impressão de que me sinto mais segura com o fracasso; pelo menos, estou habituada com ele, não há surpresas, fico como que tranquilizada." A teoria mais interessante que explica esse comportamento é a da autodesvantagem.[11] Ela diz simplesmente que não se preparando para um revés importante, ou escolhendo sistematicamente objetivos muito difíceis, procura-se não a autopunição, mas apenas cuidar da autoestima!

Tomemos o caso de um estudante que não se preparara para uma prova. Não fazendo as revisões necessárias, ele se entrega a uma bela manobra de autodesvantagem. Com que objetivo? Ora, em caso de fracasso, ele sempre poderá dizer: "É verdade, me dei mal, mas foi porque não me preparei o suficiente." Ao fazer isso, não é sua competência pessoal global (da qual depende sua autoestima) que se acha em jogo, mas sim sua falta de organização... O mesmo estudante pode também falar consigo mesmo da seguinte maneira (embora esse tipo de estratégia seja mais inconsciente): "Se eu me esforçar ao máximo e mesmo assim fracassar, isso deixará claro que não possuo valor; mas se fracassar por não ter feito mesmo força para vencer, minha derrota será atribuída a essa falta de esforço e não à minha incompetência."

Se o leitor leu com atenção os capítulos anteriores, concluirá que uma pessoa que raciocina dessa forma deve ter baixa autoestima, pois antecipa mais a derrota do que a vitória. E o leitor estará certo: a autodesvantagem é uma estratégia frequentemente utilizada no caso de baixa autoestima.

Que fazem as pessoas com alta autoestima? Elas antecipam mais a vitória do que a derrota. E usam o mecanismo da autodesvantagem não para se protegerem contra o fracasso, mas para aumentar o próprio mérito em caso de êxito. Voltemos ao nosso estudante, mas imaginemos agora que ele é uma pessoa com alta autoestima. O que acontecerá se não revisar as matérias de estudo? E se – como ele próprio deve estar acreditando, já que tem autoestima alta – ele tem sucesso nas provas? Ora, seu prestígio sairá engrandecido: "Me dei bem sem precisar estudar."

Notemos que o recurso declarado à estratégia da autodesvantagem pode ser então uma forma de esnobismo: leva-se os outros a acreditar que a pessoa não alimentou a possibilidade de um fracasso senão na esperança de retirar daí um mérito ainda maior. É um exercício de estilo muito prezado por certos indivíduos com alta autoestima. Parece-nos, aliás, que essa estratégia acha-se desenvolvida de forma anormal na França e nos países latinos, onde se valoriza muito a vitória pelo talento, ou pela inspiração, mais do que pelo trabalho paciente. É socialmente melhor para a autoestima ser um aluno talentoso do que um aluno aplicado. Estudantes anglo-saxões, por exemplo, procurarão enganar menos a realidade: não têm vergonha de confessar que penaram bastante para alcançar um resultado específico.

ALTA AUTOESTIMA	BAIXA AUTOESTIMA
Para aumentar a autoestima em caso de sucesso (limitar os ganhos)	Para proteger a autoestima em caso de fracasso (limitar as perdas)
Nas situações em que o sucesso é antecipado	Nas situações em que o fracasso é antecipado
Em momentos de excitação	Em momentos de apreensão

Quando se utiliza a autodesvantagem?

CENAS DA VIDA COTIDIANA

Direta ou indiretamente, muitas de nossas ações cotidianas põem em jogo a autoestima. Fazer uma compra ou falar mal do vizinho são, sem que o saibamos, comportamentos destinados a fazer bem à nossa autoestima, seja ela alta ou baixa. Examinemos um pouco essas condutas.

Consumir visando a autoestima

➤ Comprar

Já foi bastante denunciada a sociedade de consumo, que nos leva a comprar e a possuir mais do que é preciso. Imperativos comerciais e a habilidade das pessoas de marketing favorecem essas atitudes, mas, se isso funciona tão bem, é sem dúvida porque a compra corresponde a necessidades mais fundamentais do que parecem – sobretudo em termos de autoestima. Comprar é valorizar-se, ainda que se trate de um estratagema cujo efeito é lábil e transitório. Os comerciantes e os publicitários compreenderam muito bem isso, em particular na indústria do luxo: somos incitados a pensar que comprar um objeto luxuoso é o mesmo que entrar em uma categoria social de conhecedores e privilegiados. O shopping do sábado à tarde é uma droga para a autoestima? Em todo caso, os bons vendedores sempre arranjarão uma maneira de massagear o ego de seus clientes, de forma a desencadear o mecanismo da autoestima...

"Lá em casa, é uma coisa doentia", contou-nos um dia um advogado de 36 anos. "Minha mulher chama isso de minhas 'compras neuróticas'. Há compras que faço não por necessidade material, mas psicológica. Por exemplo, comprar uma bela pasta ou uma luminária caríssima para o meu escritório. Ou seja, não compro essas coisas só porque a pasta anterior ficou velha ou a luminária que estava usando quebrou, mas sim quando me sinto um pouco infeliz, meio fracassado. Quer dizer, quando sinto necessidade de me valorizar. Não compro naquele estado de euforia, mas para tratar de mim, para preencher um vazio em minha alma, para revalorizar-me aos meus próprios olhos. Fazer entrar em minha vida um objeto novo, belo, útil, assim, em trinta segundos, o tempo de pagar, sem esforço, isso me faz bem."

Lucidez

"O que mais o incomoda neste mundo?" A essa pergunta, que lhe foi feita pela revista *Elle* em 1998, o humorista Muriel Robin deu a seguinte resposta:

"Eu. Eu e meu traseiro entre duas cadeiras, minhas contradições. Como, por exemplo, acreditar que comprando a última filmadora que acaba de sair, e que é uma beleza, tudo irá melhorar. Como todo mundo tem uma à minha volta, eu a guardo em casa, e então? Me sinto um babaca e digo a mim mesmo: 'Mas para que isso, idiota?! Vou dar um duro danado para ganhar 15 mil francos e gastar tudo em uma filmadora, e depois vão ser necessários mais 15 mil para comprar outra coisa, e em seguida?'"

* * *

Os psiquiatras encontram às vezes "compradores compulsivos", que fazem compras frequentes, inúteis e acima de seus recursos. Entre esses pacientes, os problemas de autoestima são sistemáticos, um pouco como entre as pessoas bulímicas ou cleptomaníacas. Esses três distúrbios em geral estão associados.

> Possuir

O prazer da compra precede quase sempre o da posse, mas este último é mais duradouro. A posse de objetos que conferem valor representa uma prótese à autoestima: belos móveis, uma casa bonita etc. Há também, e sobretudo, os carros: belos, grandes ou limpos, de tal ou tal marca. Como não pensar em uma necessidade ostentatória de mostrar seu valor vendo a proliferação de grandes veículos tipo *blazer,* cromados e inúteis nas grandes cidades? Carros tipo *blazer* seriam para a autoestima o que o silicone tem sido para os seios?

> Mostrar

Comprar e possuir, tudo bem. Mas que pena não mostrar, para fazer um bem ainda maior à autoestima! Exibe muito mais valor colocar o volume do som nas alturas na frente de um bar do que em uma pequena rua deserta. E estacionar o magnífico carro na frente do restaurante onde se vai almoçar do que deixá-lo em um anônimo estacionamento subterrâneo, onde ninguém nos verá descer dele. Em geral, a ostentação está a serviço da autoestima. A publicidade de um cartão de crédito para grandes contas bancárias apresentava em 1998 a posse desse custoso cartão como "o sinal exterior de suas riquezas interiores".

> Fazer invejosos

No fundo, tudo isso nos remete ao prazer infantil de sermos admirados mais pelo que temos do que pelo que somos. Certos catálogos de venda por correspondência jogam com esse mecanismo. O catálogo do Homme Moderne (maio de 1998), por exemplo, anunciava assim um "colchão-piscina": "Longe das praias e das piscinas superpopulosas, embalado pela doçura do ar ou mergulhado na leitura de um romance, *você fará invejosos em toda a vizinhança.*" O objetivo é claro: não se trata apenas de gozar o conforto propiciado por um improvável bem material, mas sobretudo de ser visto, pelos vizinhos, curtindo uma boa! Meio que por acaso, a foto que ilustra o anúncio mostra o tal "colchão-piscina" ocupado por uma bela loura (e não por um comprador do sexo masculino a quem o catálogo é dirigido). Subentendido: você não apenas fará invejosos, como também todas as belas garotas do seu círculo só terão uma ideia: ir à sua casa para deitar e rolar no seu "colchão-piscina".

Seduzir e vangloriar-se:
um esporte velho como o mundo

Acostumados a acusar as mulheres de superficiais e tagarelas, os homens gostam, por sua vez, de se glorificar pelas conquistas que fazem: a fanfarronice reforça-lhes a autoestima.

Durante as filmagens de *A condessa descalça*, de Mankiewicz, Ava Gardner teve um caso com o toureiro Luis Miguel Dominguin. Conta a lenda que, na primeira noite, Dominguin se levanta, veste-se e começa a pular a janela. "Pode-se saber aonde você vai?", pergunta Ava Gardner. "Contar isso aos meus colegas", responde ingenuamente o toureiro...[12]

As pequenas alegrias da existência

➤ Exercer competências raras

É possível que o leitor já tenha se perguntado que interesse pode haver em ser campeão do mundo de cuspe a distância ou de saber sânscrito de cor e salteado... Ora, além do fato de que tais coisas podem propiciar uma satisfação autêntica, podem igualmente estar ligadas à autoestima... Se você tem baixa autoestima, encontrará duas vantagens em ser o melhor em um domínio pouco praticado. A primeira é que a concorrência é quase nenhuma e, por isso mesmo, será mais fácil brilhar. A segunda é que você não ameaça ninguém; portanto, não corre o risco de desencadear o ciúme ou a agressividade dos outros. Se sua autoestima é alta, você apreciará sobretudo ser único ou pioneiro.

Mas será preciso que essa competência seja apreciada no meio social em que você deseja ser reconhecido.

➤ Controlar e dominar

Quanto mais a autoestima é elevada, mais a pessoa experimenta a necessidade de controlar a situação; quanto mais ela exerce o controle, mais a autoestima aumenta.[13] Como esse duplo movimento se expressa no cotidiano? Conquistando e exercendo o poder, claro! Alguns se lançam na política. Outros escolhem soluções mais simples. Por que, por exemplo, tantos se obstinam em possuir cães de raça de prestígio? Por que os integrantes de gangues de subúrbio gostam tanto de *pitbulls*? Além de razões sentimentais (terem visto tantas séries de televisão com esses cães) ou concretas (poder intimidar os inimigos), a resposta é simples: isso faz bem à autoestima. Quanto maior o cão e mais agressiva a sua raça, mais o problema de autoestima dos donos pode ser avaliado. O cúmulo são estes explicando com ares de doutor que se trata de raças inofensivas, "desde que se mostre a eles quem é que manda"... Os donos de cães menores, a categoria dos donos perseguidores ("sentado! deitado! de pé! quieto! aqui!") está no mesmo caso: "Como ninguém me obedece por aqui, arranjei uma criatura para dominar." Notemos que existem variantes: com o cônjuge, os filhos, os subordinados...

➤ Ser o mais forte no jogo

O jogo de salão é um derivado das relações de força sociais. Miniaturas da Idade Média mostram assim Saladino e Ricardo Coração de Leão enfrentando-se diante de um tabuleiro de xadrez. Em algumas pessoas, esse gosto por jogos com disputa é perceptível: elas esquecem o prazer do jogo e seu caráter de convívio. Dois sinais podem nos colocar na pista de um excessivo investimento da autoestima no jogo: ser mau perdedor ("já que é assim, não quero mais jogar"), pronto a brigar feio com os parceiros; não hesitar em trapacear pelo prazer de ganhar ou pela incapacidade de suportar a derrota.

➤ Transgredir ou burlar

Transgredir as leis, que são feitas para os mortais, dirigir com mais velocidade que os outros, não pagar suas multas, fraudar o fisco – tantas formas de certas personalidades (os narcisistas, por exemplo) doparem consideravelmente sua autoestima. Outros preferirão apenas burlar. Que espécie de prazer proporciona o fato de furar uma fila? Isso se tornou entre nós uma virtude nacional sob o nome de esperteza: é um bom sinal para a autoestima de nossa nação?

Eu e os outros

➤ Depreciar, falar mal, zombar

"Esse cara não tem valor", "Realmente é uma garota bonita, mas burra". Que interesse pode ter o fato de falar mal dos outros? Por que será que "isso faz bem"?

A maledicência permite encurtar a distância entre a pessoa e os outros. Falar mal de artistas famosos ("parece que esse ator não é muito inteligente"), imaginar que os poderosos deste mundo, príncipes ou milionários, são na verdade muito infelizes, isso os aproxima de nós.

A maledicência é boa para o moral?

Estudiosos debruçaram-se sobre a questão, apresentando a pessoas deprimidas e a pessoas não deprimidas personagens famosos e pedindo-lhes que os julgassem.[14]

Perceberam então que os participantes tinham tendência a desvalorizar a celebridade nos aspectos em que eles se sentiam "em concorrência" com ela. Por exemplo, as mulheres que se achavam atraentes tendiam a dizer de uma modelo: "Ela não é tão incrível assim"; ou os homens que se achavam inteligentes tendiam a afirmar sobre um intelectual na moda: "Ele não diz só coisas geniais."

Avaliando o humor da pessoa antes e depois do exercício, os pesquisadores também se deram conta de que esse tipo de crítica só fazia bem aos deprimidos. Os demais viam o próprio humor decair. Será que a maledicência os alivia – pelo menos no curto prazo –, motivo que faz certo número de depressivos não tratados se apresentarem não raro como rabugentos?

De qualquer maneira, cuidado: se você não é depressivo, falar mal dos outros não lhe fará qualquer bem.

* * *

Pessoas com alta autoestima que acabam de passar por um fracasso costumam falar mal das pessoas com menos chances ou menos bem aquinhoadas. O esnobismo consiste em zombar dos mais vulneráveis com a intenção de valorizar a própria autoestima. Certos humoristas gostam de zombar das mancadas verbais dos jogadores de futebol, não raro saídos de um meio social mais desfavorecido que o deles: essa estratégia do forte que ataca o fraco é sempre desagradável e irritante, pois se trata simplesmente de rebaixar o outro por um ganho pessoal, psicológico ou financeiro.

➤ Não perder a linha

– As férias na Bretanha? Foram excelentes!
 – Mas parece que choveu o tempo todo!
 – Não, não foi tanto assim como falaram na televisão. De qualquer modo, a gente adora chuva...

A recusa em reconhecer os próprios fracassos, mancadas e pontos fracos é uma maneira de proteger a autoestima. Ela pode acometer um indivíduo, mas também países inteiros. Os regimes comunistas foram sem dúvida aqueles que levaram ao mais alto nível essa estratégia. A China comunista, por exemplo, onde um quarto da população morreu de fome no período do "grande salto para a frente", mas que distribuía supostos excedentes alimentares aos países irmãos para manter as aparências. Uma atitude mais ofensiva consiste em depreciar, já no preâmbulo de uma discussão, o ponto de vista do outro: "Você não pode ver as coisas assim, deixe-me explicar-lhe..."

A arte de ter sempre razão

Em *A arte de ter sempre razão*[15] o filósofo alemão Schopenhauer estabelece uma impressionante lista do que ele chama de "manhas e artifícios" para que não sejamos obrigados a reconhecer nossos erros. Aqui vão alguns:

– Estratagema 32: "Podemos nos livrar rapidamente de uma afirmação de nosso adversário contrária às nossas, ou pelo menos torná-la suspeita, classificando-a em uma categoria geralmente detestada, quando ela não se liga a esta senão por similitude ou por uma vaga relação. Por exemplo: 'Mas isso é maniqueísmo, é arianismo, é pelagianismo...'"

– Estratagema 33: afirmar, quando se tem poucos argumentos ("é talvez verdadeiro em teoria, mas falso na prática").

– Estratagema 36: "Embasbacar, tornar perplexo o adversário com uma onda absurda de palavras..."

É possível que tudo isso seja bom para a autoestima, mas sem dúvida muito menos para as relações sociais...

▶ Fazer autopromoção

Como mostrar seu valor, se possível sem parecer que se está fazendo uso da autopromoção? Aqui estão três estratégias clássicas:

– O *name-dropping* é um procedimento que consiste em dar a entender que se tem intimidade com pessoas famosas: "Ontem à noite fomos convidados para uma reunião na casa da Claudia. Como? Claudia Schiffer, claro, ah, perdão, você não estava sabendo. Ela é a-do-rá-vel..."

– A *superperspicácia* consiste em deter informações que os outros não têm ou em enxergar problemas onde ninguém os viu: "Mas você é bem ingênuo se acredita nisso, é muito mais complicado do que você pensa..." Versão psicológica: as interpretações selvagens sobre os comportamentos dos seus vizinhos de mesa ou dos membros de sua família.

– A *caça aos cumprimentos,* durante a qual afeta-se falsa modéstia para suscitar felicitações por parte dos interlocutores.

Só há autoestima na vida

Talvez você tenha agora a impressão de que a autoestima se encontra por toda parte. É verdade, mas só existe autoestima na vida! Se temos um cão, se ficamos felizes com o sucesso escolar ou o belo rosto de nossos filhos, isso não se dá forçosamente porque experimentamos a necessidade de nos valorizar. Mas, se for o caso, não há nada de reprovável nisso.

Nosso desejo, abrindo mais os seus horizontes, era apenas atrair sua atenção para as estratégias – compras, vanglórias, críticas, maledicência etc. – que todos os dias colocamos a serviço de nossa autoestima. E não se deve pedir mais do que elas podem dar: elas só permitem ajustes limitados da autoestima. Para proteger ou aumentar duradouramente esta última, outras estratégias são necessárias. Passaremos a abordá-las a partir de agora.

11
Eu me amo, logo existo.
Como desenvolver a autoestima?

Em certos momentos de nossa vida experimentamos a necessidade de nos debruçarmos sobre nossa autoestima. Pequenas operações de manutenção, canteiros de renovação ou reconstruções completas: como fazer isso?

MUDAR É POSSÍVEL!

Pode-se modificar a autoestima na idade adulta? Muita gente acredita que não, pois acha que a autoestima faz parte desses traços psicológicos que são dados de uma vez por todas. Não é o caso. Na verdade, podem ocorrer mudanças ao longo de toda a nossa vida. Claro que se você tem uma alta autoestima há poucos riscos de que passe para a categoria das pessoas com baixa autoestima; mas o inverso é possível. É o que mostra um recente estudo em que 102 mulheres foram acompanhadas durante vários anos: ao fim de sete anos, metade daquelas que tinham baixa autoestima haviam superado tal problema.[1]

A que se deve essa mudança? Nesse estudo, pôde-se estabelecer uma correlação entre o aumento da autoestima e uma melhora das relações interpessoais e do status profissional. Mas foi a melhora da autoestima que acarretou esses acontecimentos de vida favoráveis ou o inverso? O estudo não diz... O seguinte episódio ilustra bem a dificuldade de encontrar a causa exata de uma mudança desse tipo.

Uma paciente procura um tratamento de psicoterapia. Ela sofre de graves problemas de autoestima e bulimia, além de estar muito insatisfeita com sua vida sentimental e profissional. Um ano e meio mais tarde conheceu um novo amigo com quem, afinal, se entende e já não sofre de bulimia; em suma, sente-se melhor consigo mesma.

Admirado, e tanto mais orgulhoso de seu trabalho quanto se mostrara preocupado no começo, o terapeuta está persuadido de que todos esses fatores positivos são consequência direta de sua terapia. Isso lhe parece bastante claro, pois, segundo ele, tudo se desenrolou bem, seguindo a ordem lógica: a autoestima da paciente melhorou e, pouco a pouco, suas condições de vida mudaram.

Retomando no fim da terapia o trabalho efetuado, o terapeuta pergunta à paciente o que, segundo ela, mais a ajudou durante os últimos meses. Meio sem jeito, a paciente lhe respondeu: "Bem, doutor, sua terapia me ajudou muito, mas acho que se não tivesse conhecido esse novo amigo não teria progredido tanto!"

Não resta dúvida de que há certas ocasiões na vida que são novos começos para a autoestima. Um encontro sentimental com um parceiro que, ainda que lúcido a seu respeito, passa autoconfiança, por seu amor e por seus conselhos; uma nova amizade; a inserção em um determinado grupo; o acesso a uma profissão ou a uma certa posição social – tudo isso pode ajudar na construção ou mesmo na consolidação de uma autoestima até então um pouco hesitante.

Mas nem sempre tais acontecimentos são suficientes. Certas pessoas, com alta ou baixa autoestima, parecem especializadas em perder as chances que surgem. Nesse âmbito, a vida sentimental é um terreno de estudo quase experimental. Uns vão pecar por orgulho, como uma mulher bonita e exigente quanto à escolha de seus parceiros que, depois de havê-los regularmente dispensado, percebe que eles começaram a rarear à medida que ela se aproximava dos 40 anos. Outros, no entanto, pecam por excesso de inibição, como um homem convencido de que não soubera agarrar sua chance e deixara a mulher de sua vida cair nos braços de outro.

Se mudanças são possíveis, é necessário fazer algo especial para que elas se produzam? Agir ou não agir, tal poderia ser a questão... Como muitas manifestações psicológicas – a ansiedade e a depressão, por exemplo –, a autoestima é um fenômeno que se autoentretém. Vimos anteriormente que uma pessoa com alta autoestima agirá mais, obtendo, portanto, mais êxitos que a valorizarão ainda mais. Ao se deparar com fracassos, sua autoestima a impedirá de desmantelar-se e não a dissuadirá de fazer novas tentativas. Em contrapartida, uma pessoa com baixa autoestima hesitará longamente antes de lançar-se à ação. Terá, portanto, pouco sucesso. Como duvidará de havê-los realmente merecido e ficará se perguntando se seria capaz de reproduzi-los, tais êxitos aumentarão pouco sua autoestima. Em caso de fracasso, o que atinge inteiramente o olhar que dirige a si mesma, a pessoa será dissuadida de perseverar ou de fazer novas tentativas.

A tendência natural da autoestima é ficar em seu nível de partida, malgrado pequenas oscilações da vida cotidiana. Mas ela pode modificar-se notavelmente quando surgem eventos de vida maiores (é preciso ter esperança) ou em caso de decisão pessoal para mudar (o que acarretará por sua vez eventos de vida).

Em *As novas confissões,* o escritor inglês William Boyd conta como, quando se sente "aborrecido e resignado" – dois sinais de sofrimento da autoestima –, ele tenta se mobilizar: "Esforcei-me por reanimar meu otimismo inato, tentei regenerar em mim um sentimento de meu valor. Sem autoestima, não se pode realizar nada." É desses esforços pessoais que passaremos a falar.

COMO MODIFICAR A AUTOESTIMA?

Propomos ao leitor direcionar seus esforços para três domínios principais, cada qual composto de três dimensões específicas que chamamos de "chaves".

Cada domínio e cada chave têm sua importância, mas é possível que nem todos digam respeito a você.

No entanto, esteja atento ao equilíbrio entre esses três domínios. Conhecemos muitas pessoas que tinham feito esforços sobre um domínio em particular, o que as conduziu a excessos de introspecção (como a corrida aos estágios de desenvolvimento pessoal), de sociabilidade (como a corrida aos laços sociais) ou ainda comprometimento na ação (como em certas pessoas obcecadas pelo trabalho).

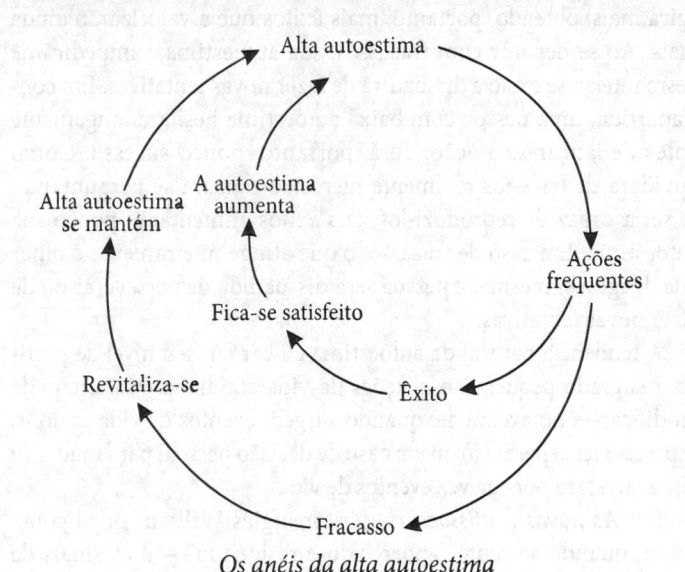

```
                    Alta autoestima
                   ↗              ↘
         A autoestima
          aumenta
            ↑
Alta autoestima                      Ações
se mantém                           frequentes
    ↑      Fica-se satisfeito          ↓
    ↑              ↑                   ↓
  Revitaliza-se    Êxito ←─────────────
            ↖    ↗
             Fracasso
```

Os anéis da alta autoestima

```
                    Baixa autoestima
                   ↗              ↘
         A autoestima
          não muda
            ↑
A autoestima                         Ações
diminui                              raras
    ↑         Duvida-se               ↓
    ↑            ↑                    ↓
  Desvaloriza-se  Êxitos ←────────────
            ↖    ↗
             Fracassos
```

Os anéis da baixa autoestima

Não existe nenhuma receita milagrosa para modificar de forma rápida e sem dor a autoestima. De fato, nossa experiência como terapeutas nos ensinou que o mais difícil é o primeiro passo. Aconselhamos as pessoas a escolherem apenas um objetivo e a se dedicarem vigorosamente a ele. Mudar uma única peça do problema provocará reações em cadeia e lhe ensinará uma maneira de agir que você reproduzirá em seguida.

DOMÍNIO	CHAVES
A relação consigo mesmo(a)	1) Conhecer-se 2) Aceitar-se 3) Ser honesto consigo mesmo(a)
A relação com a ação	4) Agir 5) Silenciar o crítico interior 6) Aceitar o fracasso
A relação com os outros	7) Afirmar-se 8) Ser empático 9) Buscar o apoio social

As nove chaves da autoestima

Mudar sua relação consigo mesmo(a)

➤ Regra n° 1: conhecer-se

"Conhece-te a ti mesmo", costumava lembrar Sócrates. É a primeira regra em matéria de autoestima. Ela diz respeito tanto ao olhar que você dirige a si mesmo(a) quanto à maneira como você se apresenta aos outros. Atenção: não se trata aqui de perder-se na introspecção, mas sim de tomar consciência de suas capacidades e de seus limites.

Uma ferramenta de autorreflexão utilizada em psicoterapia, a "janela de Johari", pode ser útil nesse tipo de exercício.[2] Ela postula a existência de quatro grandes domínios no tocante ao autoconhecimento:

– O "domínio público": é tudo o que é conhecido ao mesmo tempo por você e pelo seu círculo. Exemplo: "Dizem que sou uma pessoa fiel a minhas amizades. E prestativo(a). É verdade, estou de acordo."

– O "ponto cego": trata-se daquilo que os outros sabem sobre você, sem que você tenha claramente consciência disso. Por exemplo, podem dizer a seu respeito: "É uma garota inteligente, mas muito suscetível", quando você mesma se vê como uma pessoa amável e não muito talentosa.

– O "domínio oculto": é tudo o que você conhece a seu respeito mas que os outros desconhecem. Exemplo: "Sou uma pessoa muito ciumenta. Nem um pouco seguro(a): por trás dos meus ares de pessoa à vontade e tranquila, duvido continuamente de mim mesmo(a) e escondo isso aos outros."

– O "domínio desconhecido": é tudo o que a pessoa ainda não revelou sobre si mesma e que o seu círculo não pressente. Em certas circunstâncias novas, indivíduos vão assim "se descobrir". Exemplo: "Confiaram-me responsabilidades e me dei conta de que gostava disso, que era capaz de me tornar um(a) líder."

	O que é conhecido por você mesmo(a)	O que é desconhecido por você mesmo(a)
O que é conhecido pelos outros	Domínio público	Ponto cego
O que é desconhecido pelos outros	Domínio oculto	Domínio desconhecido

A janela de Johari

Considera-se que tudo o que aumenta o "domínio público" melhora a autoestima. Para isso, é preciso:

– Transformar o "ponto cego" em "domínio público": é necessário escutar de forma sistemática e até mesmo solicitar a opinião das pessoas do seu círculo. Mesmo em caso de mensagens críticas, é útil agradecer à pessoa pelo que ela nos ensinou a nosso respeito: "Veja só, o que está me dizendo não é nada agradável de se ouvir, mas eu lhe agradeço pela franqueza, é importante para mim saber que passo essa impressão."

– Transformar o "domínio oculto" em "domínio público": a principal ferramenta é a *revelação de si*, que consiste em não hesitar em exprimir seus pensamentos e emoções, mesmo se não se está seguro de que eles combinem com os dos nossos interlocutores ou lhes deem prazer: "Devo dizer que não penso exatamente como você." Outro benefício dessa atitude: ela permite confrontar o que se pensa e sente contra a prova dos fatos. E, não raro, corrigir certos erros. Claro, a revelação de si deve ser praticada com cautela. A vida social seria impossível sem uma certa dose de dissimulação. Não se sinta obrigado(a) a dizer: "Mas como você envelheceu desde a última vez em que nos vimos!" Ou: "Achei o discurso do chefe inteiramente fora de propósito!"

– Transformar o "domínio desconhecido" em "domínio público": é todo interesse de colocar-se em situações inabituais, de realizar novas experiências.

Algumas questões para nos conhecermos melhor

Eis uma lista, não exaustiva, de questões que você pode se fazer. Mas reflita também sobre a maneira como esses pontos podem ser comunicados às pessoas do seu círculo. Se sua autoestima é baixa, vimos que sua tendência é falar pouco sobre si mesmo(a), e de forma mais ou menos neutra e "reservada": pense em pôr um pouco mais de franqueza e de cor em seu autorretrato!

- Eu gosto/eu não gosto.
  Você é capaz de definir com clareza aquilo de que você gosta e o de que não gosta? Como falaria disso aos outros? E como aceitaria pontos de vista diferentes dos seus?
- Eu conheço/eu não conheço.
  Quais são as áreas em que você tem mais conhecimentos do que a média? Como falaria delas para ensinar coisas aos outros? Ousaria fazer perguntas nas áreas em que você é ignorante?
- Meus fracassos/meus êxitos.
  Você tem condições de falar dos seus fracassos sem se desvalorizar? E dos seus êxitos sem dar a impressão de que está se vangloriando?

- Meus defeitos/minhas qualidades.
  Você sabe identificar seus defeitos e suas qualidades? E – quando a situação exige – comentá-los à sua volta sem exibicionismos nem lamúrias?

> Regra nº 2: aceitar-se

Conhecer-se é apenas a primeira etapa. Que fazer em seguida com os defeitos e os limites que foram identificados? Contrariamente ao que se pensa em geral, não é necessário ser uma pessoa sem defeitos para ter boa autoestima, mas sim ser capaz de assumi-los ou de modificá-los. Como explicar o fato de algumas pessoas assumirem os próprios defeitos enquanto outras sentem uma vergonha tão forte a ponto de "atormentar o amor-próprio e a autoestima"?[3] Os psiquiatras e os psicólogos estudaram a culpabilidade, que é o remorso *por aquilo que se fez*, deixando a vergonha, esse movimento de confusão com o *que se é,* para os moralistas e os filósofos. No entanto, a vergonha está estreitamente associada aos problemas de autoestima.

É a vergonha que transforma a consciência de um defeito em complexo. Se você não sabe dançar e uma pessoa o(a) convida, surge uma alternativa: ou você sente vergonha e não confessa, inventando um pretexto qualquer – nesse caso, três inconvenientes: você não se sente à vontade, a pessoa que o(a) convidou percebe isso e assim você não aprende a dançar –; ou você confessa que não sabe dançar, e as coisas se invertem: fica mais calmo(a), o interlocutor compreende e quem sabe vai até propor ajudá-lo(a) a aprender.

Em nossa profissão como terapeutas, somos sempre confrontados com esse problema – é o caso, por exemplo, das pessoas tímidas que têm medo de ficar vermelhas.[4] Enquanto o enrubescimento estiver associado nelas à vergonha ("é ridículo ser assim"), os progressos serão impossíveis: dominados pela obsessão do "eu devo escondê-lo", tais sujeitos se trancam em seus distúrbios. Um dos objetivos da terapia será incitá-los a não mais focalizarem tanto o problema e a falar dele (espontaneamente ou em resposta a observações).

Os dois melhores aliados da vergonha são o silêncio e a solidão. Se você decidir falar sobre o que lhe causa vergonha a uma determinada pessoa, terá dado o primeiro passo para a solução do problema.

➤ Regra nº 3: ser honesto consigo mesmo(a)

Vimos no capítulo anterior, em que descrevemos os mecanismos de defesa, que era às vezes tentador recorrer a pequenos truques ou a mentir para si mesmo(a), a fim de proteger, pelo menos no curto prazo, a autoestima – e que um dos mecanismos mais frequentes era a denegação.

Você se acha em um carro em que o motorista dirige a uma velocidade muito alta para o seu gosto. Está com medo, mas não ousa dizer nada. O motorista percebe sua apreensão e lhe pergunta: "Não está com medo, não é mesmo?" O que você responde?

Você está esperando os resultados de um concurso que fez para conseguir um emprego e fica sabendo que não obteve a função que desejava. Um de seus colegas se aproxima e diz: "Não está muito decepcionado, está?" O que você responde?

Você está levantando a voz para alguém próximo que fez algo que lhe desagradava. Ele pergunta: "Não ficou aborrecido, pelo menos?" O que você responde?

Nesses três casos, você terá talvez a tentação de denegar suas emoções, por razões de autoestima mal colocada: não confessar que se tem medo, que se é triste ou que se está contrariado faz certamente parte das conveniências sociais. Por trás das conveniências, porém, encontram-se quase sempre problemas de autoestima: deseja-se sobretudo não perder a linha confessando emoções.

Podemos observar duas reações de denegação em relação aos acontecimentos que ameaçam nossa autoestima: a autodefesa ("não é nada disso!") e a submissão aos acontecimentos ("é assim"). No primeiro caso, a autodefesa, a pessoa tem tendência a sistematicamente negar seus estados emocionais: seria como confessar o seu comprometimento com certos objetivos ("estou apostando muito em minha vitória neste concurso"), certas exigências ("não quero que façam coisas que me desagradem") ou certos limites ("tenho medo de andar em carros velozes"). No segundo caso, a submissão aos acontecimentos, trata-se de uma forma inversa de mentira a si mesmo(a): passa-se da recusa da implicação à recusa da tentativa de agir para mudar. Os discursos são então dominados pela resignação ("de qualquer maneira, não se poderá mudar nada") ou pela banalização ("não consigo o que desejo, mas isso não é grave").

Alguns de nossos pacientes procedem sistematicamente assim durante as consultas, o que instala no terapeuta uma sensação de mal-estar até que ele identifique o problema. Uma jovem mulher pontuava, por exemplo, todas as suas queixas com "é assim mesmo", a fim de desencorajar qualquer intervenção do terapeuta, significando que ela aceitava tais problemas, e a fim de fazer com que o terapeuta compartilhasse sua visão do mundo, submissa e resignada. Um homem mais idoso (e enviado à terapia por sua esposa, cansada de suas angústias) adotava uma atitude inversa: mal esboçado um problema, que o terapeuta tentava retomar, ele se apressava em minimizá-lo ("de fato, não é tão terrível assim, não quero dar a impressão de que estou exagerando"). O *round* de observação durou cerca de três meses até que ele começasse a falar direta e honestamente de seu sofrimento.

Não assumir as emoções negativas	Não assumir a vontade de mudar as situações
"Não estou com raiva." "Não estou decepcionado." "Não estou preocupado."	"É a vida." "A gente precisa se acostumar." "É assim mesmo."

Duas maneiras de mentir para si mesmo(a)

Mudar sua relação com a ação

▶ Regra n° 4: agir

Os atos são a ginástica que mantêm em forma a autoestima. Certamente, os grandes êxitos aumentam a autoestima, mas não é todos os dias que se têm sucessos profissionais, sentimentais ou atléticos. Em contrapartida, a vida cotidiana nos oferece um caminhão de objetivos, mesmo modestos, os quais, uma vez alcançados, permitem-nos sentir uma melhora de nossa autoestima.

Ao comparar, por exemplo, pessoas idosas que, por escolha pessoal ou por questões de saúde, haviam deixado de dirigir seus carros com outras que continuaram a fazê-lo, pôde-se perceber que, em condições de idade e saúde iguais, aquelas que não dirigiam mais apresentavam pequenos sinais depressivos, com prejuízos para a autoestima.[5]

Devemos, portanto, encarar determinadas tarefas cotidianas não mais como uma espécie de trabalho imposto, mas como possibilidades de aumentar nossa sensação de controle sobre nós mesmos, tentando chegar cada vez mais próximo de nossa imagem ideal. É o que sentem certas pessoas quando nos dizem: "Quando arrumo um pouco a casa, sinto-me mais disposto para fazer outras coisas" ou "Quando estou com mau humor, faço um pouco de bricolagem".

Para objetivos modestos, ganhos modestos, dirão vocês. Mas é melhor sentir-se revigorado depois de haver lavado a louça do que ficar ruminando pensamentos incômodos enquanto não se consegue um trabalho importante. Sem contar que passar à ação em um domínio modesto poderá nos ajudar, como uma espécie de aquecimento, a encarar depois uma tarefa mais exigente.

Uma de nossas pacientes, com baixa autoestima, mas também com bastante humor em relação a si mesma, nos falou de suas dificuldades para agir: "Sou uma grande especialista da não ação. Poderia inclusive escrever um livro sobre o assunto. Por exemplo, eu poderia confiar aos meus leitores a receita dos 4R: ruminar, remanchear, resmungar e repousar..."

É preciso no entanto evitar que essas pequenas atividades sufoquem o desejo de buscar tarefas mais importantes ou mais urgentes, como o estudante que se esmera em passar a limpo suas lições sem todavia estudá-las, ou o assalariado que leva o expediente inteiro organizando a correspondência alheio à urgência de certos telefonemas que deixou para mais tarde.

Outra maneira de agir: torne-se um especialista em um determinado domínio. Encontramos tal conselho em muitos livros sobre autoestima ou sobre bem-estar pessoal. A prática regular de um hobby ou de uma paixão parece fazer bem à autoestima, não só melhorando o sentimento de competência pessoal, mas também favorecendo o reconhecimento social (sobretudo se você escolheu a cozinha como zona de excelência!). Já se provou que a prática das artes marciais, por exemplo, favorecia o desenvolvimento da autoestima.[6]

Para mudar, é portanto indispensável agir. É por uma modificação concreta do comportamento que tudo começa. De nada serve mudar apenas na cabeça; isso não transforma a autoestima de maneira duradoura. Mesmo mínimo ou simbólico, só o projeto que se traduz em ação, ao contrário daquele que fica apenas na intenção, pode ter futuro. De forma bem direta, toda decisão de mudança deveria traduzir-se por um gesto no minuto seguinte: dar um telefonema, pôr a correspondência em dia, sair imediatamente de casa etc.

➤ Regra nº 5: silenciar o "crítico interior"

"Levei seis anos para preparar minha tese em medicina. Nunca me sentia pronta nem à altura da tarefa. Aliás, mudei três vezes de tema por causa disso. Meu problema era simples: assim que me punha a trabalhar e escrevia algumas linhas, sentia-me insatisfeita. Não adiantava meu orientador dizer que estava bom, que era possível aproveitar alguma coisa. Era extenuante para mim, como uma voz interior que me houvesse permanentemente repetido que aquilo não iria para a frente, que não estava bom. Eu imaginava os membros da banca fazendo careta ao folhear minha tese... Felizmente o meu orientador perdeu a paciência e me disse o que eu precisava ouvir: 'A cada qual a sua parte! Você faz o trabalho e eu o avalio!' Foi o que me ajudou a não misturar mais os papéis: eu tinha a tendência de agir e julgar minha ação no mesmo instante. Procedendo assim, não se chega a lugar algum..."

O "crítico interior"[7] são todos os pensamentos *a priori* críticos que dirigimos a nós mesmos. Trata-se quase sempre de um discurso parental interiorizado, consequência de tudo que ouvimos quando éramos crianças. E são de todo tipo, não importa se nos situamos antes da ação ("para quê?", "isto não vai dar certo") ou depois da ação ("eu sabia que não valia a pena", "isso não serviu para nada", "não foi o bastante").

O CRÍTICO INTERIOR	IMPACTO SOBRE A AUTOESTIMA
"É inútil, para quê?"	Dissuade de tentar
"Isto não vai dar certo."	Inquietação ou perfeccionismo inútil
"Eu sabia que não valia a pena."	Desvalorização
"Isso não serviu para nada."	Dissuade de recomeçar
"Não foi o bastante."	Insatisfação

O crítico interior e seu impacto sobre a autoestima

Como enfrentar o crítico interior? Em primeiro lugar, tomar consciência de sua existência. Isso supõe que você compreenda que as suas dificuldades não são provenientes apenas da tarefa que você assumiu, mas também dos seus problemas de autoestima ("só me sinto protegido pela perfeição"). Em seguida, contraia o hábito de fazer a si mesmo(a) as boas questões sobre os pensamentos presentes em seu espírito nesses momentos: é um pensamento realista? Ele me ajuda a me sentir melhor? Ele me ajuda a administrar melhor a situação? Ele me ajudará a enfrentá-la em uma próxima ocasião?

"Não estive à altura ontem à noite"	RESPOSTA	ESTRATÉGIA
1) É um pensamento realista?	Não sei, não tenho outra opinião exceto a minha	Vou perguntar a outras pessoas o que elas acham disso
2) Ele me ajuda a me sentir melhor?	Não, ele me entristece e angustia	Paro de ruminar e me entrego à ação: "O que fazer agora?"
3) Ele me ajuda a administrar melhor a situação?	Não, eu me enrosco todo(a)	Vou tentar telefonar imediatamente a um amigo
4) Ele me ajudará a enfrentá-la em uma próxima ocasião?	Pelo contrário, ele aumentará minhas dificuldades: da próxima vez, estarei muito menos à vontade	Vou refletir na próxima noite: "Quais atitudes devo assumir para não sentir novamente esse sentimento de insatisfação?"

As quatro questões que você deve se colocar para lutar contra o crítico interior (exemplo de um homem de 35 anos, insatisfeito com o seu comportamento em uma festa para a qual tinha sido convidado na véspera)

➤ Regra nº 6: aceitar a ideia de fracasso

"O fracasso é um pedaço da vitória." A máxima é do alpinista Éric Escoffier, desaparecido em julho de 1998 quando escalava o Broad Peak (8.407 metros) na Índia... Depois de ter sido considerado "um monstro cuja força punha medo nos outros alpinistas", Escoffier foi vítima em 1987 de um grave acidente automobilístico do qual saiu hemiplégico. Em uma atitude de desafio, que evoca uma alta autoestima, retomou a escalada malgrado as sequelas do seu problema... até sua morte acidental.[8]

De maneira geral, ninguém gosta do fracasso. Ora, para mudar, é preciso agir, admitir a possibilidade de se dar mal. Como dizia um de nossos pacientes: "Não é o fracasso que devemos aceitar, mas a ideia do fracasso." Em certos momentos, um terapeuta pode mesmo "prescrever" o fracasso, se ele achar que é melhor viver uma experiência – para "desdramatizá-la" – do que evitá-la a qualquer preço!

Foi o que fizemos com Sébastien: ele veio consultar-se conosco ao sair de uma depressão muito grave, curada com o uso de antidepressivos. Curado, mas não confiante, pois temia uma recaída; sentia-se apequenado pelo que lhe acontecera. Em sua opinião, foi a falta de autoconfiança que provocou sua depressão; e essa falta de autoconfiança ainda fora agravada pela depressão...

Sébastien era obcecado pelo medo do fracasso e da perda de energia. Depois de muita conversa com ele, pudemos descobrir a origem desse medo: seu pai era um perfeccionista ansioso e autoritário, com um julgamento muito crítico dirigido aos próprios filhos. As cadernetas escolares eram lidas em voz alta em família, na hora do jantar, e coitado daquele que se desse mal nas provas, ainda que de maneira relativa. Nunca havia encorajamentos, pois "trabalhar bem era normal". Sébastien tinha assim adotado um estilo de pensamento caracterizado por injunções muito exigentes: "Você precisa entender já de saída", "Você não deve cometer erros", "Você deve dominar toda a matéria" etc. Sua autoestima era particularmente baixa e sempre ameaçada por um desempenho fora dos padrões.

Em certo momento da terapia, pareceu evidente que Sébastien, embora tendo compreendido de onde provinha seu problema, não podia modificar sua maneira de ver as coisas. Nós então lhe propusemos aquilo que os terapeutas cognitivistas chamam de "provas da realidade": verificar *realmente* se suas predições eram bem-fundamentadas. Em outras palavras, fracassar para ver enfim se os fracassos de sua vida adulta se mostrariam tão terríveis quanto os da infância.

Depois de havermos convencido Sébastien e tomado a decisão de comum acordo, organizamos três "testes" nos quais ele deveria fracassar: 1) entrar em uma loja de informática e dizer ao vendedor que não havia entendido nada de suas explicações; 2) ir até a loja de um comerciante que ele conhecesse, a fim de comprar alguma coisa, e fingir que só então percebera que não trazia dinheiro consigo; 3) não preparar uma parte do relatório que precisava apresentar todas as semanas em seu trabalho. Tínhamos verificado com ele que cada uma dessas situações, de dificuldade crescente, não colocaria problema maior ao ser provocada (mesmo a que dizia respeito ao seu trabalho).

Sébastien cumpriu esses exercícios e pôde perceber na ocasião que o que fez não acarretava nenhuma catástrofe e que sua autoestima chegava a sair engrandecida da operação: o vendedor reconheceu que não tinha sido claro, o comerciante tinha rido, dizendo-lhe que levasse a mercadoria e pagasse outra hora, e os seus colegas de trabalho aceitaram suas desculpas, garantindo-lhe que isso não tinha qualquer importância.

Pouco a pouco, Sébastien conseguiu livrar-se do temor excessivo e paralisante do fracasso. Com isso, ele melhorou rapidamente.

VISÃO AGRAVANTE DO FRACASSO: OS PENSAMENTOS CATASTRÓFICOS	VISÃO BENÉFICA DO FRACASSO: OS PENSAMENTOS REALISTAS
Um fracasso é sempre total: "é a catástrofe"	Um fracasso é um desprazer: "é tedioso"
Um fracasso é sempre definitivo: "nunca serei capaz de enfrentar esta situação"	Um fracasso é uma etapa: "devo progredir para ficar à vontade nesta situação"
Um fracasso é sempre irrecuperável: "as consequências são irremediáveis"	A maioria dos fracassos é recuperável: "há consequências?"
Um fracasso é sempre arriscado: "vou me deixar levar e habituar-me à mediocridade"	Não existe anuência ao fracasso: "ninguém gosta de fracassar, nenhum risco de me habituar a ele"
Um fracasso é sempre ridicularizável: "minha imagem sofreu um golpe mortal com isso"	Não é ridículo fracassar: "viu-se talvez que eu tinha ainda progressos a fazer"
Um fracasso leva sempre à perda de confiança por parte dos outros: "não terão mais confiança em mim depois disso"	Um fracasso é sempre apagado por um êxito ulterior: "as pessoas verão que tenho outras competências para ser bem-sucedido mais tarde"

Como ter uma visão realista do fracasso

Eis alguns conselhos para saber administrar adequadamente o fracasso:

– *Não ver as coisas em preto ou em branco* (pensamento dicotômico). É um dos problemas mais frequentes entre as pessoas que tiveram dificuldade para agir. Elas não conseguem imaginar um resultado intermediário entre o triunfo e a catástrofe. Como são bastante lúcidas para ver que não estão no caminho do triunfo, elas antecipam a catástrofe. Em geral, é preciso apenas relativizar a visão do fracasso.

– *Lembre que todo mundo já fracassou, fracassa ou fracassará...* Nossa sociedade costuma ser hipócrita com os fracassos: quando celebra êxitos, quase sempre esquece as mancadas que os precederam. É por isso que muita gente acha que os outros não fracassam. Mas as pessoas que se deram bem em geral começaram fracassando. Em congressos de psiquiatria, e já observamos que é muito raro ouvirmos comunicações sobre os fracassos desse ou daquele método, tais comunicações seriam no entanto tão interessantes quanto as que dizem respeito aos sucessos. Conversando com jovens terapeutas, estes nos confiam quase sempre que, depois de haver escutado os mais velhos e tentado aplicar os métodos que estes propuseram, não chegam a reproduzir os mesmos resultados. Daí concluem, portanto, que são profissionais medíocres (alteração da autoestima), quando, na verdade, talvez os terapeutas experientes apenas tenham colocado uma cortina de silêncio sobre os próprios começos, para apresentar unicamente seus resultados favoráveis (promoção da autoestima).

– *Aprender com os fracassos*. Considerem seus fracassos como fontes de informações sobre vocês mesmos e não como provas de incapacidade. Se conseguirem se colocar nesse estado de espírito, então cada fracasso os(as) aproximará da vitória.

Mudar sua relação com os outros

➤ Regra nº 7: afirmar-se

A autoafirmação é a capacidade de expressar o que se pensa, o que se quer, o que se está sentindo, mas sempre respeitando o que o outro pensa, quer e sente. É poder dizer não sem agressividade, pedir alguma coisa sem parecer que está pedindo desculpas, responder com serenidade a uma crítica etc.

No fim da década de 1960, os primeiros trabalhos sobre autoafirmação[9] mostraram com bastante clareza que se afirmar não serve apenas para obter aquilo que se quer ou para granjear o respeito alheio, mas também para se sentir bem "dentro da própria pele" e para desenvolver a autoestima. Para que uma pessoa se afirme é necessário que ela se respeite suficientemente a fim de se outorgar direitos diante de outras pessoas (direito de expressar, de contradizer, de responder, de perguntar etc.). Ora, outorgar-se tais direitos é correr o risco de incomodar o interlocutor ou causar-lhe desagrado.

É por isso que as pessoas com baixa autoestima, muito sensíveis ao risco da rejeição social, têm não raro dificuldade para se afirmar: "Se não concordar, meu interlocutor vai ficar com raiva"; "Se disser o que realmente penso, vamos brigar".

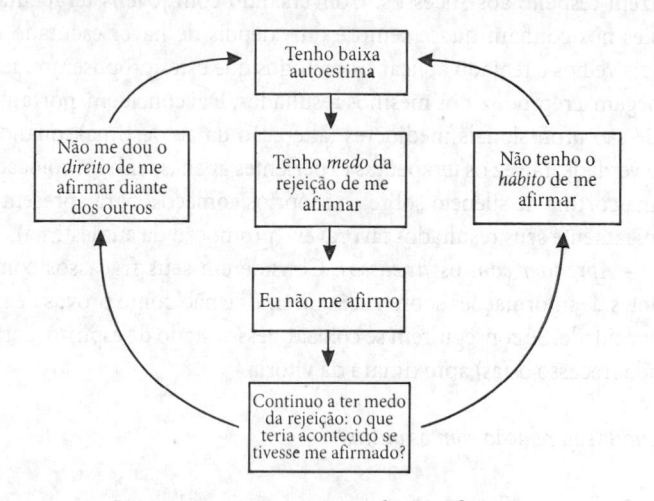

```
        ┌─────────────────┐
        │  Tenho baixa    │◀──┐
    ┌──▶│  autoestima     │   │
    │   └────────┬────────┘   │
    │            ▼            │
┌───┴──────┐ ┌──────────┐ ┌───┴──────┐
│ Não me   │ │ Tenho    │ │ Não tenho│
│ dou o    │ │ medo da  │ │ o hábito │
│ direito  │ │ rejeição │ │ de me    │
│ de me    │ │ de me    │ │ afirmar  │
│ afirmar  │ │ afirmar  │ │          │
│ diante   │ └────┬─────┘ └──────────┘
│ dos outros│     ▼
└──────────┘ ┌──────────┐
             │ Eu não   │
             │ me afirmo│
             └────┬─────┘
                  ▼
        ┌──────────────────┐
        │ Continuo a ter   │
        │ medo da rejeição:│
        │ o que teria      │
        │ acontecido se    │
        │ tivesse me       │
        │ afirmado?        │
        └──────────────────┘
```

Baixa autoestima e ausência de autoafirmação

Quando uma pessoa não consegue se afirmar, é possível que recorra a outros comportamentos visando a inter-relação:

– O comportamento inibido ("capacho"): consiste em se submeter às relações com os outros, sem ousar exprimir o que se pensa ou quer. Em consequência, aceitam-se todas as ideias e pedidos dos outros (não saber dizer não é o primeiro sintoma). Esse comportamento está sempre associado à baixa autoestima.

– O comportamento agressivo ("porco-espinho"): consiste em privilegiar suas necessidades e pontos de vista e negligenciar os dos outros. Em caso de resistência dos interlocutores, não se hesita em recorrer ao conflito ou à ameaça. Esse comportamento está quase sempre associado à alta autoestima ("minhas necessidades devem ser respeitadas"), mas em geral instável ("não gosto quando me contradizem"). Tal comportamento pode ser encontrado também em indivíduos com baixa autoestima, quando eles saem de seus esconderijos.

Aprender a afirmar-se aumentará fatalmente sua autoestima. Mas, no momento em que aprender a fazê-lo, terá também a possibilidade de escolher e, às vezes, achará melhor não se afirmar! "Em vez de tentar ser feliz, as pessoas quase sempre preferem ter razão";[10] saber renunciar – a princípio – para evitar um conflito pouco útil também revela alta autoestima!

> Regra n° 8: ser empático

A empatia é a capacidade de escutar e sentir o ponto de vista dos outros, de procurar compreendê-los e de respeitá-los, mesmo que não estejamos de acordo com eles por completo. Sem este último ponto, a empatia é inconcebível: "Compreendo bem o que você está dizendo, mas não penso forçosamente a mesma coisa."

A empatia autêntica é um poderoso motor do desenvolvimento da autoestima. Ela nos permite ficar perto dos outros e ser apreciado(a) por eles. Permite igualmente que nos afirmemos com mais facilidade: as pessoas nos escutarão de bom grado se nos mostrarmos capazes de ouvir com atenção o que elas mesmas têm a dizer.

Alguém que sofre de baixa autoestima, no entanto, pode colocar-se à escuta das outras pessoas, às vezes a ponto de esquecer de si mesmo e de perder de vista os próprios interesses. O apagamento e a submissão da pessoa com baixa autoestima traduzem a necessidade que esta experimenta de "comprar" a aprovação dos outros pela escuta. É o que chamamos de "hiperempatia": escutar sem se afirmar. O depoimento de Franck, 30 anos, é totalmente esclarecedor:

"Dou muita atenção aos outros. Quando me pedem alguma coisa, faço o diabo para satisfazer tal pedido. E não contra a vontade: fico realmente com vontade de fazer isso. Mas, quando traço o balanço de minha vida, percebo que escuto demais sem no entanto conseguir que me ouçam o bastante. Ainda outra noite, de volta de uma festa, uma amiga com quem eu conversava, e que tinha me observado durante a festa, me disse: 'Isso não me surpreende. Você já se ouviu quando fala com as pessoas? Está sempre dizendo: compreendo, exatamente, sem dúvida, claro... Você só fica aprovando o que os outros dizem.' Ela estava certa, percebo que sou mais propenso a estar de acordo com os outros do que a fazer com que ouçam os meus pontos de vista. Como se me parecesse tratar-se de uma contradição..."

➤ Regra nº 9: buscar o apoio social

O apoio social, do qual já falamos várias vezes neste livro, é constituído pelo conjunto de relações que estabelecemos com as pessoas de nosso círculo e pela ajuda que daí retiramos. É bom repetir: essa troca com os outros é um elemento essencial da autoestima. Os teóricos costumam dizer que ele se compõe de quatro "ingredientes": o apoio de estima ("sabemos que você é uma pessoa boa"); o apoio afetivo ("estamos do seu lado, nós o(a) amamos"); o apoio material ("vamos ajudá-lo(a)"); o apoio informativo ("eis uma informação que vai ser útil para você"). Ele vai trazer dois alimentos preciosos para a autoestima: o sentimento de ser *amado* e o sentimento de ser *ajudado*.

Como desenvolver o apoio social? Aqui vão alguns conselhos:

– *Não hesite em pedir apoio,* mas aceite quando ele não puder ser oferecido imediatamente. O apoio social não pode ser uma muleta permanente.

– *Ative regularmente sua rede social.* Não utilize seu apoio social apenas para se queixar ou apenas em caso de um grande golpe.

– *Diversifique seu apoio social.* Os mais próximos não são as únicas pessoas que trazem apoio social. Existem três círculos concêntricos: os íntimos, os colegas e amigos, os conhecidos. Essas três categorias são importantes em graus diversos. Estudos mostraram que, quando se está desempregado, é sobretudo graças aos conhecidos (um círculo amplo do apoio social) que se volta a encontrar mais facilmente trabalho.

AS ESTRATÉGIAS DA MUDANÇA

Preparado(a) para mudar? Muito bem! Aqui vão os últimos conselhos que lhe serão úteis em seus esforços para pôr em ação a mudança.

Transforme as queixas em objetivos

Esta receita é velha como o mundo, mas continua funcionando... Trata-se apenas de modificar a formulação das frases, de dizer "Eu gostaria" em vez de "Estou de saco cheio". Para isso, você deve se perguntar que necessidade se esconde atrás de sua queixa; buscar, em suma, uma solução para essa queixa.

Essa estratégia é notadamente utilizada nas terapias cognitivas dos estados depressivos, durante as quais os terapeutas, toda vez que seus pacientes emitem uma queixa, tentam fazer com que eles a traduzam na forma de um objetivo:

– Doutor, não tenho mais gosto para nada.

– Como assim?

– Ora, de tudo o que eu conseguia fazer antes, mais nada me motiva.

– Você gostaria de ter novamente determinadas vontades, é isso?

– Sim.

– Poderia me dizer quais, por exemplo?

– São coisas simples: ir passear com o meu cachorro, ler o jornal, cozinhar, conversar com amigos pelo telefone...

– Sei. Podemos considerar esse como o primeiro objetivo de nossa terapia: que você possa praticar novamente essas atividades com certo prazer?

Escolha objetivos adequados

Escolher objetivos inadequados é normalmente a primeira causa de fracasso. Incentivamos os pacientes a tolerar mais os fracassos, mas é inútil facilitá-los escolhendo mal a sua meta.

Proceda por etapas

Vimos que o devaneio não é um meio eficaz de alcançar objetivos. Mesmo assim ele tem a possibilidade de nos mostrar o ideal para o qual tendemos. Mas, como esse ideal se acha em geral bastante afastado de nossa realidade atual, essa percepção de uma grande distância a percorrer quase sempre nos desencoraja a fazer esforços de mudança. Uma boa regra será, portanto, refletir sobre a noção de etapas intermediárias entre o seu ponto de partida e o seu objetivo.

EXEMPLO DE OBJETIVO ADEQUADO	EXEMPLO DE OBJETIVO INADEQUADO
Depende de você (convidar com mais frequência os amigos)	Depende dos outros (ser convidado(a) com mais frequência)
Pode ser repetido regularmente (fazer um passeio duas vezes por semana)	Só pode ser raramente praticado (ir a sessões de fisioterapia)
Realista (retomar o curso de teatro)	Irrealista (tornar-se um(a) grande artista)
Exato(a) (sistematicamente ousar pedir ajuda no trabalho quando não há entendimento)	Geral (ter mais autoconfiança)
Tem um interesse para você (sair de férias com amigos)	Pouco interesse para você (repintar a porta de minha despensa)

A arte de escolher os objetivos

Imagine, por exemplo, uma pessoa que anota em um quadro de duas colunas sua realidade e seus sonhos.

REALIDADE	SONHO
Não tenho vida sentimental satisfatória	Encontrar o grande amor
Fico de saco cheio em meu trabalho	Ter um trabalho fascinante
Encontro sempre as mesmas pessoas	Conhecer bastante gente
Sinto-me sempre estressado(a)	Estar sempre relaxado(a)

Uma distância desencorajadora

Esse tipo de quadro vai ajudar a pessoa ou, ao contrário, deprimi-la ainda mais? E sobretudo, na forma como está redigido, dá indicações precisas sobre a maneira de proceder? Não, claro. Falta na verdade uma coluna em seu centro, que poderíamos chamar de "etapas intermediárias".

REALIDADE	EXEMPLOS DE ETAPAS INTERMEDIÁRIAS	SONHO
Não tenho vida sentimental satisfatória	Falar mais aos colegas de minha iniciativa	Encontrar o grande amor
Fico de saco cheio em meu trabalho	Exigir uma formação contínua, responder a pequenos anúncios	Ter um trabalho fascinante
Encontro sempre as mesmas pessoas	Entrar para um clube ou para uma academia de dança	Conhecer bastante gente
Sinto-me sempre estressado(a)	Fazer yoga, praticar esportes uma vez por semana	Estar sempre relaxado(a)

Alcançar os objetivos por etapas

AS TERAPIAS

"Não estou satisfeita com a maneira como venho vivendo e não sei o que fazer para mudar minha vida, sobretudo porque tenho muita dificuldade para saber o que é dificilmente viável em termos objetivos e o que o é por causa de minhas reações inapropriadas...

Também sinto dificuldade em ver claramente isso tudo, porque os meus estados de alma pela manhã flutuam ao longo do tempo, eu diria mesmo que os da manhã não têm nada a ver com os da noite...

Preciso que me ajudem a crescer, porque, sozinha, sinto que quase não evoluo, não sei como lidar com as coisas e acabo inelutavelmente me deparando com situações dolorosas conhecidas, e invadida pelos mesmos sentimentos e emoções perturbadoras, talvez mesmo destruidoras, porque não compreendo o modo como elas chegam e não consigo dominá-las..."

Quando procurar terapia?

Como se vê pelos fragmentos anteriores de uma carta que nos endereçou uma de nossas pacientes, às vezes é difícil modificar sozinho a autoestima.

Você pode ter interesse em buscar terapia se sentir regularmente certas emoções: insatisfação, frustração, tristeza, impotência, ou se tiver a impressão de que as mesmas dificuldades se repetem: fracassos sentimentais ou profissionais, inibições diante de objetivos que você gostaria de alcançar etc.

Você pode também ter interesse em buscar terapia se certos distúrbios aparecem: depressão, ansiedade, dependência do álcool...

Às vezes, é o nosso próprio ambiente que nos leva a tomar tal decisão: as queixas ou ameaças de um cônjuge, as observações de superiores ou de colegas de trabalho, os conselhos de amigos a quem tenhamos falado de nossos problemas...

Que esperar de uma terapia?

O trabalho sobre a autoestima é no fundo o objetivo direto ou indireto de qualquer psicoterapia. Mas terapia não quer dizer magia. É preferível saber o que ela pode nos trazer – conhecer-se melhor e expressar-se melhor, modificar pouco a pouco pequenos comportamentos cotidianos – e o que ela não pode garantir – uma metamorfose completa, rápida, fácil, sucessos imediatos...

Escolher o bom terapeuta

A psicoterapia continua sendo para um grande número de pessoas um universo misterioso, de regras esquisitas ("não se responde nunca às minhas perguntas"), povoado de gente estranha: os psicoterapeutas.

Você deve saber que "psicoterapeuta" não subentende, pelo menos por enquanto, "diploma oficial", diferentemente de um título de psiquiatra ou de psicólogo. Não importa quem possa, portanto, autoproclamar-se psicoterapeuta e agir como tal. Certamente o diploma não é uma garantia, e nós mesmos conhecemos bons terapeutas que não são psiquiatras nem psicólogos. Mas a ausência do diploma dá ao paciente o direito de fazer perguntas ao terapeuta sobre sua experiência e sua credibilidade.

➤ Os direitos do paciente

Como paciente, você tem direitos inalienáveis:

– *O direito de ser escutado.* Se o seu terapeuta não o(a) escuta manifestamente, de forma regular (todo mundo pode se sentir cansado um dia!), se parece quase sempre apressado ou entediado com o que você está lhe contando, faça perguntas sobre a capacidade dele de ajudá-lo(a).

– *O direito de receber respostas para as perguntas que você se coloca:* a que escola pertence o terapeuta? Quais são os seus diplomas? Quais são os seus métodos? Por que utiliza essa ou aquela técnica?

– *O direito de receber* os *melhores cuidados possíveis no estado dos conhecimentos atuais.* A psicoterapia, como a medicina, comporta aquilo que se chama uma "obrigação" de meios, e não de resultados. O terapeuta não pode lhe garantir a cura. Em contrapartida, ele deve se comprometer, se aceitar o seu caso, a fazer o melhor que puder para curá-lo(a).

➤ Os deveres do terapeuta

Eis algumas características importantes, segundo nós, de todo bom terapeuta:
- Ele não integra a pessoa imediatamente em uma terapia.
- Ele explica à pessoa como vê o problema dela.
- Ele explica à pessoa como vai se desenvolver a terapia.
- Ele estabelece com a pessoa objetivos realistas.
- Ele aceita as observações e as perguntas da pessoa.
- Ele não procura tornar-se amigo nem guru da pessoa.
- Ele não tem o costume de falar mal das outras escolas de terapia.
- Ele aceita que a pessoa interrompa a terapia, sem tentar culpabilizá-la nem angustiá-la, mas depois de haver enunciado sua opinião a tal respeito.

* * *

O que é uma psicoterapia?

"A psicoterapia não deve ser uma técnica não definida, dirigindo-se a problemas imprecisos, com resultados não mensuráveis."[11]

Os diferentes tipos de terapia

➤ Os medicamentos

Antes de falar das psicoterapias, desejamos levantar a questão dos medicamentos. Eles podem agir sobre a autoestima? *A priori*, a resposta parece ser não. A autoestima é resultante de um grande número de fenômenos psicológicos e, por isso mesmo, nenhuma molécula atual pode pretender melhorá-la. Assim como não existe pílula da felicidade, não existe pílula da autoestima.

No entanto, existem tratamentos – especialmente os antidepressores – que agem indiretamente sobre a autoestima, melhorando, por exemplo, o moral de um deprimido ou mitigando as angústias de um fóbico. Já se aventou mesmo a hipótese de que uma família particular de antidepressores, os serotoninérgicos, que elevam as taxas cerebrais de serotonina (um importante neurotransmissor), poderia ter efeito direto sobre a autoestima.[12] Mas isso ainda precisa de confirmação no futuro.

➤ As psicoterapias

O princípio de uma psicoterapia é simples: refletir sobre si com a ajuda de um profissional, de maneira a adotar novas formas de pensar e agir, mais de acordo com nossas aspirações.

A melhora do autoconhecimento e da autoestima é um resultado comum a todas as psicoterapias, quando elas funcionam... Mas os meios utilizados para alcançar tais objetivos diferem. Existem duas grandes famílias de psicoterapias: as que pertencem à família da psicanálise e as terapias cognitivo-comportamentais.

As primeiras correspondem à ideia que se tem habitualmente da psicoterapia: somos encorajados a falar de nosso passado com um terapeuta que, por sua vez, quase não fala, limitando-se a poucos conselhos práticos.

As segundas, mais recentes, são conduzidas por um terapeuta mais interativo, que dá sua opinião, é pródigo em conselhos e propõe ao paciente técnicas para desenvolver novas formas de ser.

TERAPIAS DE BASE PSICANALÍTICA	TERAPIAS COGNITIVO-COMPORTAMENTAIS
Centradas sobretudo no passado ou na interface passado-presente	Centradas sobretudo no aqui e agora
Voltadas para a revivescência e a compreensão dos fatores importantes da história pessoal	Voltadas para a aquisição de competências para administrar as dificuldades atuais
Terapeuta neutro	Terapeuta interativo
Poucas informações específicas passadas pelo terapeuta sobre os distúrbios do paciente e sobre a terapia	Muitas informações específicas passadas pelo terapeuta sobre os distúrbios do paciente e sobre a terapia
Objetivos e duração não determinados	Objetivos e duração determinados
Principal meta: a modificação da estrutura psíquica subjacente (o que permitirá a modificação dos sintomas e das condutas)	Principal meta: a modificação dos sintomas e das condutas (o que permitirá a modificação de estruturas psicológicas mais profundas)

As duas grandes famílias de psicoterapias

As terapias cognitivo-comportamentais:

Um dos princípios das terapias cognitivo-comportamentais é que o trabalho sobre o passado nem sempre é suficiente para resolver as dificuldades. Quase sempre encontramos pacientes que tinham compreendido muito bem de onde provinham seus problemas, sem que nem por isso conseguissem se livrar deles. O objetivo é então ensinar ao paciente métodos para modificar seus comportamentos e seus pensamentos (as "cognições") e fazê-los experimentar novas formas de ser, mais relacionadas às suas expectativas pessoais.

No caso, por exemplo, de um sujeito fóbico, o terapeuta, depois de haver compreendido a origem da fobia, ajudará o paciente a enfrentar pouco a pouco aquilo que ele teme. Para os problemas de autoestima, ele buscará, de acordo com os casos, ajudar o paciente a agir mais, a alimentar menos pensamentos desvalorizadores sobre si mesmo, a se afirmar mais diante dos outros etc.[13]

De modo geral, o terapeuta cognitivista-comportamentalista é interessado e interativo: dá sua opinião, oferece conselhos, encoraja os esforços do paciente. Em contrapartida, o paciente terá esforços a realizar, o que não é muito fácil para algumas pessoas com baixa autoestima: já se mostrou, por exemplo, que pacientes bulímicos que não se engajam em uma terapia cognitivo-comportamental são aqueles que têm a autoestima mais baixa.[14]

Eis aqui um trecho da história de Catherine, uma de nossas pacientes, que foi ajudada por uma terapia cognitivo-comportamental. Veio à nossa procura aos 36 anos por causa de um problema de ansiedade social e timidez em seu relacionamento com os outros.

"Venho de um meio rural muito pobre no oeste da França. Sou a terceira de um grupo de seis irmãos e irmãs. Nós todos recebemos uma educação severa, sem ternura nem valorização por parte dos pais. No fundo, esse meio era muito frustrante. As únicas discussões entre nós recaíam sobre o funcionamento material da fazenda. Sempre tive vontade de escapar dessa vida. Pensar que estava correndo o risco de passar ali toda a minha existência me aterrorizava, como uma condenação à morte.

Felizmente eu era boa aluna, tirava as melhores notas na escola. Era o único local onde ouvia coisas agradáveis sobre mim: que eu era inteligente, aplicada, disciplinada... Isso me deu condições de fazer a faculdade de direito. E de conseguir cargos de responsabilidade jurídica em grandes empresas.

Mas eu, que acreditava que, já adulta, e afastada de minha família, encontraria um maravilhoso mundo cor-de-rosa, tive de cair na real. Percebi que não somente tinha sofrido em minha infância, mas que também me tornara inapta para a felicidade. Era incapaz de me soltar em um relacionamento amoroso. Estava sempre insatisfeita com o meu trabalho. Estava sempre, por isso, mudando de empregador e de namorado. As pessoas achavam que eu era orgulhosa e exigente:

imaginavam que eu punha o meu mérito lá no alto. Mas não era nada disso: eu tinha medo de não estar à altura.

Por exemplo, quando um homem se apaixonava por mim, era por minha imagem. Não por mim. E, quando me dava conta disso, rompia o namoro, com medo de decepcioná-lo se o relacionamento continuasse. Em meu trabalho ocorria o mesmo: eu tinha medo de que de uma hora para a outra já não tivesse condições de fazer bem minha tarefa.

Apesar de minha aparência, nunca acreditei em mim. Não gosto de mim. Acham-me bonita fisicamente, mas me lembro muito bem de haver invejado amigas ou colegas menos bonitas, mas que eu considerava mais encantadoras e mais femininas do que eu. Teria gostado de ser qualquer outra pessoa. Não correspondo em nada àquilo que prezo nos outros."

Catherine tinha um medo excessivo do julgamento dos outros – o que se chama "ansiedade social" –, mas ela também apresentava problemas de bulimia e episódios depressivos regulares. Identificaram-se rapidamente problemas maiores de autoestima como a principal fonte de suas dificuldades. Foi-lhe proposta então uma terapia "bifocal", ou seja, dirigida para dois objetivos simultâneos.

O primeiro trabalho consistiu em uma terapia de grupo por autoafirmação. Nesse tipo de grupo, reunindo cerca de oito pacientes, trabalha-se com dramatizações colocando-se em cena situações da vida corrente. Os participantes são levados a desenvolver modos de comunicar que correspondem às suas necessidades. Catherine aprendeu, por exemplo, a dizer não às exigências abusivas, a falar sobre si mesma sem se desvalorizar, a exprimir seus sentimentos e seus pontos de vista, mesmo que tivesse medo de que os interlocutores não pensassem como ela. Antes da terapia, ela receava sempre não saber responder a uma questão, dizer coisas desinteressantes, ser rejeitada quando se afirmava.

Catherine trabalhou também, em sessões individuais de terapia cognitiva, sobre suas "crenças": "se eu mostrar aos outros quem eu sou realmente, então serei rejeitada ou zombarão de mim"; "não tenho qualidades suficientes para que alguém possa ligar-se duradouramente a mim"; "o único meio de ser aceita pelos outros é submeter-me aos seus pontos de vista"... Ela aprendeu com seu terapeuta como as crenças a levavam a adotar atitudes pouco valorizadoras, que confirmavam a pobre visão que tinha de si mesma. Depois de haver tomado consciência do fenômeno, engajou-se naquilo que chamamos de "provas de realidade": testar se suas predições se revelavam justas ou não. Por exemplo, falar de sua timidez e de sua falta de autoconfiança a um amigo atual, para ver se ele a descartaria imediatamente, como ela pensava. Claro que isso não aconteceu. Ou ainda dizer-se – sem agressividade – em desacordo com alguém durante um jantar na casa de amigos. Para sua grande surpresa, não apenas a pessoa não a levou a mal e reconheceu que a posição de Catherine era bem-fundamentada, como também vários outros convidados, até ali sem se manifestarem, apoiaram a opinião dela.

Depois de dois anos de terapia, Catherine já estava bem melhor. Tinha uma autoestima mais favorável, sabendo reconhecer suas qualidades e assumir seus defeitos. Pôde aceitar um cargo de maior responsabilidade que vinha recusando até então. Foi morar com um amigo que conhecia suas dificuldades e seus limites, dos quais lhe falara: mas nem por isso ela se sentia obrigada a escondê-los dele ou a se sentir inferior a ele. Seus progressos seguem um ritmo seguro desde o fim da terapia, há três anos. Ela não sofre mais de bulimia e nunca mais apresentou qualquer recaída depressiva.

* * *

Os "pontos altos" das terapias cognitivo-comportamentais:

- São as mais eficazes para modificar os comportamentos e os modos de pensar.
- O terapeuta propõe um apoio ativo.
- Elas são validadas por numerosos estudos científicos.

Os "pontos baixos" das terapias comportamentais e cognitivas:

- Elas exigem esforços do paciente.
- Elas precisam se confrontar com aquilo que se teme ou com aquilo que se mostra difícil (o que nem sempre é agradável).
- Elas são pouco voltadas para a compreensão do "por que sou assim?"

* * *

As terapias analíticas:

O princípio de uma psicoterapia de inspiração analítica é que compreender e reviver, por meio da terapia, elementos do passado permitem desembaraçar-se das dificuldades, que representam formas de "bloqueio" sobre uma determinada época da vida. Tais bloqueios estão na origem de "compulsões de repetição", em outras palavras, de uma inexorável tendência a experimentar de novo uma dificuldade não resolvida da infância.

Os objetivos dessas terapias são principalmente ajudar o paciente a tomar consciência de certas significações ocultas de suas dificuldades e, no fundo, adquirir maior lucidez sobre si mesmo(a). Os sentimentos e os pensamentos que o paciente experimenta em relação ao terapeuta (o que os psicanalistas chamam de *transferência*) são parte integrante do processo terapêutico. As transferências permitem ao paciente compreender e reviver relações atadas com pessoas importantes de sua infância, fontes de dificuldades nas relações da vida adulta.

O estilo do terapeuta é sobretudo neutro; fala-se de "neutralidade simpática". Naquilo que se chama de "cura tipo" – espécie de modelo mais acabado dessa técnica –, o psicanalista intervém muito pouco, não dá nenhum conselho, mas faz perguntas para facilitar a tomada de consciência e propõe interpretações. De fato, muitos terapeutas que praticam as terapias de inspiração analítica adotam um estilo intermediário e se implicam mais nos casos. Aliás, um estudo recente mostrou que o próprio Freud, que recomendava a seus discípulos seguir seus conselhos de neutralidade, permitia-se às vezes um envolvimento maior com os próprios pacientes.[15]

Eis o relato de Emmanuel, 35 anos, ajudado por uma terapia analítica. Ele era o segundo filho de uma família de três meninos.

"Tenho a impressão de que meu pai sempre embirrou comigo. Desde minhas primeiras recordações, revejo cenas nas quais ele me desvalorizava em relação aos meus irmãos, que pareciam mais de acordo com aquilo que ele esperava de nós. Por exemplo, sempre fui péssimo na escola, não gostava de ir à escola, e isso depois me deixou complexado. Já meus irmãos tiveram bom aproveitamento nos estudos, como meu pai, que era um alto funcionário.

Por isso, minha mãe me superprotegia, como para compensar a rejeição que meu pai me fazia sofrer. Com o distanciamento, creio que isso não ajudou muito no curso das coisas, pois o comportamento de minha mãe levou meu pai a deixar de investir em mim, a se sentir desobrigado já que eu era um 'filhinho da mamãe'. Às vezes, eu sonhava com a morte de minha mãe, para que meu pai finalmente se ocupasse comigo... Ela era uma mulher infeliz, sozinha, a quem meu pai não dava atenção. Ela também sofria por ser sua sombra e por ter renunciado a uma carreira profissional para cuidar das crianças e da casa. Ela se consolava levando uma vida bastante mundana e superficial, sendo muito sedutora, agradando...

Ela me ensinou tudo isso e me criou também nesse mundo de falsas aparências. Servi-me largamente de tais exemplos. Tornei-me um bom de papo. As pessoas me julgavam consideravelmente mais capaz do que eu o era na realidade. Depois de ter falhado completamente nos estudos, comecei a trabalhar em lugares onde se encontra muita gente como eu: o ramo imobiliário, a gerência de lojas de roupas... Era sempre o mesmo cenário: eu agradava por causa de minha aparência, de minha tagarelice, de minha boa educação. Depois tudo desmoronava, pois eu não fazia corretamente o trabalho. Por muito tempo acreditei – e dava a entender – que era por preguiça: de fato, era por incompetência. Mas uma incompetência que podia ser facilmente resolvida: bastaria confessar meus limites, pedir dois ou três conselhos a um ou a outro, frequentar pequenos cursos durante alguns dias para ser bem-sucedido... Contudo eu não o fazia, sem dúvida por imaginar que o problema fosse muito mais grave: estava convencido de que era um impostor total – e que, portanto, minha situação estava além de qualquer recurso. Logo, não fazia nenhum esforço para progredir.

Quando conheci minha mulher, uma professora primária, menti também para ela. Ela acreditou que eu era um artista, um incompreendido, perdido no mundo do comércio. E então ela me permitiu não fazer nada durante quase dois anos, sob o pretexto de escrever romances. Não é preciso dizer que não escrevi coisa alguma. Não é o meu negócio, claro. Já sabia disso na época, mas sempre me dava um prazo... O problema é que tivemos dois filhos nesse meio-tempo, e eu ainda fingia, 'como se' tudo estivesse bem.

Quando começamos a ter problemas financeiros sérios, fui procurar um psicoterapeuta. Achei um fiasco, o cara ficava calado o tempo todo, só abrindo a boca ao fim de 45 minutos para me dizer 'Muito bem, continuaremos na próxima vez' e para me pedir que pagasse a consulta. Não quis mais voltar lá, e minha mulher ameaçou me deixar. Não lhe disse na época, mas isso teria sido quase um alívio para mim. É muito extenuante mentirmos sem parar sobre nós mesmos. Um dia, um amigo me falou de outra terapeuta que tinha cuidado dele. Fui até lá e, aí sim, correu tudo bem. Ela me propôs uma terapia cara a cara.

No começo, ela me fazia perguntas sobre o meu passado. Isso me forçava a refletir sobre detalhes nos quais nunca havia pensado. Como, por exemplo, as fraquezas de meu pai, sua responsabilidade comigo, enquanto eu tinha pensado ser o único culpado. A terapeuta me mostrava também como, mesmo com ela, eu tentava fingir, minimizando minhas dificuldades, querendo me mostrar em condições melhores. Um dia, ela me disse assim: 'Sabe, você não é obrigado a me agradar.'

Em pouco tempo, caí em grave depressão, porque a terapia me forçava a me olhar de frente, e o resultado disso era lamentável. A terapeuta então me deu mais apoio, mas sem se mostrar maternal, sempre me lembrando minhas responsabilidades. Ninguém me tratara ainda assim: respeitar-me suficientemente para poder ser exigente comigo.

Depois desse episódio ruim, comecei a me sentir melhor. Não tinha mais necessidade de ficar sempre fingindo, me justificando, exibindo sempre uma cara divertida e contente. Não tinha mais necessidade de seduzir ou trapacear. Tinha uma imagem adequada de mim mesmo: mais humilde e menos ostentatória. Podia enfim colocar-me em condições de progredir e de aprender. E de retomar a autoconfiança..."

Depois de três anos de terapia Emmanuel trabalha agora em um laboratório farmacêutico como propagandista. No momento, está bem. Seu relacionamento com os outros simplificou-se bastante: já não se sente sempre obrigado a agradar ou a seduzir para mascarar suas dúvidas...

* * *

Os "pontos altos" das terapias de inspiração analítica:
- Elas propiciam um bom autoconhecimento.
- Elas dão respostas à questão "por que eu sou assim?".

Os "pontos baixos" das terapias de inspiração analítica:
- Elas nem sempre são eficazes para modificar os comportamentos.
- Elas são sempre longas.
- O terapeuta expressa pouco apoio.

➤ Como escolher entre as diferentes psicoterapias?

Costuma-se dizer que a qualidade do terapeuta é tão importante quanto o tipo de terapia. Isso não é verdade para todas as dificuldades: sabemos hoje que se uma pessoa sofre de fobia é mais adequado procurar um comportamentalista do que um psicanalista, por mais competente que este seja. Aliás, salvo em casos particulares, este último não hesitará em recomendar um colega comportamentalista a um paciente fóbico. Por sua vez, os comportamentalistas poderão vir a aconselhar uma pessoa a buscar um analista, se o desejo dela é compreender por que seu relacionamento com a mãe foi tão frustrante e por que continua, mesmo atualmente, causando sofrimentos.

No entanto, um número cada vez maior de terapeutas vem utilizando hoje abordagens "ecléticas", ou seja, que se baseiam em ferramentas tiradas de diferentes correntes psicoterápicas.[16] Entre eles, vários métodos são utilizados, por exemplo, de maneira sequencial: você trabalhará primeiro com a autoafirmação, depois refletirá sobre as relações que teve com seu pai, para compreender de onde vêm suas dificuldades para autoafirmar-se.

Os conselhos que propomos nestas páginas baseiam-se em nossa experiência pessoal como terapeutas. Esperamos que eles levem o leitor a refletir sobre a maneira como pode agir sobre a autoestima.

Tais conselhos não são os únicos possíveis, é claro que existem muitos outros.

Em todos os casos, pense que você não se resume às suas dificuldades; pense também em cultivar e desenvolver tudo o que vai bem dentro de você. Uma terapia ou uma mudança pessoal não consiste apenas em livrar-se dos problemas, mas também em reforçar pontos fortes.

Os caminhos da autoestima são diferentes de uma pessoa para outra. Para alguns, com mais sorte, eles se parecerão com uma autoestrada. Para outros, com uma rua estreita e cheia de buracos. Mas o importante não é chegar a um bom porto?

QUESTIONÁRIO 2: "COMO MUDAR?"

O questionário adiante procura oferecer uma indicação sobre os esforços de mudança que devem ser feitos em matéria de autoestima. Leia atentamente cada enunciado e responda sem pensar muito, colocando uma cruz na coluna que mais se aproxima do seu ponto de vista *atual*. Veja nossos comentários na página 285.

QUESTÕES SOBRE A RELAÇÃO CONSIGO MESMO(A)	VERDADEIRO	FALSO
1) Não gosto muito de mim		
2) Tenho dificuldade em tomar decisões		
3) Não sou apreciado(a) e reconhecido(a) pelos outros como gostaria		
4) Não sei realmente o que valho		
5) Não persevero quando me deparo com dificuldades		

(cont.)

QUESTÕES SOBRE A RELAÇÃO CONSIGO MESMO(A)	VERDADEIRO	FALSO
6) Tenho fracassado em minha vida sentimental		
7) Mesmo quando as coisas vão bem, sinto-me preocupado(a)		
8) Evito as situações em que não me sinto à vontade		
9) Sou muito dependente do olhar que lançam sobre mim		
10) Quando estou em dificuldades, fico com raiva de mim e chego a me detestar		
11) Sempre me censuraram por fugir na hora em que é preciso tomar uma atitude		
12) Sinto-me sempre ciumento(a), não raro experimentando ressentimento em relação a certas pessoas		
13) Não faço boas escolhas em minha vida		
14) Suporto mal o fracasso ou a crítica sobre o que faço		
15) Deixo-me influenciar demais pelos outros		
16) Sinto-me insatisfeito(a)		
17) Sempre me coloco em fracasso		
18) Sou quase sempre agressivo(a) e crítico(a) com os outros		
19) Tenho dificuldade em achar qualidades em mim		
20) Costumo deixar para depois coisas importantes que devia fazer rapidamente		
21) Às vezes, tenho a impressão de que sou eu mesmo(a) quem provoca inconscientemente rompimentos ou conflitos		

Conclusão

Caro doutor,

O senhor me pediu que lhe mandasse notícias minhas: aqui estão elas, com um pouco de atraso porque, nesses últimos meses, minha vida tem sido bem mais ativa do que na época em que o procurei para tratamento.

Depois de minha mudança de domicílio no ano passado, tudo continua indo bem e acho que fiz mais progressos. Meu trabalho me dá satisfação e me adaptei sem muita dificuldade às minhas novas responsabilidades, sem sentir aquela famosa "síndrome da impostura" sobre a qual conversamos tanto. Percebo que não administro mais meus pensamentos em segredo: chego a falar de minhas dúvidas e de minhas interrogações sem experimentar o sentimento de revelar uma incompetência qualquer. Tenho tido mais facilidade em dar minha opinião e acho normal que a contradigam: não me sinto humilhada nem desautorizada. Finalmente, percebo claramente meus progressos em termos de autoestima vendo que me sinto mais à vontade para dizer "Eu me enganei" ou "Cometi um erro". Já não me sinto um paradoxo. Mas não foi somente nessa dimensão defensiva que eu mudei. Também estou "vendendo melhor minhas ideias": em nossas reuniões de trabalho, e com os meus clientes, defendo com mais ardor meus pontos de vista e não tenho vergonha de lutar por eles. Isso não atrai para mim nenhum desagrado, na verdade tenho sido apreciada por minha franqueza, o que não acontecia na época em que me mostrava mais conformista e mais discreta.

Porém, o mais importante para mim é que me sinto moralmente melhor, mais forte, mais estável. Não atravesso mais esses longos períodos de desmoralização e de desvalorização. Meus momentos de bem-estar já não se parecem com essa "felicidade ansiosa" de que falamos em várias oportunidades. Não sei muito bem a que posso dever tudo isso. Sem dúvida, em grande parte, à minha atitude mais ativa que outrora: percebo hoje – por contraste – a que ponto eu evitava situações e como sempre me inibia diante da ação. Desde minha chegada aqui, segui os seus conselhos: simpatizei com os meus colegas, fui diretamente a eles em vez de esperar que me aceitassem, convidei-os para ir a minha casa, em vez de me concentrar na distribuição dos meus cartões anunciando minha nova casa ou na decoração do meu apartamento, e alguns desses novos conhecidos estão se tornando verdadeiros amigos. Inscrevi-me imediatamente em um coral, sem me permitir o pretexto de um "período de aclimatação" ou de uma fadiga apesar de tudo ser bastante real: lancei-me à ação, para não correr o risco de me afundar em dúvidas. Nisso também a lembrança de nossas conversas me ajudou. Dei-me conta de que agora expresso com mais facilidade do que antes minha opinião nas festas e nas reuniões de amigos. Durante as discussões, falo sobre mim, faço perguntas, confesso minha ignorância e minha curiosidade em saber mais, contraponho-me. Em suma, sinto-me completamente *normal*. Enfim!

De qualquer maneira, tudo isso depende dos dias: há ainda momentos em que me ponho a duvidar. É bastante penoso, pois isso pode degradar meu moral muito rápido. Em alguns instantes, meus velhos demônios retornam, sinto exatamente a mesma angústia de outrora. Nesses instantes, percebo de forma precisa a que ponto meus progressos continuam frágeis e meu bem-estar precário: a um passo de uma recaída. Mas há agora duas diferenças. A primeira é que aprendi a dispor de muito mais elementos a que me apegar: sinto-me menos sozinha, não tenho vergonha de confiar nos outros e de pedir ajuda (isso me recorda nossos exercícios e nossas dramatizações sobre os telefonemas que deveríamos ter coragem de dar a determinadas pessoas). A segunda é que aprendi a refrear de imediato estados de alma negativos: faço calar o "crítico interior" que evocamos tanto. Depois de minha chegada, conheci momentos de tédio ou de desencorajamento, domingos cinzentos e morosos, mas em nenhum momento eu me comprouve no fracasso, nas ruminações e na renúncia, como tanto fazia antes. Aliás, percebo melhor as causas de minha lentidão dolorosa, enquanto antes tinha a impressão de ser *vítima* de uma espécie de fatalidade biológica ou psicológica, e de que esses momentos sombrios não caíam em cima de mim sem razão, chego hoje a compreendê-los e a analisá-los. Percebo com mais clareza o papel das decepções e dos fracassos, que outrora eu minimizava, pois era tão doloroso confessar a mim mesma minhas falhas. Mas há outro lado desses progressos (afinal, toda moeda tem o seu reverso): tornei-me mais dependente dos sinais de reconhecimento ou de estima, quando antes eu era surda a eles. Tenho mais necessidade de vencer ou de ser valorizada de tempos em tempos; e me empenho em suscitar e em obter esses "alimentos da autoestima".

Mas a maior mudança está sobretudo no fato de que minhas confusões não duram semanas ou meses. Em geral, depois de algumas horas, e já na primeira experiência agradável que ocorre, sinto-me melhor: minhas tristezas são *curáveis,* e não mais *duráveis.* Tenho, porém, o sentimento de ter me tornado uma pessoa que se entristece mais fácil do que as outras: talvez seja uma marca dos sofrimentos passados, como uma cicatriz psicológica que permaneceria dolorosa. O senhor acha que isso pode sair de mim um dia? Vai naturalmente responder que sim, e espero que esteja certo. Para concluir todo esse relatório, sinto-me ainda frágil vez ou outra, e me acontece mesmo duvidar de meus progressos, de ter a impressão de patinar: nesses momentos, releio minhas anotações de terapia. Dou-me conta então do caminho percorrido. E me autorizo a sentir por instantes orgulho de mim.

O senhor deve estar se perguntando por que ainda não falei de minha vida sentimental. Estou há seis meses com um novo namorado. Por enquanto, tudo bem. E também quanto a isso há novidades: não tenho medo de nossos encontros, de não ser bela (embora nem sempre eu me julgue, objetivamente, dona de um rosto bonito), de decepcionar pela minha conversa. Nossos encontros não são, como outrora para mim, provas de fim de ano. Parece-me inclusive que sou bastante *natural* com ele: nunca me senti assim antes com um homem. Tais progressos se fazem acompanhar de novos receios: às vezes, tenho medo de que nosso relacionamento acabe, mas isso é coisa do passado em que não raro era eu mesma quem provocava os rompimentos.

Aí está. Espero que minhas notícias lhe deem prazer: sei que sua autoestima também depende das pessoas que o senhor tratou. Parece que me acho no bom caminho e que avanço a cada dia. Ainda está muito lento para o meu gosto, mas tenho enfim o sentimento de me *construir* através de minhas experiências cotidianas, exatamente ali onde outrora tinha a impressão de estar me *destruindo*.

Obrigada por ter me ajudado a realizar todos esses esforços.

Anexo 1

Resultados do questionário 1 (página 51)

"SEU NÍVEL DE AUTOESTIMA"

O QUE AVALIA ESTE QUESTIONÁRIO?

Este questionário apresenta uma das ferramentas de avaliação da autoestima mais utilizadas em psiquiatria e em psicologia: a escala de Rosenberg,[1] adaptada para este livro por nosso colega e amigo Olivier Chambon.

COMO CALCULAR OS RESULTADOS?

1. Conte os pontos de acordo com as indicações a seguir:

    - Questões 1, 3, 4, 7 e 10:
        - se você respondeu "concordo na íntegra": 4 pontos
        - se você respondeu "concordo": 3 pontos
        - se você respondeu "discordo": 2 pontos
        - se você respondeu "discordo na íntegra": 1 ponto

    - Questões 2, 5, 6, 8 e 9:
        - se você respondeu "concordo na íntegra": 1 ponto
        - se você respondeu "concordo": 2 pontos
        - se você respondeu "discordo": 3 pontos
        - se você respondeu "discordo na íntegra": 4 pontos

2. Faça a soma de todos os pontos.

COMO INTERPRETAR OS RESULTADOS?

A pontuação total que pode ser obtida neste questionário se situa entre 10 (a mais baixa nota de autoestima possível) e 40 (a mais alta nota de autoestima possível).

- *Entre 10 e 16*: tende a indicar uma autoestima baixa. Isso corresponde à sua impressão pessoal?
- *Entre 17 e 33*: você faz parte do grupo de pessoas com autoestima média. O questionário não é decisivo quanto a isso, mas talvez você mesmo(a) possa decidir: a que grupo você tem a sensação subjetiva de pertencer? Alta ou baixa autoestima?
- *Entre 34 e 40*: você pertence sem dúvida ao grupo das pessoas com alta autoestima. Tal resultado vai, quem sabe, aumentá-la ainda mais...

OBSERVAÇÃO

Essas cifras são teóricas, pois, de forma ideal, os resultados obtidos com este questionário deveriam ser comparados aos de várias dezenas de outras pessoas (por exemplo, todos os docentes ou todos os discentes de uma escola). Recolhidas todas as pontuações, os participantes seriam classificados em duas categorias: alta autoestima (os 25% que obtiveram as mais altas pontuações) e baixa autoestima (os 25% que obtiveram as mais baixas pontuações).

Anexo 2
Resultados do questionário 2
(página 277)
"COMO MUDAR?"

O QUE AVALIA ESTE QUESTIONÁRIO?

Este questionário avalia o interesse que você demonstra por fazer esforços de mudança e indica em que domínios você deve investir.

COMO CALCULAR OS RESULTADOS?

Este questionário lhe permite obter quatro notas: uma nota de "necessidade global de mudança" e três notas de "domínios de mudança".

- Necessidade global de mudança: cada resposta "verdadeiro" vale 1 ponto. Totalize seus pontos.
- Domínios de mudança:
  - Necessidade de mudança em sua *relação consigo mesmo(a)*: totalize os pontos das questões 1, 4, 7, 10, 13, 16 e 19.
  - Necessidade de mudança em sua *relação com a ação*: totalize os pontos das questões 2, 5, 8, 11, 14, 17 e 20.
  - Necessidade de mudança em sua *relação com os outros*: totalize os pontos das questões 3, 6, 9, 12, 15, 18 e 21.

COMO INTERPRETAR OS RESULTADOS?

1. Sua nota de "necessidade global de mudança" pode ir de 0 a 21 pontos.

- *De 0 a 7*, sua necessidade de mudança é limitada. Você pode se contentar em fazer frutificar seu capital de autoestima.

- *De 8 a 15*, sua necessidade global de mudança é mediana. Você tem certamente alguns esforços pessoais a realizar em matéria de autoestima.

- *De 16 a 21*, parece que você está interessado(a) em promover esforços de mudança. Fale com algumas pessoas de confiança de seu círculo para saber o que elas pensam a respeito.

2. Sua nota, para cada um dos "domínios de mudança", pode ir de 0 a 7 pontos.

Quanto mais alta a nota em um domínio, maior a necessidade de centrar seus esforços nele.

Mais uma vez, nós o(a) aconselhamos a confrontar os resultados obtidos neste questionário com sua opinião e com a opinião de pessoas próximas com quem você pode conversar sobre o teste.

Notas

1. Os três pilares da autoestima (p. 13)

1. B. CYRULNIK, *Les Nourritures aftectives,* Paris, Odile Jacob, 1993.
2. B. CYRULNIK, *Sous le signe du lien,* Paris, Hachette, 1989.
3. J. FANTE, "1933 fut une mauvaise année", em *L'Orgie,* Paris, Christian Bourgois, 1987.

2. Autoestima e falta de autoestima. Sua autoestima é alta ou baixa? (p. 27)

1. J. D. CAMPBELL, "Self-esteem and the clarity of the self-concept", *Journal of Personality and Social Psychology,* 1990, 58, pp. 538-549.
2. J. D. CAMPBELL, B. Fehr, "To know oneself is to like oneself: self-certainty and self-affect", *Journal of Personality and Social Psychology,* 1990, 58, pp. 122-133.
3. D. BOORSTIN, *Les Créateurs,* Paris, Seghers, 1994.
4. A. H. BAUMGARDNER, "Self-esteem and the clarity of the self concept", *Journal of Personality and Social Psychology,* 1990, 58, pp. 1062-1072.
5. R. HYMAN, "Cold reading: how to convince strangers that you know all about them", em K. Frazier (org.), *Paranormal Borderland of Science,* Nova York, Prometheus Books, 1981.
6. M. GAUQUELIN, citado por J. Sadoul em *L'Énigme du Zodiaque,* Paris, J'ai lu, 1973.
7. T. F. HEATHERTON, J. POLIVY, "Chronic dieting and eating disorders: a spiral model", em J. H. Crowther *et al.* (orgs.), *The Etiology of Bulimia,* Washington DC, Hemisphere, 1992.

8. G. I. METALSKY *et al.*, "Depressive reactions to failure in a naturalistic setting: a test of the hopelessness and self-esteem theories of depression", *Journal of Abnormal Psychology*, 1993, 102, pp. 101-109.
9. American Psychiatric Association, *DSM IV: Manuel diagnostique et statistique des troubles mentaux*, 4a ed., tradução francesa de J.-D. Guelfi *et al.*, Paris, Masson, 1996.
10. R. B. GIESLER *et al.*, "Self-verification in clinical depression: the desire for negative evaluation", *Journal of Abnormal Psychology*, 1996, 105, pp. 358-368.
11. S. J. SPENCER, R. A. JOSEPHS, C. M. STEELE, "Low self-esteem: the uphill struggle for the self-integrity", em R. F. Baumeister (org.), *Self-Esteem*, Nova York, Plenum Press, 1993.
12. J. S. SHRAUGER, "Response to evaluation as a function of initial self-perceptions", *Journal of Personality*, 1975, 43, pp. 94-108.
13. J. S. Shrauger, S. E. Rosenberg, "Self-esteem and the effects of success and failure feedback on performance", *Journal of Personality*, 1970, 38, pp. 404-417.
14. B. BLAINE, J. CROCKER, "Self-esteem and self-serving biases in reactions to positive and negative events", em R. F. Baumeister (org.), *op. cit.*
15. R. A. JOSEPHS *et al.*, "Protecting to self from the negative consequence of risk decisions", *Journal of Personality and Social Psycho logy*, 1992, 62, pp. 26-37.
16. T. H. HOLMES, R. H. RAHE, "The social readjustment rating scale", *Journal of Psychosomatic Research*, 1967, 11, pp. 213-218.
17. C. André, F. Lelord, P. Légeron, *Le Stress*, Toulouse, Privat, 1998.
18. J. M. BURGER, "Need for control and self-esteem", em M. H. Kernis (org.), *Efficacy, Agency and Self-Esteem*, Nova York, Plenum Press, 1995.
19. N. BRANDEN, *The Six Pillars of Self-Esteem*, Nova York, Bantam Books, 1994.
20. C. MORÉ, P. Légeron, *La Peur des autres, trac, timidité e phobie sociale*, Paris, Odile Jacob, Coleção "Opus", 1998.
21. J. D. BROW, "Motivational conflict and the self", em R. F. Baumeister (org.), *op. cit.*

3. Sua autoestima não é alta? Não se desespere (p. 53)

1. J. BROCKNER, "Low self-esteem and behavioral plasticity", *Review of Personality and Social Psychology*, 1983,4, pp. 237-271.
2. *La Regle de saint Benoît*, edição da abadia de Solesmes, 1988.
3. R. F. BAUMEISTER, D. M. Tice, D. G. HUTION, "Self-presentational motivations and personality differences in self-esteem", *Journal of Personality*, 1989,57, pp. 547-579.
4. E. MAYR, *Darwin et la pensée moderne de l'évolution*, Paris, Odile Jacob, 1993.
5. Juvénal des Ursins, citado por G. Duby, em *Histoire de la France*, Paris, Larousse, 1971.
6. *L'Équipe*, 12 de julho de 1998.
7. *Le Monde*, 20 de maio de 1998.
8. D. B. McFARLIN, R. F. BAUMEISTER, J. BLASCOVICH, "On knowing when to quit: task failure, self-esteem, advice and non-productive persistence", *Journal of Personality*, 1984,52, pp. 138-155.
9. L. E. SANOELANOS, J. BROCKNER, M. A. GLYNN, "If at first you don't succeed, try, try again: effects of persistence-performance contingencies, ego-involvment, and self-esteem on task persistence", *Journal of Applied Psychology*, 1988, 73, pp. 208-216.
10. N. LANEYRIE-DAGEN, *Les Grandes batailles*, Paris, Larousse, 1997.
11. B. W. PELHAM, "On the highly positive thoughts of the highly depressed", em R. F. Baumeister (org.), *Self-Esteem, op. cit.*

4. Estável ou instável? Teste a firmeza de sua autoestima (p. 64)

1. M. H. KERNIS, B. D. GRANNEMANN, L. C. BARCLAY, "Stability and level of self-esteem as predictors of anger arousal and hostility", *Journal of Personality and Social Psychology*, 1989, 56, pp. 1013-1023.
2. A. RÉMOND, "La leçon du pianiste", *Télérama*, 23 de setembro de 1998.

3. C. LLOYD *et al.*, "The relationship of parental style to depression and self-esteem *inadulthood*", *Journal of Nervous and Mental Disease*,1997.
4. E. M. CIORAN, *De l'inconvénient d'être né,* Paris, Gallimard, 1973; *Syllogismes de l'amertume,* Paris, Gallimard, 1952.

5. De onde vem a autoestima? Que fazer com o bebê? (p. 81)

1. S. HARTER, "Comprendre l'estime de soi de l'enfant et de l'adolescent", em M. Bolognini, Y. Prêteur (org.), *Estime de soi: perspectives développementales,* Lausanne, Delachaux e Niestlé, 1998.
2. J. FANTE, *Le Vin de la jeunesse,* Paris, Christian Bourgois, 1986.
3. Ver, por exemplo, o filme de Claire Simon, *Récréations* (1998).
4. D. RUBLE, "The Development of social comparison processes and their role in achievement-related self-socialization", em T. Higgins *et al.* (org.), *Social Cognitive Development,* Cambridge (MA), Cambridge University Press, 1983.
5. H. MONTAGNER, *L'Enfant et la Communication,* Paris, Stock, 1978.
6. S. HARTER, "Causes and consequences of low self-esteem in children and adolescents", em R. F. Baumeister (org.), *op. cit.*
7. W. W. HARTUP, "Social relationship and their developmental significance", *American Psychologist,* 1989,44, pp. 120-126.
8. Trabalho sobre a saúde dos jovens do Comitê Francês de Educação para a Saúde (1997-1998).
9. A. BRACONNIER, D. MARCELLI, *L'Adolescence aux mille visages,* Paris, Odile Jacob, 1998.
10. S. HARTER, D. MAROLD, N. R. WHITESELL, "A model of psychological risk factors leading to suicidal ideation in young adolescents", *Development and Psychopathology,* 1992,4, pp. 167-188.
11. E. KJELSBERG, E. NEEGAARD, A. A. DAHL, "Suicide in adolescents impatients: incidence and predictive factors", *Acta Psychiatrica Scandinavica,* 1994,89, pp. 235-241. Ver também P.

M. Lewinsohn, P. Rohde, J. R. Seeley, "Psychosocial risk factors for future adolescents suicide attempts", *Journal of Consulting and Clinical Psychology*, 1994; 62, pp. 297-305.
12. A. BRACONNIER e D. MARCELLI, *op. cit.*
13. D. P. PHILLIPS, L. L. CARSTENSEN, D. J. PAIGHT. "Effects of mass media news stories on suicide", em D. R. Pfeffer (org.), *Suicide among Youth: Perspectives on Risk and Prevention*, Washington DC, American Psychiatric Press, 1989.
14. T. FIELD *et al.*, "Adolescent's intimacy with parents and friends", *Adolescence*, 1995, 30, pp. 133-140.
15. T. FALBO, D. E. POLLIT, "Quantitative review of the only child literature: research evidence and theory development", *Psychological Bulletin*, 1986, 100, pp. 176-189.
16. N. MILLER, G. NARUYAMA, "Ordinal position and peer popularity", *Journal of Personality and Social Psychology*, 1976, 33, pp. 123-131.
17. F. J. SULLOWAY, *Les Enfants rebelles*, Paris, Odile Jacob, 1999.
18. M. de LÉONARDIS, O. LESCARRET, "Estime de soi, pratiques éducatives familiales et investissement de la scolarité à l'adolescence", em M. Bolognini, Y. Prêteur (org.), *op. cit.*
19. F. BARIAUD, C. BOURCET, "L'estime de soi à l'adolescence", em M. Bolognini, Y. Prêteur (org.), *op. cit.*
20. B. PIERREHUMBERT, K. TAMAGNI-BERNASCONI, S. GELDOF, "Estime de soi et alternatives pédagogiques", em M. Bolognini, Y. Prêteur (org.), *op. cit.*
21. R. MEYER, "Image de soi et statut scolaire. Influence des déterminants familiaux et scolaires chez les éleves de cours moyen" *Bulletin de Psychologie*, 1987, 40, pp. 933-942.
22. B. PIERREHUMBERT *et al.*, "Image de soi et échec scolaire", *Bulletin de Psychologie*, 1988, 41, pp. 333-345.
23. R. PERRON, *Les Représentations de soi*, Toulouse, Privat, 1991.
24. A. S. NEILL, *Libres Enfants de Summerhill*, Paris, Maspero, 1970.
25. J. KELLERHALS, C. MONTANDON, *Les Stratégies éducatives des familles*, Lausanne, Delachaux et Niestlé, 1991.
26. M. de LÉONARDIS, O. Lescarret, art. cit.

27. G. ACHACHE, "Sondage: enfants, parents, éducateurs devant l'avenir du travail", em B. Montelh (org.), *C'est quoi le travail?*, Paris, Autrement, 1997.

6. Adultos sob influência: amor, vida conjugal, trabalho e autoestima (p. 116)

1. S. FREUD, "On Narcissism", *Encyclopedia Brittanica*, 54, Londres, 1952.
2. M. ESCANDE, *L'Hystérie aujourd'hui*, Paris, Masson, 1996.
3. C. APT, D. F. HURLBERT, "The sexual attitudes, behavior and intimate relationships of women with histrionic personality disorders", *Journal of Sex and Marital Therapy*, 1994,20, pp. 125-133.
4. A.-L. COUVELAIRE, "Comment s'offrir un fiancé virtuel?", *Le Nouvel Observateur*, 1° de outubro de 1998.
5. S. KIESLER, R. BARAL, "The search for a romantic partner: the effects of self-esteem and physical attractiveness on romantic behavior", em K. G. Gergen, D. Marlowe (org.), *Personality and Social Behavior*, Reading, Addison-Wesley, 1970.
6. E. WALSTER, "The effect of self-esteem on romantic linking", *Journal of Experimental Social Psychology*, 1965, 1, pp. 184-197.
7. W. B. SWANN, "To be admired or to be known? The interplay of self-enhancement and self-verification", em E. T. Higgins, R. M. Sorrentino (org.), *Handbook of Motivation and Cognition*, vol. 2, Foundation of Social Behavior, Nova York, Guilford Press, 1990.
8. W. B. SWANN, J. G. HIXON, C. de LA RONDE, "Embracing the bitter truth: negative self-concept and marital commitment", *Psychological Science*, 1994,3, pp. 118-121.
9. A. BIERCE, *Le Dictionnaire du diable*, Paris, Rivages, 1989.
10. W. B. SWANN *et al.*, "The fleeting gleam of praise: behavioral reactions to self-relevant feedback", *Journal of Personality and Social Psychology*, 1993, 12, pp. 471-494.
11. S. R. H. BEACH, A. TESSER, "The self and the extended self-evaluation maintenance mo del" , em M. H. Kemis, *op. cit.*

12. S. R. H. BEACH, A. TESSER, "Decision making power and marital satisfaction", *Journal of Social and Clinical Psychology*, 1990,59, pp. 17-26.
13. P. CORENTIN, *Papa n'a pas le temps,* Paris, Rivages, 1986.
14. C. PATRICE, "Einstein et la relativité amoureuse", *Le Monde*, 18 de novembro de 1996.
15. Sondagem IFOP para *L'Express*, 24 de dezembro de 1998.
16. G. L. DATES, "Self-esteem enhancement through fertility?", *American Sociological Review*, 1997, 62.
17. P. BAVEREL, "Pourquoi les jeunes mères sont de plus en plus écartées du marché du travail", *Le Monde*, 21 de outubro de 1998.
18. F. CHANDERNAGOR, *La Premiere Épouse,* Paris, Bemard de Fallois, 1998.
19. E. ALBEE, *Qui a peur de Virginia Woolf?,* Paris, Laffont, 1964.
20. E. Moss, "Treatingthe love-sick-patients", *Israel Journal of Psychiatry and Related Sciences,* 1995, 32, pp. 167-173.
21. M. D. ROBINSON, "On the advantage of modesty: the benefits of a balanced self-presentation", *Communication Research,* 1995, 22.
22. D. CARNEGIE, *Comment se faire des amis,* Paris, Hachette, 1962.
23. J. GORMLY, "A comparison of predictions from consistency and affect theories for arousal during interpersonal agreement", *Journal of Personality and Social Psychology,* 1974, 30, pp. 658-663.
24. W. GRIFFIT, R. VEITCH, "Preacquaintance attitude similarity and attraction revisited: ten days in a fallout shelter", *Sociometry,* 1974, 37, pp. 163-173.
25. L. SIMARD, "Cross-cultural interaction: potential invisible barriers", *Journal of Social Psychology,* 1981, 113, pp. 171-192.
26. J. CROCKER, B. MAJOR, "Social stigma and self-esteem: ten self-protective properties of stigma", *Psychological Review,* 1989, 96, pp. 608-630.
27. R. E. HARLOW, N. CANTOR, "The social pursuit of academics: side-effects and spillover of strategic reassurance seeking", *Journal of Personality and Social Psychology,* 1994, 66, pp. 386-397.

28. *Ibid.*
29. J. CONRAD, *Au coeur des ténebres*, Paris, Flammarion, 1989.
30. V. de GAULEJAC, N. AUBER, *Le Coût de l'excellence*, Paris, Seuil, 1991.
31. M.-F. HIRIGOYEN, *Le Harcelement moral*, Paris, Syros, 1998.
32. S. ADAMS, *Les Misères de la vie de bureau*, Paris, Albin Michel, 1997.
33. P. BOURDIEU (org.), *La Misère du monde*, Paris, Seuil, 1993.
34. M.-P. CAZALS, N. CASCINO, "L'estime de soi comme indicateur de la variabilité des réactions psychologiques à la privation d'emploi", em M. Bolognini, Y. Prêteur (org.), *op. cit.*
35. P. VALÉRY, *Mauvaises Pensées et autres,* Paris, Gallimard, Coleção "La Pléiade", 1971.
36. Força-tarefa Californiana para Promover a Autoestima e a Responsabilidade Pessoal e Social, *Toward a State of Self-Esteem*, Sacramento, California State Department of Education, 1990.
37. K. WINEGAR, "Self-esteem is healthy for society", *Minnesota Star Tribune,* 27 de novembro de 1990 (citado por R. F. Baumeister, *op. cit.*).
38. Ref. J. BRICARD, *Dictionnaire de la mort des grands hommes,* Paris, Le Cherche Midi, 1995.
39. Citado por M. FOUCAULT em *Le Souci de soi,* Paris, Gallimard, 1984.

7. Autoestima ou autoimagem? Você é prisioneiro(a) das aparências? (p. 153)

1. A. LAMIA, "L'estime de soi chez les enfants français de 6 à 10 ans. Différences d'appréciation selon le sexe et l'âge", em M. Bolognini, Y. Prêteur (org.), *op. cit.*
2. M. LORANGER, "Les garçons et les filles en situation d'apprentissage", em P. Druning, R E. Tremblay, *Relations entre enfants: recherches et interventions éducatives,* Paris, Fleurus, 1988.
3. C. ANDRÉ, P. LÉGERON, *La Peur des autres, op. cit.*

4. G. MÉDIONI, "Le miroir des hommes fragiles", *L'Express*, 19 de novembro de 1998.
5. J.-M. BORIs, "Ce qu'il faut savoir sur les effets pervers des dietes chez les adolescents", *Quotidien du médecin*, 1998, 6362, pp. 20-22.
6. J. BLOCK, R W. ROBINS, "A longitudinal study of consistency and change in self-esteem from early adolescence to early adulthood", *Child Development*, 1993, 64, pp. 909-923.
7. S. HARTER, art. cit.
8. A. E. FALLON, P. ROZIN, "Sex differences in perceptions of desirable body shape", *Journal of Abnormal Psychology*, 1985, 94, pp. 102-105.
9. K. TAKAOKA, "Psychiatric comorbidity in eating disorders: psychopathological considerations", *Psychiatry and Clinical Neurosciences*, 1995, 49, pp. 25-34.
10. T. F. HEATHERTON, C. P. HERMAN, J. POLIVY, "Effects on physical threats and ego threats *on* eating behavior", *Journal of Personality and Social Psychology*, 1991, 60, pp. 138-143.
11. T. F. HEATHERTON, R F. BAUMEISTER, "Binge eating as escape from self-awareness", *Psychological Bulletin*, 1991, 110, pp. 86-108.
12. H. FIELDING, *Le Journal de Bridget Jones*, Paris, Albin Michel, 1998.
13. W. J. ICKES, R. A. WICKLUND, C. E. FERRIS, "Objective self-awareness and self-esteem", *Journal of Experimental Social Psychology*, 1973, 9, pp. 202-219.
14. K. J. GERGEN, M. M. GERGEN, *Psychologie sociale*, Montréal, Études Vivantes, 1984.
15. P. BRUNEL, *Dictionnaire des mythes littéraires*, Paris, Editions du Rocher, 1988.
16. J. LAPLANCHE, J.-E. PONTALIS, *Vocabulaire de la psychanalyse*, Paris, PUF, 1967.
17. M. SHELLEY, *Frankenstein, ou le Prométhée moderne*, Verviers, Marabout, 1964.
18. S. LOUTATY, I. DELALEU, "La taille du sexe a-t-elle une importance?", *M Magazine*, dezembro de 1998.

19. H. F. ELLENBERGER, "Psychiatrie transculturelle", em R. Duguay, H. F. Ellenberger (org.), *Précis pratique de psychiatrie*, Paris, Maloine, 1984.
20. R. KEYES, *The Heigh of Your Life*, Boston, Little, Brown, 1980.
21. J.-P. SARTRE, *Les Mots*, Paris, Gallimard, 1964.
22. O. WILDE, *Une maison de grenades*, Paris, Gallimard, Coleção "La Pléiade", 1996.
23. K. K. DION, "Young children's stereotyping of facial attractiveness", *Developmental Psychology*, 1973, 9, pp. 183-188.
24. J. RENARD, *Poil de carotte*, Paris, Flammarion, 1965.
25. K. K. DION, E. BERSCHEID, "Physical attractiveness and peer perception among children", *Sociometry*, 1974, 37, pp. 1-12.
26. T. UNGERER, *Le Géant de Zéralda*, Paris, École des Loisirs, 1971.
27. D. LANDY, H. SIGALL, "Beauty is talent: task evaluation as a function of the performer's physical attractiveness", *Journal of Personality and Social Psychology*, 1974, 29, pp. 299-304.
28. D. S. HAMERMESH, J. E. BIDLE, "Beauty and the labor market", *The American Economic Review*, 1994, 84.
29. M. DERMER, D. J. THIEL, "When beauty mayfail", *Journal of Personality and Social Psychology*, 1975, 31, pp. 1168-1176.
30. H. SIGALL, N. OSTROVE, "Beautiful but dangerous: effects of offenders attractiveness and nature of the crime on juridic judgment", *Journal of Personality and Social Psychology*, 1975, 31, pp. 410-414.
31. D. KREBS, A. ADINOLFI, "Physical attractiveness, social relations and personality style", *Journal of personality and Social Psychology*, 1975, 31, pp. 245-253.
32. H. T. REIS, J. NEZLEK, L. WHEELER, "Physical attractiveness in social interaction", *Journal of personality and Social Psychology*, 1980, 38, pp. 604-617.
33. K. K. DION, S. STEIN, "Physical attractiveness and interpersonal influence", *Journal of Experimental Social Psychology*, 1978, 14, pp. 97-108.
34. K J. GERGEN, M. M. GERGEN, *op. cit.*

35. N. DUPUIS, S. JORIF, "L'épreuve de la cabine d'essayage", *Elle*, 1998.
36. "Le miroir", *in* Zinzin, France Inter, 12 de janeiro de 1999. 37. D. PAQUET, *Une histoire de la beauté*, Paris, Gallimard, 1997.
38. S. MELCHIOR-BoNNET, *Histoire du miroir*, Paris, Hachette, 1994.
39. M.-F. HANQUEZ-MAINCENT, *Barbie, poupée-totem*, Paris, Autrement, 1998. As referências do parágrafo sobre Barbie foram retiradas da obra citada anteriormente.
40. "Votre corps, l'estime de vous-même", catálogo francês 1998 da marca The Body Shop.

8. Teorias (p. 177)

1. W. JAMES, "Prétentions et réussites", em M. Bolognini, Y. Prêteur (org.), *op. cit.*
2. J. BROCKNE, A. J. B. HULTON, "How to reverse the vicious cycle of low self-esteem", *Journal of Experimental Social Psychology*, 1981, 14, pp. 564-578.
3. D. M. TICE, "The social motivations o people with low self-esteem", em R. F. Baumeister, *op. cit.*
4. C. H. COOLEY, *Human Nature and the Social Order*, Nova York, Scribner and Sons, 1902.
5. M. R. LEARY, D. L. DOWNS, "Interpersonal functions of the self-esteem motive", em M. H. Kemis (org.), *op. cit.*
6. K. J. GERGEN, "The effects of interaction goals and personalistic feedback on presentation of self", *Journal of Personality and Social Psychology*, 1965, 1, pp. 413-425.
7. M. R. LEARY, D. L. DOWNS, art. cit.
8. S. TERDA, M. R. LEARY, "Self-esteem and perceived social exclusion", comunicação feita no congresso da Southeastern Psychological Association, Atlanta, 1990.
9. S. E. ASCH, "Opinions and social pressure", *Scientific American*, 1955, 193, pp. 31-35.
10. D. G. MYERS, *Psychologie*, Paris, Flammarion, 1998.

11. J. GREENBERG *et al.*, "Terror management and tolerance: does mortality salience always intensify negative reactions to others who threaten one's worldview?", *Journal of Personality and Social Psychology*, 1992, 63, pp. 212-220.
12. S. J. MORSE, K. J. GERGEN, "Social comparison, self-consistency and the concept of self", *Journal of Personality and Social Psychology*, 1970, 16, pp. 149-156.
13. A. BANDURA, *L'Apprentissage social*, Bruxelas, Mardaga, 1980.
14. J. LAPLANCHE, J. B. Pontalis, *op. cit.*

9. As doenças da autoestima (p. 195)

1. A. R. WILSON, R. V. KRANE, "Change in self-esteem and its effects on symptoms of depression", *Cognitive Therapy and Research*, 1980, 4, pp. 419-421.
2. W. STYRON, *Face aux ténèbres*, Paris, Gallimard, 1990.
3. D. B. KANDEL, M. DAVIES, "Epidemiology of depressive mood in adolescents", *Archives Df General Psychiatry*, 1982, 39, pp. 1205-1212.
4. D. J. TERRY *et al.*, "Depressive symptomatology in new mothers: a stress and coping perspective", *Journal Df Abnormal Psychology*, 1996, 105, pp. 220-231.
5. L. A. HALL *et al.*, "Self-esteem as mediator of the effects of stressors and social ressources on depressive symptoms in postpartum mothers", *Nursing Research*, 1996, 45, pp. 231-238.
6. Por exemplo, S. H. Goodman *et al.* mostraram que os filhos de mães não deprimidas têm melhor autoestima do que os de mães deprimidas. "Mother's expressed attitudes: associations with maternal depression and children's self-esteem and psychopathology", *Journal of the American Academy of Child and Adolescent Psychiatry*, 1994, 33, pp. 1265-1274.
7. U. PALOSAARI, P. LAIPPALA, "Parental divorce and depression in young adulthood: adolescents closeness to parents and self-esteem as mediating factor", *Acta Psychiatrica Scandinavica*, 1966, 93, pp. 20-26.

8. D. J. NEEDLES, L. Y. ABRAMSON, "Positive life-events, attributional style and hopelessness: testing model for recovery of depression", *Journal of Abnormal Psychology*, 1990, 99, pp. 156-165.
9. D. PARDOEN *et al.*, "Self-esteem in recovered bipolar and unipolar out-patients", *British Journal of Psychiatry*, 1993, 163, pp. 755-762.
10. A. T. BECK, *Cognitive therapy and the Emotional Disorders*, Nova York, International University Press, 1976. Ver também M. Bouvard, E. Mollard, "Version française de l'échelle de sociotropie-autonomie de Beck", *Journal de thérapie comportementale et cognitive*, 1991, 1, pp. 25-29.
11. J.-P. OLIÉ, M.-F. POIRIER, H. Lôo, *Les Maladies dépressives*, Paris, Flammarion, 1995.
12. G. A. FAVA *et al.*, "Prevention of reccurent depression with cognitive behavioral therapy", *Archives of General Psychiatry*, 1998, 55, pp. 816-820.
13. C. MIRABEL-SARRON *et al.*, "Estime de soi et dépression", comunicação à 25ª jornada científica da associação francesa de terapia comportamental e cognitiva, Paris, 1997.
14. M.-C. HARDY-BAYLÉ, P. HARDY, *Maniaco-dépressif*, Paris, Odile Jacob, 1996.
15. J. R. JAMISON, *De l'exaltation à la dépression*, Paris, Laffont, 1997.
16. A. FRANCES, R. Ross, *DSM-IV. Cas cliniques*, Paris, Masson, 1997.
17. N. B. SCHMIDT, P. HARRINGTON, "Cognitive-behavioral treatment of body-dysmorphic disorder: a case report", *Journal of Behavior Therapy and Experimental Psychiatry*, 1995, 26, pp. 161-167.
18. A. DE SAINT-ÉXUPÉRY, *Le Petit Prince*, Paris, Gallimard, 1946.
19. J. G. HULL, C. F. BOND, "Social and behavioral consequences of alcoholism consumption and expectancy", *Psychological Bulletin*, 1986, 99, pp. 347-360.
20. R J. LIFTON, *The Nazis Doctors*, Nova York, Basic Books, 1986.

21. M. D. NEWCOMB, L. L. HARLOW, "Life events and substance use among adolescents: mediating effects of perceived loss of control and meaninglessness in life", *Journal of Personality and Social Psychology*, 1986,51, pp. 564-577.
22. C. M. STEELE, R A. JOSEPHS, "Alcohol myopia: its prized and dangerous effects", *American Psychologist*, 1990, 45, pp. 921-933.
23. D. G. MYERS, *Traité de psychologie*, Flammarion médecine, 1998, art. cit.
24. D. A. PRENTICE, D. T. MILLER, "Pluralistic ignorance and alcohol use on campus: some consequences of misperceiving the social norm", *Journal of Personality and Social Psychology*, 1993, 64, pp. 243-256.
25. N. S. MILLER, *Addiction Psychiatry*, Nova York, John Wiley, 1995.
26. J. ADES, M. LEJOYEUX, *Alcoolisme et psychiatrie*, Paris, Masson, 1997.
27. R. VRASTI *et al.*, "Interpersonal dependency, self-esteem and depression in primary alcoholism", *Acta Psychiatrica Scandinavica*, 1988, 78, pp. 448-450.
28. S. M. SAWRIE *et al.*, "Internal structure of the MMPI-2 Addiction Potential Scale in alcoholic and psychiatric impatients", *Journal of Personality Asessment*, 1996, 66, pp. 177-193.
29. D. G. MYERS, art. cit.
30. L. BENICHOU, C. ORCEL, *Groupes d'entraide et de soutien chez les alcooliques et les usagers d'autres drogues*, relatório do Congresso de Psiquiatria e de Neurologia de Língua Francesa, Paris, Masson, 1973.
31. S. C. BUNCE, R. J. LARSEN, C. PETERSON, "Life after trauma: personality daily life experiences of traumatized people", *Journal of Personality*, 1995,63, pp. 165-188.
32. C. ANDRÉ *et al.*, "Étude contrôlée sur l'efficacité d'une prise en charge précoce de 132 conducteurs de bus victimes d'agression", *L'Encéphale*, 1997, 23, pp. 65-71.
33. J. MCCAULEY *et al.*, "The 'battering syndrome'", *Annals of Internal Medicine*, 1995, 123, pp. 737-746.
34. J.-M. ABGRALL, *Les Charlatans de la santé*, Paris, Payot, 1998.

35. J. DARCONDO, *La Pieuvre scientologique,* Paris, Fayard, 1998.
36. S. FORWARD, *Toxic Parents,* Nova York, Bantam Books, 1989.
37. J. M. BURGER, "Need for control and self-esteem", em M. H. Kemis, *op. cit.*
38. S. Forward, *op. cit.*
39. S. A. JUMPER, "A meta-analysis of the relationship of child sexual abuse to adult psychological adjustment", *Child Abus and Neglect,* 1995, 19, pp. 715-728.
40. A. W. WAGNER, M. M. LINEHAN, "Relationship between childhood sexual abuse and topography of parasucide among women with borderline personality disorder", *Journal of Personality Disorder,* 1994, 8, pp. 1-9.
41. C. ANDRÉ, "Anxieux mais groupés", *Journal de thérapie comportementale et cognitive,* 1998, 8, pp. 41-42.

10. Pequenos ajustes na autoestima. Como protegê-la no curto prazo (p. 219)

1. M. MARIE-CARDINE, O. CHAMBON, *Les Bases de la psychothérapie,* Paris, Dunod, 1999.
2. D. T. MILLER, M. Ross, "Self-serving biases in attribution of causality: fact or fiction?", *Psychological Bulletin,* 1975, 82, pp. 213-225.
3. H. TENNEN, G. AFFLECK, "The puzzles of self-esteem: a clinical perspective", em R. F. Baumeister (org.), *op. cit.*
4. D. MARTINOT, *Le Soi: approches psychosociales,* Grenoble, Presses universitaires de Grenoble, 1995.
5. *Ibid.*
6. H. R. MARKUS, S. KITIYAMA, "Culture and the self: implications for cognition, emotion and motivation", *Psychological Review,* 1991, 98, pp. 224-253.
7. E. JONES, citado por S. IONESCU *et al., Les Mécanismes de défense,* Paris, Nathan, 1997.
8. B. B. BLAINE, J. K. CROCKER, "Self-esteem and self-serving biases in reactions to positive and negative events", em R. F. Baumeister, *op. cit.*

9. J. S. SHRAUGER, A. K. LUND, "Self-evaluation and reactions to evaluations from others", *Journal of Personality*, 1975, 43, pp. 94-108.
10. R. LAFORGUE, *Psychopathologie de l'échec*, Paris, Trédaniel, 1993.
11. D. M. TICE, "Esteem protection or enhancement? Self-handicapping motives and attributions differ by trait self-esteem", *Journal of Personality and Social Psychology*, 1991, 60, pp. 711-725.
12. S. GRASSIN, "Ava Gardner: la femme qui aimait les hommes", *L'Express*, 6 de agosto de 1998.
13. J. M. BURGER, "Desire for control: personality, social and clinical perspectives", Nova York, Plenum Press, 1992.
14. B. W. PELHAM, "On the highly positive thoughts of the highly depressed", em R. F. Baumeister, *op. cit.*
15. A. SCHOPENHAUER, *L'Art d'avoir toujours raison*, Estrasburgo, Circé, 1990.

11. Eu me amo, logo existo. Como desenvolver a autoestima? (p. 243)

1. B. ANDREWS, G. W. BROWN, "Stability and change in low self-esteem: the role of psychosocial factors", *Psychological Medicine*, 1995, 25, pp. 23-31.
2. M. MARIE-CARDINE, O. Chambon, *op. cit.*
3. V. de GAULEJAC, *Les Sources de la honte*, Paris, Desclée de Brouwer, 1996.
4. C. ANDRÉ, P. LÉGERON, *La Peur des autres*, *op. cit.*
5. R. A. MAROTOLLI *et al.*, "Driving cessation and increased depressive symptoms", *Journal of American Geriatric Society*, 1997, 45, pp. 202-206.
6. M. WEISER *et al.*, "Psychotherapeutic aspects of the martial art", *American Journal of Psychotherapy*, 1995, 49, pp. 118-127.
7. M. MARIE-CARDINE, O. Chambon, *op. cit.*
8. J.-M. BOURGET, "On a perdu la trace d'Éric Escoffier", *Paris Match*, 20 de agosto de 1998.
9. A. E. ALBERTI, M. L. EMMONS, *S'affirmer*, Montréal, Le Jour, 1992.

10. N. BRANDEN, *op. cit.*
11. V. C. RAIMY, *Training in Clinical Psychology*, Nova York, Prentice-Hall, 1950.
12. P. KRAMER, *Prozac: le bonheur sur ordonnance?*, Paris, First, 1994.
13. M. MCKAY, P. FANNIG, *Self-Esteem: a Proven Program of Cognitive Techniques for Assessing, Improving and Maintaining Your Self-Esteem*, Oakland, New Harbinger, 1992. Ver também G. Lindenfeld, *Self-Esteem: Developing Self- Worth, Healing Emotional Wounds*, Londres, Thorsons, 1995.
14. S. COKER *et al.*, "Patients with bulimia nervosa who fail to engage in cognitive behavior therapy", *International Journal of Eating Disorders*, 1993, 13, pp. 35-40.
15. D. J. LYN, G. E. VAILLANT, "Anonymity, neutrality and confidentiality in the actual methods of Sigmund Freud: a review of 43 cases, 1907-1939", *American Journal of Psychiatry*, 1998, 155, pp. 163-171.
16. J. NORCROSS, M. GOLDFRIED, *Psychothérapie intégrative*, Paris, Desclée de Brouwer, 1998.

Anexo 1 (p. 283)

Resultados do questionário 1

1. M. ROSENBERG, *Conceiving the Self*, Nova York, Basic Books, 1979.

Este livro foi composto na tipologia Minion Pro Regular, em corpo 10/12,5, e impresso em papel off-set 56g/m² no Sistema Cameron da Divisão Gráfica da Distribuidora Record.